华交法学文库

华东交通大学教材（专著）出版基金资助项目

WENHUA BANQUANFA
YUANLI YU ANLI

文化版权法
原理与案例

张祥志　宋婷◎编著

中国政法大学出版社

2024·北京

图书在版编目（ＣＩＰ）数据

文化版权法：原理与案例 / 张祥志，宋婷编著.

北京：中国政法大学出版社，2024.8. –– ISBN 978–7
–5764–1644–2

Ⅰ.D923.41

中国国家版本馆CIP数据核字第20243VE284号

出 版 者　　中国政法大学出版社

地　　址　　北京市海淀区西土城路 25 号

邮　　箱　　fadapress@163.com

网　　址　　http://www.cuplpress.com (网络实名：中国政法大学出版社)

电　　话　　010–58908435(第一编辑部) 58908334(邮购部)

承　　印　　北京鑫海金澳胶印有限公司

开　　本　　720mm×960mm　1/16

印　　张　　19.00

字　　数　　310 千字

版　　次　　2024 年 8 月第 1 版

印　　次　　2024 年 8 月第 1 次印刷

定　　价　　76.00 元

作者简介

张祥志　男，1987年生，博士、教授，主要研究方向为版权法、专利管理、新闻传播法治，现任华东交通大学人文社会科学学院（江西省知识产权学院）党委书记，国家知识产权培训（江西）基地主任；现为学院法学系专任教师、知识产权法和民商法硕士研究生导师。兼任中国科学学与科技政策研究会知识产权政策与管理专委会委员，江西省法学会常务理事，江西省法学会知识产权法学研究会副会长，江西省"八五"普法讲师团成员等职。曾获得江西省"双千计划"人才、全国专利信息实务人才、全国知识产权系统人才工作先进个人、江西省"七五"普法先进个人、江西省优秀志愿服务个人等称号或荣誉。

主持国家社科基金项目2项（青年项目和一般项目各1项），主持国家知识产权局专项、中国版权保护中心版权研究课题、省社科规划项目、省科技规划项目、省自科基金管理科学项目、省专利转移转化专项等纵向课题10余项，受政府机关委托主持（协助编撰或完成）《世界知识产权组织（WIPO）版权保护优秀案例示范点建设（景德镇）》《全国版权示范城市创建（景德镇）》《关于加强知识产权强省建设的行动方案（2022—2035年）》《南昌市知识产权"十四五"发展规划》《南昌市知识产权强市建设纲要（2021—2035年）》《国家知识产权强市建设示范城市申报（南昌市）》《国家知识产权试点城市验收（抚州市）》等课题，参与知识产权强国建设纲要制定子课题《知识产权文化建设研究》；出版《知识产权视阈下的文化产业创造力研究》《强企支撑强省——知识产权入园强企的理论架构与江西实践》等著作3部，发表学术论文近30篇（其中CSSCI期刊约20篇）。

指导学生团队获得第十七届"挑战杯"课外学术作品竞赛全国特等奖、全国累进创新奖、全国二等奖，第十六届"挑战杯"课外学术作品竞赛全国一等奖，第十二届"挑战杯"创业计划大赛全国铜奖，第八届"互联网+"创新创业竞赛全国铜奖，第六届、第七届、第八届"互联网+"创新创业大赛江西省银奖，带领师生团队创建"知产童蒙（IP SPARK）"公益组织开展系列知识产权宣传普及教育公益活动，获得全省优秀志愿服务重点扶持项目，并带领团队获得江西省首批（共计 10 个）"江西省普法依法治理创新案例"荣誉。

分工：负责本教材第一、五、六、七章。

宋婷 女，1986 年生，讲师，中国政法大学法学学士、国际法硕士和国际法博士，主要研究方向为版权法、国际经济法，现任华东交通大学人文社会科学学院（江西省知识产权学院）专任老师，知识产权法和经济法硕士研究生导师。

主持江西省高校人文社科重点研究基地项目《国际贸易中知识产权保护研究》和横向课题《尼泊尔投资环境研究》；参与多项国家社科基金项目、参与《关于加强知识产权强省建设的行动方案（2022-2035 年）》《南昌市知识产权强市建设纲要（2021-2035 年）》《国家知识产权试点城市验收（抚州市）》等课题，发表学术论文 10 余篇。

分工：负责本教材第二、三、四章。

前　言

　　《文化版权法：原理与案例》是一本关于著作权法的教材，其使用对象主要是知识产权法专业的学生，要求学生已经掌握著作权法的基础知识。编著方式侧重于通过案例来介绍数字版权法的基本原理与规则。

　　与合同法、刑法、消费者权益保护法等法律相比，很多人认为，著作权法离现实生活很远，读著作权法相关的书籍无趣无味、特别枯燥……其实不然。著作权与我们的生活密切相关，每一个人都可能成为著作权人，当然，每个人也可能成为侵权人。著作权法也可以是生动的、形象的，可以通过一个个案例来分析和讲解。

　　文化版权法到底包含哪些内容呢？目前没有一个定论。本教材分为七章内容，分别是导论、出版物版权、娱乐版权、文化旅游版权、艺术品版权、网络动漫版权以及网络游戏版权。很明显，本书是按照行业来区分的。之所以分出这几章内容，是因为目前市面上没有关于文化版权法的教材，因此在确定章节内容的时候参考了《中国文化产业发展报告（2021~2022）》的相关内容，在这本书的行业篇中介绍了13个文化行业（出版发行业、广播电视事业、电影业、演艺业、文化旅游业、艺术品业、节庆会展业、创意设计服务业、网络文化业、动漫产业、游戏产业、艺术培训业、体育产业）的发展报告，笔者将这些产业进行融合，同时与版权法相结合，进行了相应调整。广播电视、电影、演艺、体育都是娱乐的一种形式，放入娱乐版权；网络文化业、创意设计服务业并存在很多行业中，因此不单列；节庆会展业、艺术培训业不是核心版权产业，不在本教材的教学范围内。当前是数字经济时代，网络动漫和网络游戏在动漫和游戏产业中一骑绝尘，因此第六章和第七章直接划定为网络动漫版权和网络游戏版权。

　　本教材由张祥志和宋婷带领其研究生编著完成。特别感谢相关研究生的努力，尤其是案例收集方面。他们的名字是（排名不分先后）：陶秀秀、陈森、陈松玲、胡颖、蒋汉伟、葛镇瑜、陈春瑶、王韵菲、章文晖、熊梦云。

编者

2024 年 3 月 20 日南昌

目 录

C O N T E N T S

第一章 导 论 ……………………………………………… 1

    第一节 文化创意与版权 ………………………………… 1

    第二节 我国文化产业发展概况 ………………………… 4

    第三节 文化版权法 ……………………………………… 9

第二章 出版物版权 ……………………………………… 16

    第一节 出版物版权客体 ………………………………… 16

    第二节 出版物版权主体 ………………………………… 25

    第三节 出版物版权侵权及救济 ………………………… 36

第三章 娱乐版权 ………………………………………… 62

    第一节 娱乐版权客体 …………………………………… 62

    第二节 娱乐版权主体 …………………………………… 87

    第三节 娱乐版权侵权及救济 …………………………… 104

第四章 文化旅游版权 …………………………………… 117

    第一节 文化旅游版权客体 ……………………………… 118

    第二节 文化旅游版权主体 ……………………………… 137

    第三节 文化旅游版权侵权及救济 ……………………… 146

第五章 艺术品版权 ……………………………………… 162

    第一节 艺术品版权客体 ………………………………… 163

第二节　艺术品版权主体 ·································· 191

第三节　艺术品版权侵权及救济 ······················ 198

第六章　网络动漫版权 ··································· 211

第一节　网络动漫版权客体 ··························· 211

第二节　网络动漫版权主体 ··························· 221

第三节　网络动漫版权侵权及救济 ···················· 229

第七章　网络游戏版权 ··································· 249

第一节　网络游戏版权客体 ··························· 250

第二节　网络游戏作品的著作权人 ···················· 265

第三节　网络游戏中的其他主体 ······················ 268

第四节　网络游戏版权侵权及救济 ···················· 271

第一章 导　论

第一节　文化创意与版权

一、文化与版权

版权之于文化的重要性不言而喻，国家版权局印发的《版权工作"十四五"规划》（国版发〔2021〕2号）阐释了"版权作为知识产权的组成部分、文化的基础资源、创新的重要体现和国民经济的支柱产业"，地位越来越重要，作用越来越显著。版权作为文化的基础资源，在文化强国建设中起着根本性的保障、激励和支撑效用。版权对文化的作用，既体现在宏观的文化创新发展与中华优秀传统文化创造性转化和创新性发展等层面，也体现在具象的文化产业发展和文化事业繁荣等方面。

文化创新发展离不开版权的保障作用。文化创新作为文化繁衍能力的表征，一方面要着眼于文化内容上的创新，另一方面要推出富有新意的文化呈现形式。[1]由此可见，文化创新发展主要分为文化内容上的创新和文化表现形式上的创新两种情形。一种情形是，在原有内容上进行增添、拓展、深化、转换、续展等行为，一般情况下会产生新的文化内容，这正是版权制度所要保护的具有独创性的表达；另一种情形是，通过技术加持对现有文化内容或者表达进行转化，使其在表现形式上更能被接受或被更多群体所接收，这也正是版权制度所要保护的具有各类财产属性的行为。故而从一般意义来讲，文化创新的结果正好落入版权的保护范围之内，版权在文化创新发展中起着不可或缺的保障作用。

版权助力中华优秀传统文化传承创新。中华优秀传统文化源远流长，是中华民族在世界文化激荡潮流中站稳脚跟的根本所在，只要对其进行创造性转化

---

[1]　项久雨：《新发展理念与文化自信》，载《中国社会科学》2018年第6期。

和创新性发展，必将提升我国文化软实力的吸引力。[1]创造性转化和创新性发展，是中华优秀传统文化在当今面临的主要任务，也是实现文化强国建设、实施文化数字化战略、促进文化产业创新和文化事业繁荣的必经之路。版权作为典型的法定民事权利，是法律赋予创造者的智力成果以人身权和财产权的权利，为中华优秀传统文化创造性转化和创新性发展过程中的智力成果提供权利保护基础。版权作为知识产权的重要组成部分，在保护知识产权就是保护创新的语境下，保护版权就是保护中华优秀传统文化的创新。中华优秀传统文化饱含丰富的精神资源和创意素材，而版权作为文化的基础资源，是独创性智力成果的直接体现或基础条件，因此中华优秀传统文化与版权有着密不可分的关联。

版权是文化产业和事业发展的核心要素。按照世界知识产权组织编写的《版权产业的经济贡献调研指南》，版权产业可分为核心版权产业、相互依存的版权产业、部分版权产业和非专用支持产业四大类，其中核心版权产业涵盖了文字作品，音乐、戏剧制作、曲艺、舞蹈和杂技，电影和影带，广播和电视，摄影，软件和数据库，美术与建筑设计、图形与模型作品，广告服务，版权集体管理与服务九个产业组。从版权产业的内涵可知，版权是文化产业的核心构成要素。《中华人民共和国著作权法》第 1 条也开宗明义地表明了版权法律制度保障文化产业发展的目的，即"为保护文学、艺术和科学作品作者的著作权，以及与著作权有关的权益，鼓励有益于社会主义精神文明、物质文明建设的作品的创作和传播，促进社会主义文化和科学事业的发展与繁荣，根据宪法制定本法。"此外，从《中华人民共和国著作权法》有关版权权利内容的条款来看，每一项财产性权利几乎都对应着一个文化产业的分支。除了文化产业外，在数字化技术不断迭代更新、信息技术深度影响文化发展的时代背景下，版权也已然成为文化事业发展的核心。从一般理论层面而言，版权是典型的保护私主体私人利益的私权，文化事业却具有强烈的公共属性，两者似乎并无关联性，但随着大数据、区块链、虚拟现实、通用人工智能等技术的持续革新，图书馆、档案馆、纪念馆、博物馆、美术馆、文化馆等公共文化服务机构对馆藏文化资源开展转化运用实践，使之与版权确权、授权和维权产生关联。因此，版权在

---

〔1〕 张国祚：《中国文化软实力理论创新——兼析约瑟夫·奈的"软实力"思想》，载《中国社会科学》2023 年第 5 期。

文化产业和文化事业的现代化发展中起着至关重要的作用。

二、文化产业到文化创意产业

文化产业是阿多诺和霍克海默在《启蒙辩证法》一书中率先使用的概念。2003年9月，《关于支持和促进文化产业发展的若干意见》首次对文化产业进行了界定。文化产业是从事文化产品生产和提供文化服务的经营性行业。[1] 根据国家统计局2004年印发的《文化及相关产业分类》，文化产业分为文化产业核心层（新闻服务；出版发行与版权服务；广播、电视、电影服务、文化艺术服务）、文化产业外圈层（网络文化服务、文化休闲娱乐）和相关文化产业层（文化用品的生产与销售）。2006年公布的《国家"十一五"时期文化发展规划纲要》确定了重点发展的文化产业：①影视；②出版；③发行；④印刷复制业；⑤广告业；⑥演艺业；⑦娱乐业；⑧文化会展业；⑨数字内容和动漫产业。不同国家、不同时期对文化产业的分类和内容有不同的理解，但文化产品的精神性、娱乐性的基本特征不变。

1994年，澳大利亚政府首次提出创意文化产业的概念。英国1998年出台的《英国创意产业路径文件》中明确提出，文化创意产业就是那些从个人的创造力、技能和天赋中获取发展动力的产业，以及那些通过对知识产权的开发创造潜在的财富和就业机会的活动。《北京市文化创意产业分类》关于文化创意产业的定义是：文化创意产业是指以创作、创造、创新为根本手段，以文化内容和创意成果为核心价值，以知识产权实现或消费为交易特征，为社会公众提供文化体验的具有内在联系的行业集群，是集文化、科技、信息于一体的高附加值产业。北京市文化创意产业主要包括9个大类：①文化艺术；②新闻出版；③广播、电视、电影；④软件、网络及计算机服务；⑤广告会展；⑥艺术品交易；⑦设计服务；⑧旅游、休闲娱乐；⑨其他辅助服务。2014年，国务院发布的《国务院关于推进文化创意和设计服务与相关产业融合发展的若干意见》提到，文化创意和设计服务具有高知识性、高增值性和低能耗、低污染等特征，推进文化创意和设计服务等新型、高端服务业发展，促进与实体经济深度融合，是培育国民经济新的增长点、提升国家文化软实力和产业竞争力的重大举措，

---

〔1〕 刘元华：《我国文化创意产业法律保护案例分析》，知识产权出版社2018年版，第4页。

是发展创新型经济、促进经济结构调整和发展方式转变、加快实现由"中国制造"向"中国创造"转变的内在要求，是促进产品和服务创新、催生新兴业态、带动就业、满足多样化消费需求、提高人民生活质量的重要途径。

从以上分析可知，尽管文化产业和文化创意产业有一些内涵和外延的区别，但从核心产业圈层来说，两者基本相同，因此，本书提出的文化版权法可以理解为文化产业版权法，也可以是文化创意产业版权法。版权强调作品的独创性，可能与文化创意产业更为匹配。

第二节　我国文化产业发展概况

一、我国文化产业成就

《中国文化产业发展报告（2021~2022）》中提到，我国文化产业发展总体稳步复苏，2020 年，全国规模以上文化及相关产业企业实现营业收入 98 514 亿元，比 2019 年增长 2.2%。2021 年上半年，全国 6.3 万家规模以上文化及相关产业企业实现营业收入 54 380 亿元，[1]比 2020 年上半年增长 30.4%。《中国文化创意产业法治发展年度报告（2022）》中提到，2022 年全国规模以上文化及相关企业营业收入 121 805 亿元，比上年增长 0.9%。文化产业的范围涵盖出版发行业、广播电视业、电影业、演艺业、文化旅游业、艺术品业、节庆会展业、创业设计服务业、网络文化业、动漫产业、游戏产业、艺术培训业以及体育产业。党的十九届五中全会着眼战略全局，对"十四五"时期文化建设作出了新的谋划和部署，明确提出"到 2035 年建成文化强国"的远景目标。文化产业与国家战略紧密联动，在文化数字化、文旅融合、文化出海等领域都呈现新的特征。

（一）文化创意产业是文化产业发展的关键

《中国文化创意产业法治发展年度报告（2022）》中提到，2022 年全国规模以上文化及相关产业营业收入中，内容创作生产和创意设计服务的营业收入占37.5%，内容生产的营业收入居首位。这也深刻响应了"中国制造"转向"中

---

〔1〕 北京市文化娱乐法学会第二届品牌保护与 IP 授权法律专业委员会编制，2023 年 2 月。

国创造"的国家战略。"文化创意 +"成为继"互联网 +"之后的又一热门词。"文化创意 +"的概念是以文化为基因，以创意为动能，以融合为方法，实现从传统单一产业到多元、现代、时尚、高科技含量产业的转型升级，既拓宽了文化创意产业的覆盖面与内涵深度，又增加了传统产业的附加值与综合竞争力。"文化创意 +"贯穿于社会多行业多领域之中，强化"文化创意 +"的引领和支撑作用，可以提高企业的整体效益和国际竞争力，加快实现由"中国制造"向"中国创造"的转变。因此无论是文化创意企业还是传统制造业企业，都亟须以"文化创意 +"提升企业竞争力和品牌影响力。

（二）数字文化发展迈入新阶段

互联网以及信息技术深刻改变了文化产业的面貌，数字化催生了很多新技术，比如人工智能、AR、VR、全息投影等。文化创意产业数字化也得到了国家政策的大力支持，数字阅读、数字音乐、网络视听作品、云旅游、网络动漫游戏等数字文化产生并取得了重大的发展。数字文化在对外贸易及对外文化交流方面的表现尤为突出，动漫《超能立方》登上日本 Piccoma 平台新作榜第一；《一代灵后》登上英语圈 Tapas 平台付费版第一。[1]

（三）"泛娱乐"成热门词，跨界融合成为文化产业发展新常态

曾任腾讯副总裁的程武于 2011 年提出"泛娱乐"这个概念后，各大文化公司纷纷构建其数字阅读、数字音乐、数字动漫、数字游戏等多种文创领域的娱乐王国，实现各产业之间融合发展。除了内容领域的融合，还有线上和线下的融合发展，以及文化和科技的融合发展，多维度融合发展是文化创意产业发展的核心动力之一。

（四）体验式文化消费开辟文化产业新天地

大众文化消费模式发生变化，体验式、互动式、情景化的文化消费产生，越来越多的文化单位、主题公园等运用文化资源开发沉浸式体验项目，比如，横店依托《武林外传》修建明清民居博览城七侠镇影视主题街景区，翻拍微电影以供游客体验；浙江温州推出《如何拯救异类世界》剧本杀，结合旅游模式，街区以文化为切入点，在保留公园路传统温州活业态基础上，增加了各种新业态和新玩法。

---

〔1〕　白连永主编：《中国数字版权保护与发展报告 2022》，知识产权出版社 2022 年版，第 117 页。

（五）文化供给破圈力凸显

以破圈层作品促进主流文化和其他各类文化碰撞交流，展现了不同圈层群体之间的审美共识。创新融合的红色音乐作品、戏剧作品、红色旅游等深受广大年轻人喜爱。据统计，"红色＋"融合业态中，游客最喜爱的是"红色＋影视"，其次是"红色＋体育运动项目"，最后是"红色＋动漫／游戏"，这三项总占比为40%。此外，游客最喜爱的红色旅游项目的类型中，排名第一、第二位的分别是红色民宿、红色实景演出，两项占比均接近20%。[1]而戏曲艺术与短视频相结合也成效显著，15秒京剧老生表演收获了2000万人次观看和80万人次点赞。[2]

（六）文旅融合助推乡村全面振兴

乡村旅游发展成为提振乡村产业的重要抓手，文旅融合是乡村旅游发展的重点和方向。近年来，江西不断加强古村落、古民居的保护利用，推动村综合性文化服务中心示范点建设，常态化做好戏曲进乡村工作，每年向6家省级文艺院团采购500余场公益性演出，把优秀文艺作品和演出送到百姓家门口。[3]

（七）传统文化呈现其创意活化价值

传统文化依托日常生活的活态性传承与"非遗＋"的创造性保护路径，在多领域呈现其创意活化价值。江西加快推进特色小镇和非遗工坊建设，助力乡村传统工艺振兴，并连续开展"江西非遗购物节""江西非遗集市"等活动，线上线下共拓非遗工坊产品销售渠道。各地政府也相继开展"城市记忆保护工程"，活化传承城市独有的记忆。

二、中国文化产业发展存在的版权问题

（一）法律体系不完善

首先，缺乏对文化创意产业进行统一界定和规范。文化创意产业在我国已经发展了近10年，但是我国还没有出台一部国家层面的法律法规来规范文化

---

[1] 胡芳：《塑造景区经典IP 让红色文化更年轻》，载《中国文化报》2022年7月25日，第003版。

[2] 向勇主编：《中国文化产业发展报告（2021~2022）》，社会科学文献出版社2022年版，第8页。

[3] 《文旅赋能乡村振兴的"江西答卷"》，载http://dct.jiangxi.gov.cn/art/2023/3/8/art_14513_4383132.html，最后访问日期：2024年7月2日。

创意产业。目前我国各大城市对文化创意产业的划分标准各不相同，例如，上海市的划分方法将其分为 5 类，而北京市则以 9 大类、27 种类、88 小类为分类方法，可见二者的划分方法差异明显。因此，对文化创意产业界定不清晰，是文化创意产业目前发展亟须解决的问题。[1]

其次，我国没有关于民间文艺作品著作权保护的专门法规。作为中华传统文化的重要组成部分，民间文学艺术作品是珍贵的、不可替代的，具有重要价值的文化资源。保护民间文学艺术作品对于传承和弘扬中华优秀传统文化具有重要意义。实践中，因民间文艺作品利用不当和保护不善而产生的纠纷并不少见，由于我国目前没有关于民间文艺作品著作权保护的专门法规，民间文艺的收集、整理、传承、利用、发展等问题日益突出。为此，笔者建议加快推进《民间文学艺术作品著作权保护条例》（以下简称《保护条例》）的制定进程，以版权保护助力民间文艺传承发展。

（二）未能实现全行业泛娱乐的商业模式

我国数字版权领域内容运营尚不成熟，跨媒介运营能力不足，尽管泛娱乐的提出推动了数字版权行业的融合发展，但目前仅在数字阅读领域的 IP 融合运营能力较强，比如数字阅读领头羊阅文集团 2021 年与腾讯影业、新丽传媒合作，将网络文学作品翻拍，拍摄了网剧《赘婿》等多个作品；在动漫领域，阅文集团 IP 改编了 100 多部作品；在音频领域，阅文集团投资了喜马拉雅 FM；但相对而言，对短视频、数字音乐作品较少进行跨媒介融合运营，没有真正实现全行业泛娱乐化。[2]《2020 中国 IP 泛娱乐开发报告》中指出，跨界改编和系列化开发是好莱坞公司的核心战略之一，据 The Numbers 网站公布的统计数据，1995 年到 2014 年 5 月 15 日，好莱坞共公映了 10 615 部电影，其中原创剧本电影 6 842 部，占 49.5% 的票房市场份额；改编自其他来源的电影共 5 703 部，占 50.5% 的票房市场份额。改编的来源也非常多元化。The Numbers 网站列出了多达 20 类曾被改编为电影的作品来源。小说、漫画、电视作品、芭蕾舞作品、唱片、宗教出版物、玩偶等都曾为好莱坞所使用，这也是跨界改编和系列化开发的主要内

[1]《文化创意行业版权保护的不足及解决方法》，载 http://www.110.com/ziliao/article-857099.html，最后访问日期：2024 年 7 月 2 日。
[2] 白连永主编：《中国数字版权保护与发展报告 2022》，知识产权出版社 2022 年版，第 32 页。

容。[1]日本作为动漫大国，也非常重视动漫衍生品的开发，独创了ACG的开发模式［即动画（animation）、漫画（comic）以及游戏（game）］。

（三）缺乏系统的版权开发，版权领域衍生收入较低

虽然音乐、阅读、短视频等平台不断探索多元化的盈利模式，但从收入来看，广告、用户订阅仍然是其核心收入，而非围绕版权产生的衍生收入。比如，在长视频领域，2021年爱奇艺会员收入167.1亿元，占比54.7%，广告收入70.7亿元，占比23.1%；相比而言，将自制内容、独家版权内容售卖给其他平台、获取的内容分发收入为28.6亿元，占比仅为9.3%。相较于海外影视剧衍生品发展，国内可运作衍生品的剧集数量较少，且衍生品类型较少，质量有待提高。[2]《中国网络版权产业发展报告（2020）》显示，2020年中国网络版权盈利模式主要包括用户付费、版权运营和广告收入三类，其中，广告及其他收入为6079.0亿元，占比51.3%；用户付费收入为5659.2亿元，占比47.8%；版权运营收入为109.1亿元，占比0.9%。

（四）知识产权意识缺乏。

第一，文化创意企业知识产权保护意识不足，同时欠缺风险预防的意识与机制。这导致文化创意企业不重视自身的文化版权，损害了自身的文化知识产权。人民网发表的《版权资产管理 易被国有文化企业忽视的"宝藏"》一文就提到，"由于长期以来形成的国有经济管理模式的惯性，国有文化企业在很大程度上体现出重视有形资产而忽略无形资产的资产管理意识。为数不少的国有文化企业的管理者体现出淡薄的版权资产保护意识、保密意识、保全意识和保值意识，对于管理版权资产的系统理论和法律知识有待于进一步充实，缺乏必要的有关版权资产管理的实践经验，更缺乏版权资产的应用和保护经验。并且，多数国有文化企业还未将版权资产等无形资产作为单独的资产种类进行业务运作，版权资产的价值也未得到应有的重视和确认，无法全面准确地体现版权资产自身的价值额度。"[3]

---

[1]《重磅！〈2020中国IP泛娱乐开发报告〉正式发布！》，载https：//www.sohu.com/a/405266754_505774，最后访问日期：2023年10月27日。

[2] 白连永主编：《中国数字版权保护与发展报告2022》，知识产权出版社2022年版，第32页。

[3]《版权资产管理 易被国有文化企业忽视的"宝藏"》，载http：//ip.people.cn/n/2012/1206/c136655-19816579.html，最后访问日期：2024年7月2日。

第二，文化创意企业缺乏对他人知识产权的尊重，认为"拿来用不侵权"，从而造成大量的版权侵权现象。2021年，伴随大数据和"互联网＋"的发展，文创产业生产与传播效率提高的同时，也为侵犯文化创意产品知识产权的行为提供了"便利"，文化创意产品的侵权成本大幅降低，侵权产品的传播速度也呈指数增长。如在某购物软件上搜索"故宫喵"，就可以发现许多比正版文创产品价格低得多的仿制品，"故宫日历"也存在比正版原价少一半的仿制日历，抢占了文创正品的大量市场，而这只是文创产品侵权的冰山一角。加之互联网环境下，知识产权侵权行为的快速性、隐蔽性，使得侵权行为在被文创权利人发现之前，就已经酿成严重后果。权利人在发现侵权之后，也面临维权成本高、维权时间长、举证难度大的问题。上述因素叠加，导致文化创意领域知识产权侵权纠纷频发不止。据北京市海淀区检察院2021年发布的《知识产权·服务科创检察白皮书》显示，知识产权犯罪从烟酒、食品、服饰、化妆品等传统领域，向数字阅读、在线教育、金融科技、智能运动、智能制造、网络游戏等科创文创领域蔓延趋势明显，科创文创领域犯罪案件占海淀区检察院犯罪案件的63%，产品真伪混淆，创新成果流失。[1]

（五）版权交易制度尚待完善

文化创意产业财富的主要来源是进行版权交易。现阶段，在版权交易研究方面，很多学者主要关注转让制度和许可使用制度等，我国版权交易的法律研究及相关制度的缺失，不利于版权交易的长远发展。

第三节　文化版权法

一、文化版权法概念的构成要件

文化版权法，是指调整文化创意产业版权法律关系的具有约束力的原则、规则和制度的总称。文化版权是版权在文化创意产业的具体体现，文化版权法与版权法是密不可分的。对于文化版权法的理解和掌握，要从法律关系的主体、客体和内容三个方面展开。

---

[1]《〈中国文化创意产业法治发展年度报告（2021）〉发布，文创产品知识产权侵权纠纷仍然屡发》，载 https://zhuanlan.zhihu.com/p/522275014，最后访问日期：2024年7月2日。

（一）文化版权客体

文化版权的客体是文化创意产业内的各种受著作权法保护的作品，比如出版业的新闻类作品、各种期刊等出版物；娱乐体育业的各种视听作品（电影、电视剧、短视频、体育赛事直播）、音乐、戏剧等艺术作品；文化旅游业的建筑作品、旅游宣传文案等文字作品、摄影图片、旅游地图等；艺术品行业的美术作品、雕塑作品等；动漫行业的动漫角色；游戏行业的各种游戏元素等。这些活跃在文化创业产业内的内容，如果符合作品构成要件，尤其是独创性标准，就是著作权法中所说的作品。

（二）文化版权主体

文化版权客体的权利人即为文化版权主体。我国文化版权主体可以是自然人作者，也可以是其他单位或组织。根据著作权法的相关规定，作者是创作完成作品的主体，一般是自然人，但我国引入了法人作品，所以作者也包括法人作者。除了基于创作取得著作权人身份，法律规定、约定、转让、继承也会使非作者获得著作权人的身份。

（三）文化版权权利内容

文化版权权利内容，我国著作权法规定了4项人身权（发表权、署名权、修改权、保持作品完整权）和13项财产权（复制权、发行权、出租权、展览权、表演权、放映权、广播权、信息网络传播权、摄制权、改编权、翻译权、汇编权以及应当由著作权人享有的其它权利），不同类别的著作权人享有不同的著作权权利内容。比如，作者有自然人作者和法人作者，但二者是否享有相同的权利内容，是值得探讨的；职务作品由单位享有著作权，但是署名权仍归作者；著作权集团管理组织依协议取得相应的权利内容，而不是所有的著作权权利内容；音乐著作权人可通过与中国音乐著作权协会签署音乐著作权合同加入协会，将其音乐作品的表演权、广播权、复制权、发行权和信息网络传播权等财产权利以信托方式授权协会进行集体管理，并随时向协会登记其已经发表的音乐作品。

二、文化版权法的特点

知识产权是指人们就其智力劳动成果所依法享有的专有权利，通常是国家赋予创造者对其智力成果在一定时期内享有的专有权或独占权。知识产权具有五大特点：法定性、无形性、地域性、时间性、专有性。文化版权是知识产权的一个分支，当然也具备这五个特点，但其具体含义与传统知识产权又有细微的区别。

（一）法定性

知识产权的法定性是相对物权的自然属性而言的。从古至今，大家都有不能盗窃他人财产的朴素意识，都自觉地去尊重他人的物权。这就是对于有形财产的所有权概念。文学艺术领域的作品是传统的财产吗？显然不是。王迁教授在其《著作权法》教材中说到著作权的作品由于天然缺乏排他性和与之相关的可交易性，人民很难自发地形成"作品是财产"的观念。但是，如果不对作品著作权进行保护，就不能鼓励创作者进行创作，也就没有文化的繁荣。因此，国家通过立法创设了一种新的财产权——知识产权。同样，文化版权的主体、客体、权利内容、侵权救济都是法律创设出来的，而不是一种天然的权利。

（二）无形性

著作权是一种无形的智慧成果，保护的不是物。著作权的客体与固定该客体的载体是可以分离的。当前的时代是数字时代，文化创意产业受数字技术的影响越来越大，数字文化版权更加强化了其保护客体的无形性。在网络环境中，作品的创作、传播和使用都在虚拟的网络世界中完成，它的实体性比传统知识产权更加弱化。

（三）地域性

知识产权的地域性是指知识产权只能依各国法律有效取得，其权利也只在该国地域范围内有效。网络时代的最大特点就是无国界。传统的根深蒂固的知识产权的地域性使得国际私法学者认为知识产权领域不存在法律冲突，但也有越来越多的国际私法学者认为，网络环境弱化了知识产权的地域性。郑成思教授在谈到互联网与知识产权地域性的问题时，他的回答是"地域性与网络信息传播无国界性冲突引发了知识产权保护中最新的程序问题。"互联网的无限复制性、广泛传播性、非集中管理性和变幻莫测的交互性，使得数字版权侵权后果往往有很多不确定性。人们很难认定侵权人的行为地，也很难向法院举证，法院的管辖也是不明确的。再比如，今天在美国上映的影片，可能半个月后才在中国上映，但中国的网民从电影资源网上下载观看，甚至将电影资源在微信朋友圈、网盘、互联网进行分享，这就涉及知识产权国际保护的问题。高度发展的信息技术使知识产权的地域性正在迅速弱化，数字技术加快了版权制度国际化进程，各个国家的版权法制度相互影响越来越大。

（四）时间性和专有性

知识产权是一种一定时间的垄断性权利，知识产权权利人在保护期限内有权禁止他人未经许可使用其知识产权。著作权的专有性主要体现为一种禁止权，即未经权利人许可，他人不得使用该著作权。这与传统的产权有一些区别，传统的所有权更多的是一种自用的权利，因为物权是有排他性的；但是知识产权是可以多方同时使用的，这决定了知识产权权利人不需要过度关注自用权。在互联网时代，由于作品传播范围更广，似乎知识产权权利人的垄断性更强，因此有学者主张缩短知识产权（尤其是著作权）的保护期限，鼓励内容创作。

三、文化版权法的法律渊源

法律渊源，也被称为法的存在形式，是司法机关能够据以解决文化版权纠纷案件的依据。这些法律渊源也是本教材的很多表述和理论论证的根据。

（一）《中华人民共和国民法典》（以下简称《民法典》）

从版权角度来说，《民法典》有四个亮点：一是确认了知识产权是权利人依法对作品享有的专有权利；二是规定了版权可以称为质押的权利客体；三是引入了惩罚性赔偿制度，网络环境下侵权更加容易，著作权人防不胜防，惩罚性赔偿制度能够震慑侵权人；四是规定了网络侵权责任，明确了网络服务商的义务。[1]

（二）《中华人民共和国著作权法》（以下简称《著作权法》）

《著作权法》是调整著作权的基本法，当然也是文化版权法第一位的法律渊源。2021年，修正后的《著作权法》施行，其纳入了很多与文化版权相关的内容。一是将网络直播纳入广播权范围，《著作权法（2020修正）》出台之前，主播直播表演才艺、游戏等行为，审判实践中都只能认定为侵害了著作权人的其他权利，而将网络直播纳入广播权范畴，为规制网络直播中的著作权侵权行

---

〔1〕 白连永主编：《中国数字版权保护与发展报告 2022》，知识产权出版社 2022 年版，第 6~7 页。

为提供了直接的法律根据；二是作品类型方面，将"电影作品和以类似摄制电影的方法创作的作品"改为视听作品，将体育赛事节目、网络游戏直播画面、短视频等纳入作品范畴，并且将兜底条款修改为"符合作品特征的其他智力成果"，体现了立法的前瞻性；此外，将计算机程序改为计算机软件；三是对于著作权集体管理制度也进行了修正，推动著作权集体管理组织在文化版权领域更好地发挥作用。[1]

（三）《中华人民共和国刑法修正案（十一）》（以下简称《刑法修正案（十一）》）

《刑法修正案（十一）》修改了关于著作权犯罪行为的条款，特别是针对网络环境中的著作权犯罪，增加了三种侵权行为为侵害著作权罪。具体内容是：一是明确了侵犯信息网络传播权的行为构成犯罪，[2]这个规定也实现了刑法与著作权法中关于发行权与信息网络传播权概念的统一；二是将侵害表演者权的行为规定为犯罪，对于数字版权时代频繁通过网络直播、短视频等方式侵害表演者权利的行为进行打击；三是故意规避或破坏技术措施的行为构成犯罪，从而能更好地打击盗版小网站和各种聚合平台的侵权行为。[3]

（四）国际公约

1.《伯尔尼保护文学和艺术作品公约》（以下简称《伯尔尼公约》）。《伯尔尼公约》是关于著作权保护的国际条约，1886年9月9日制定于瑞士伯尔尼。《伯尔尼公约》缔结后曾七次修订，其最后一次修订形成的文本是1971年巴黎文本，共38条，另有公约附件6条。1992年10月15日中国成为该公约成员国。

---

〔1〕 白连永主编：《中国数字版权保护与发展报告2022》，知识产权出版社2022年版，第8~9页。

〔2〕《刑法修正案（十一）》将《刑法》第217条修改为："以营利为目的，有下列侵犯著作权或者与著作权有关的权利的情形之一，违法所得数额较大或者有其他严重情节的，处三年以下有期徒刑，并处或者单处罚金；违法所得数额巨大或者有其他特别严重情节的，处三年以上十年以下有期徒刑，并处罚金：（一）未经著作权人许可，复制发行、通过信息网络向公众传播其文字作品、音乐、美术、视听作品、计算机软件及法律、行政法规规定的其他作品的；（二）出版他人享有专有出版权的图书的；（三）未经录音录像制作者许可，复制发行、通过信息网络向公众传播其制作的录音录像的；（四）未经表演者许可，复制发行录有其表演的录音录像制品，或者通过信息网络向公众传播其表演的；（五）制作、出售假冒他人署名的美术作品的；（六）未经著作权人或者与著作权有关的权利人许可，故意避开或者破坏权利人为其作品、录音录像制品等采取的保护著作权或者与著作权有关的权利的技术措施的。"

〔3〕 白连永主编：《中国数字版权保护与发展报告2022》，知识产权出版社2022年版，第7页。

2.《世界知识产权组织版权条约》（WCT）。WCT 是 1996 年由世界知识产权组织在 120 多个国家代表参加的外交会议上缔结的，主要为解决互联网环境下应用数字技术而产生的版权保护新问题。该条约是《伯尔尼公约》第 20 条意义下的专门协定。《世界知识产权组织版权条约》是对《伯尔尼公约》《与贸易有关的知识产权协定》的发展与补充。其版权保护客体主要是计算机软件和数据（数据库）编程。WIPO 新增了信息网络传播权、技术措施以及权利管理信息的规定。

3.《世界知识产权组织表演和录音制品条约》（WPPT）。该条约在序言中明确承认信息和通信技术的发展和交汇，对表演和录音制品的制作和使用有深刻影响。其内容中明确规定了表演者和录音制品制作者有信息网络传播权。此外，对于技术措施和权利管理信息也有相应的规定。

4.《视听表演北京条约》（以下简称《北京条约》）。《北京条约》于 2012 年 6 月 26 日在北京成功签署，于 2020 年生效。《北京条约》是关于表演者权利保护的国际条约，该条约赋予了电影等作品的表演者，依法享有许可或禁止他人使用其在表演作品时的形象、动作、声音等一系列表演活动的权利。此外，词曲作者和歌手等声音表演者享有复制、发行等权利，电影演员等视听作品的表演者也将享有相应权利。其序言承认信息与通信技术的发展和交汇对视听表演的制作与使用的深刻影响，规定了视听表演者享有信息网络传播权。但是，对于视听录制品中表演者权的归属，其 12 条[1] 权利的转让几乎剥夺了视听录制品中表演者的表演者财产权，第 12 条第 1 款的规定概括为，表演者一旦同意将其表演录制于视听录制品中，除非表演者与视听录制者根据国内法有相反约定，表演者权（复制权、发行权、出租权、信息网络传播权、广播权）归视听录制品的制作者所有。

---

[1]《北京条约》第 12 条：权利的转让 ①缔约方可以在其国内法中规定，表演者一旦同意将其表演录制于视听录制品中，本条约第 7 条至第 11 条所规定的进行授权的专有权应归该视听录制品的制作者所有，或应由其行使，或应向其转让，但表演者与视听录制品制作者之间按国内法的规定订立任何相反合同除外。②缔约方可以要求，对于依照其国内法的规定制作的视听录制品，此种同意或合同应采用书面形式，并应由合同当事人双方或由经其正式授权的代表签字。③不依赖于上述专有权转让规定，国内法或者具有个人性质、集体性质或其他性质的协议可以规定，表演者有权依照本条约的规定，包括第 10 条和第 11 条的规定，因表演的任何使用而获得使用费或合理报酬。

四、文化版权法与相关学科的关系

（一）文化版权法与文学艺术专业

著作权法中的作品，是指文学、艺术和科学领域中具有独创性并能以一定形式表现的智力成果。由此可见，文化和艺术专业是文化版权的创作基石，文化版权法所保护的客体就是文学艺术专业领域的具有独创性的作品。

（二）文化版权法与法学

数字版权法是法学的一个分支学科，是著作权法、民法、侵权行为法、刑法等学科的结合体。文化创新产业已经成为驱动一国经济高质量发展的核心产业，但如前所述，文化创新产业中存在很多的版权问题，因此，健全和完善文化版权法对于一国经济的发展是非常关键的。

第二章 出版物版权

◦ 本章导读

出版发行业已经形成了传统出版业逐渐式微、数字出版产业繁荣发展的整体格局，但传统的出版方式在未来的很长一段时间里并不会被完全取代。技术的迭代在提升用户体验的同时，也给出版业带来了很多契机。一是数字化发展成为行业主流；二是数字出版成为文化创新产业的源头产业，拉动了动漫、音乐、影视、游戏等下游产业的发展并释放出巨大产业价值，实现 IP 的多元化开发。

本章立足于出版物版权体系，结合有关司法案例，阐述出版物版权的客体和主体，并分析出版物领域的典型版权侵权现象。

通过本章的学习，主要掌握以下几个方面：一是了解各类出版物定义、特点，并掌握出版物的作品属性；二是了解出版物版权的主体；三是认识出版物版权的侵权类型，以及侵权抗辩事由的内容和适用条件。

第一节 出版物版权客体

一、出版物概述

国家新闻出版署将出版物分为图书、期刊、报纸、音像制品、电子出版物和数字出版物。本教材将音像制品归入娱乐产品，放在第三章"娱乐版权"中论述，故不在本章论述。

（一）图书、期刊和报纸定义

联合国教科文组织对图书的定义：凡由出版社（商）出版的不包括封面和

封底在内 49 页以上的印刷品，具有特定的书名和著者名，并编有国际标准书号。图书是有定价并取得版权保护的出版物，其以传播文化为目的，是人类智慧的呈现和思想的产物，是一种特定的不断发展着的知识传播工具。与其它出版物相比，纸质图书具有内容系统全面、出版周期较长的特点。

期刊是具有连续性（有期次编号或者注明日期）、周期相对固定性、编辑方针的确定性（前后有一定的内在关系）、内容多样性（不止一个学科，或者一个学科的多个分支）、作者众多性（非一人作品，而是众多人的作品集合体）、篇幅固定性（每篇篇幅、每期页码大致相同）、形式固定性（开本、纸型、装订办法等）、种类众多性（学术、政治、消费类等），能够装订成册从而能够物化（传统印刷品）或者以现代手段（电子、网络等）为载体的出版物。因此，作为定期出版的刊物，期刊具有众多形式，如周刊、旬刊、半月刊、月刊、季刊、半年刊、年刊等。在我国，期刊须由依法设立的期刊出版单位出版，单位必须经新闻出版总署批准，持有国内统一连续出版物号，领取《期刊出版许可证》。

报纸是以刊载新闻和时事评论为主的定期向公众发行的印刷出版物或电子类出版物，报纸是大众传播的重要载体，具有反映和引导社会舆论的功能。

（二）电子出版物和数字出版物定义

《电子出版物出版管理规定》第 2 条对电子出版物作出了明确的定义：是指以数字代码方式，将有知识性、思想性内容的信息编辑加工后存储在固定物理形态的磁、光、电等介质上，通过电子阅读、显示、播放设备读取使用的大众传播媒体，包括只读光盘（CD-ROM、DVD-ROM 等）、一次写入光盘（CD-R、DVD-R 等）、可擦写光盘（CD-RW、DVD-RW 等）、软磁盘、硬磁盘、集成电路卡等，以及新闻出版总署认定的其他媒体形态。20 世纪 90 年代末对电子出版物的认定包括以下特征：一是用数字代码方式编辑图文信息；二是通过计算机等设备读取数据；三是存储在磁、光、电介质上；四是可复制发行。[1] 大众视野中较为常见的电子出版物有 CD、VCD 等。

2010 年发布的《新闻出版总署关于加快我国数字出版产业发展的若干意见》，将数字出版定义为利用数字技术进行内容编辑加工，并通过网络传

---

[1] 王俊：《数字出版相关概念的追溯辨析与思考》，载《新闻研究导刊》2023 年第 17 期。

播数字内容产品的一种新型出版方式，概括其四个特征为：内容生产数字化、管理过程数字化、产品形态数字化和传播渠道网络化。相应地，规定数字出版产品形态主要包括电子图书、数字报纸、数字期刊、网络原创文学、网络教育出版物、网络地图、数字音乐、网络动漫、网络游戏、数据库出版物、手机出版物（彩信、彩铃、手机报纸、手机期刊、手机小说、手机游戏）等。[1] 上述意见对数字出版和数字出版物概念的界定形成目前较为权威的官方意见，数字出版海量存储、传输高效、成本低廉的特点使其具有广阔的发展前景，相关概念也会随着数字出版产业的进步和技术的发展而不断丰富完善。

二、出版物的作品属性分析

（一）文字阅读物的作品属性分析

判断某一出版物是否受著作权法保护，要依据著作权法"作品"的构成要件来考察，即作品需要满足以下要件：一是作品须为人类的智力成果；二是作品须是可被感知的外在表达；三是作品须是文学、艺术或科学领域内的成果；四是必须具有独创性[2]。其中，是否具备独创性是认定作品的关键。

一般而言，以图书、期刊、报纸、电子书和网络文学为代表的文字阅读物如若具备独创性，则属于著作权法上的文字作品，即小说、诗词、散文、论文等以文字形式表现的作品。但科技日新月异，文字阅读物创作方式和阅读途径在不断发展，新型的数字化读物是否构成作品以及属于何种作品需要结合具体实践进行个案判断。

【理论探讨】

ChatGPT 写出来的文章是不是著作权法中的作品？

ChatGPT（Chat Generative Pre-trained Transformer），是 OpenAI 研发的一款聊天机器人程序，于 2022 年 11 月 30 日发布。ChatGPT 是人工智能技术驱动的自然语言处理工具，它能够基于在预训练阶段所见

---

〔1〕《新闻出版总署关于加快我国数字出版产业发展的若干意见》，载 https://www.gov.cn/gongbao/content/2011/content_1778072.htm，最后访问日期：2024 年 3 月 4 日。

〔2〕王迁：《著作权法》，中国人民大学出版社 2023 年版，第 20~25 页。

的模式和统计规律，来生成回答，还能根据聊天的上下文进行互动，真正像人类一样来聊天交流，甚至能完成撰写邮件、视频脚本、文案、翻译、代码，写论文等任务。因为其强大的功能，一经开放便在网络爆火，世界各地的用户通过它检索资源、询问答案，学生使用 ChatGPT 帮助完成作业的现象更为普遍。那么，ChatGPT 生成作品是否应当被赋予著作权？

目前学界尚未有定论，且存在较大分歧。反对者认为，ChatGPT 生成的作品并非人的创作成果，不可能受到版权法的激励，此类观点认为著作权法须为人类的智力成果，以 ChatGPT 为代表的生成式 AI 内容并非人的创造成果，故而不属于著作权法意义上的作品。不过现实中存在利用 ChatGPT 让学术论文锦上添花、得到"人机结合"的文章的现象，那么此类学术论文的作品属性如何界定？是否界定为学术造假和抄袭？ChatGPT 是否又可以被列为合作作者？赞成者认为，ChatGPT 与过去传统人工智能的一个主要区别在于其接受了基于人类反馈的强化学习，即 RLHF（Reinforcement Learning from Human Feedback）训练。这使得 ChatGPT 生成的内容融合了人类的主观偏好，体现了人类智慧成果。[1]因此，可以将以 ChatGPT 为代表的生成式 AI 内容视为著作权法意义上的作品。

当前，我国相关法律中尚无关于人工智能写作是否可以被赋予著作权的说明，未来以 ChatGPT 为代表的人工智能将会持续进化，其在文学艺术领域的生成物也将呈现井喷式增长，势必会对现行的著作权法带来冲击。目前实践中对 AI 生成内容是否构成作品给出了司法实务方面的答案：AI 生成内容如若具备独创性，具有作品属性，便属于著作权法保护范围。但是人工智能并没有独属于其自身的思想意识，可以说是人类创造作品的辅助工具，因此，著作权人当然不是人工智能，一般是将著作权归属于使用人工智能的主体。

---

[1] 丛立先、李泳霖：《生成式 AI 的作品认定与版权归属——以 ChatGPT 的作品应用场景为例》，载《山东大学学报（哲学社会科学版）》2023 年第 4 期。

【典型案例】

深圳市腾讯计算机系统有限公司诉上海盈讯科技有限公司著作权权属、侵权纠纷及不正当竞争纠纷案[1]

时间：2019 年 12 月 24 日

原告：深圳市腾讯计算机系统有限公司

被告：上海盈讯科技有限公司

原告主张： 2018 年 8 月 20 日，原告在腾讯证券网首次发表标题为《午评：沪指小幅上涨 0.11% 报 2671.93 点通信运营、石油开采等板块领涨》的文章（以下简称"涉案文章"），涉案文章末尾注明：本文由腾讯机器人 Dreamwriter 自动撰写。被告在该文章发表当日复制涉案文章，未经授权许可通过其经营的"网贷之家"网站向公众传播。经比对，该文章与原告在本案中主张权利的涉案文章的标题和内容完全一致。

法院认定： 本案为侵害著作权及不正当竞争纠纷，涉及的争议焦点之一便是涉案文章是否为文字作品。法院经审理认为：涉案文章为文字作品。从涉案文章的外在表现形式来看，涉案文章由原告主创团队人员运用 Dreamwriter 软件生成，其外在表现符合文字作品的形式要求，其表现的内容体现出对当日上午相关股市信息、数据的选择、分析、判断，文章结构合理、表达逻辑清晰，具有一定的独创性；从涉案文章的生成过程来分析，如果仅将 Dreamwriter 软件自动生成涉案文章的这两分钟时间视为创作过程，确实没有人的参与，仅仅是计算机软件运行既定的规则、算法和模板的结果，但 Dreamwriter 软件的自动运行并非无缘无故或具有自我意识，其自动运行的方式体现了原告的选择，该文章的表现形式是由原告主创团队相关人员个性化的安排与选择所决定的，其表现形式并非唯一，具有一定的独创性。因此，该文章的特定表现形式及其源于创作者个性化的选择与安排，并由 Dreamwriter 软件在技术上"生成"的创作过程均满足著作权法对文字作品的保护条件。

---

[1] 参见广东省深圳市南山区人民法院（2019）粤 0305 民初 14010 号民事判决书。

（二）有声读物的作品属性分析

关于有声读物的概念，目前尚未有权威的界定。有声读物（Audio-books）源自 20 世纪 60 年代的美国，美国有声读物协会对有声读物的定义是"其中包含不低于 51% 的文字内容，复制和包装成盒式磁带、高密度光盘或者单纯数字文件等形式进行销售的录音产品"。[1] 国内学界一般认为有声读物是指依托移动互联网、各式新媒体平台，通过智能手机、平板电脑、电子阅读器等阅读载体，把人们获取小说、百科知识、新闻资讯等内容的方式由"读"转变为"听"，以满足人们碎片化时间的收听需求。[2] 从生活实践来看，有声读物的主角仍是文字作品，它只是借助数字化技术实现原有文字形式与数字音频之间的转换，以"听觉"来获取内容的一种新的阅读方式。有声阅读更契合新时代读者的阅读习惯，并逐渐成为阅读的新一轮发展方向。譬如，喜马拉雅在 2020 年曾发布"有声图书馆计划"项目，宣布与 26 家出版机构达成战略合作，协同开发有声出版物，由此，出版机构有机会吸引更多的读者流量，探索新的盈利方式，而喜马拉雅计划通过这一项目来加速其版权的布局，并推动文化 IP 的多样化开发。

有声读物的作品属性要根据实践中其具体生成方式来分析，目前主要存在"复制说""表演说"及"改编演绎说"三种观点。[3] 在现实情况中，有声读物主要可以分为三种类型：

第一种是机器转换型。利用 TTS 阅读器等数字化技术将文字转化成音频，表现为在实际应用中，某些有声读物经营者并未获得文字作品著作权人的授权，而企图通过不展示文字，只利用 TTS 技术向用户提供有声读物服务以避免侵权。但是，该技术的前提需要将文字转化成按照文字顺序排列的音频，并植入软件或服务器中。因此，这种行为所产生的有声读物只是文字的复制品，不是著作权法中具有独创性的作品。

第二种是通过人工朗读来实现。通过使用人声将文字作品朗读出来，然后将其录制成音频，且不对其进行任何添加。尽管用户体验可能与第一种情况相

---

[1] 田莹：《新媒体时代有声读物的发展问题与对策分析》，河南大学 2013 年硕士学位论文。

[2] 韩雨潇：《网络时代有声读物版权保护的新思路》，载《出版广角》2017 年第 15 期。

[3] 严永和、马若昀:《论有声读物的法律属性与侵权判定》，载《西部法学评论》2021 年第 2 期。

似，然而，由于人的参与，制作者的表演活动引发了显著的改变，尽管可能存在一些创造性元素，但并不足以构成一部作品，因此可以被视为原作的录音制品，法律可以赋予录音制作者邻接权予以保护。

第三种是广播剧型。其表现方式与前两种截然不同，主要是对于文本作品进行适度修改，并在进行表演性朗读时增加背景音乐等元素，然后将其录制为音频。在这种情况下，制作者融入了自己对文字作品的理解和创造力，赋予更多独特元素，从而修改原作并创作出新的剧本，这样的新剧本可以被视为改编作品。

（三）视听类新闻的作品属性分析

1.新闻网络直播。新闻网络直播是通过网络平台实时传输新闻事件的视听节目。它们以现场图像报道新闻，展示记者所观察到的真实情况。由于主要是为了满足公众的知情权，这类作品缺乏创意性和原创性，通常不被认定为作品。例如，新闻平台直播某场政府新闻发布会，就是一种机械式的直播。观众对于发布会直播画面的出现都具有一定的预见性，人们根据之前的观看直播的经验，对接下来的镜头选择了如指掌，因为不拍摄某个画面可能无法完整表达内容。在自媒体时代，众多自媒体也介入了新闻网络直播，尤其在非"政治、经济、宗教"等领域，如体育、文化、教育等，在满足一定条件下，这些直播在具有独创性时可以被认定为作品。

2.新闻专题片。新闻专题片是事件深度报道最常用的一种节目形态，新闻专题片的基本特征是新闻性较强，能够反映当前重大新闻事件或社会普遍关注的热点和难点问题，新闻专题片要求纪实，不可虚假操作，但讲究艺术性，强调报道编辑词语与画面相结合。[1]这类节目通常围绕一个事件或人物展开，将新闻事实层层剖析呈现给观众。其制作涵盖了技术和艺术创作，如镜头运用、构图、色彩设计、后期剪辑等，赋予了专题片独特的表现力和独创性，因此被视为视听作品。

3.新闻访谈节目。新闻访谈节目主要采用人物访谈模式，例如，中央广播电视总台的《高端访问》主要是将世界各国元首、政府首脑以及社会各界知名人士作为节目的访谈对象，其中包括联合国前秘书长安南、英国前首相布莱尔、

---

〔1〕 杨帆：《新闻专题片叙事手法及编辑技巧研究》，载《新闻传播》2022年第20期。

俄罗斯总统普京、比尔·盖茨、新闻业大亨莫多克等。[1]但其缺乏在节目形式、视觉效果和叙事结构上的创新，就是一板一眼的问答。这类访谈节目在具体流程、提出问题和拍摄角度选择都较为固定，这种情况下不将其认定为作品进行保护。在自媒体时代，自媒体抢占新闻份额，进行新闻访谈的新闻平台增多，小平台邀请进行新闻访谈的类型多样化、非严肃化、非固定化，无论是在节目形式、个性提问、拍摄进度上都具有其独创性，因此在新视域下这些具有独创性的新闻访谈节目是可以将其认定为作品，并受到著作权法的保护。

4. 新闻纪录片。新闻纪录片采用纪实手法记录社会发展的面貌，通常聚焦于国家政治、历史意义和发展，承担着传承历史使命和民族文化的责任。它们的拍摄手法和叙事方式与电影相似，具有独创性的表达方式。在选择典型人物、环境和细节时，并不会干扰新闻事件的本质，但它们能够把握新闻纪录片的拍摄视角，并通过纪录片技术呈现事件的横向或纵向片段。其中的创造性表达体现了新闻纪录片的艺术美学，构成视听作品。

（四）美术、摄影新闻的作品属性分析

新闻美术作品，是指在新闻报道中除了新闻图片之外，主要用于辅助报道、评论事实的新闻漫画、图标、绘画等美术作品。[2]新闻摄影涵盖了图片新闻、特写等。新闻美术作品和新闻摄影作品很少单独存在，绝大多数都是图文形式共存。

当新闻图片被认定为作品时，其首要满足条件为"具有独创性"，但受新闻图片自身属性的影响，其独创性难以判定。如2019年人类历史上第一张"黑洞照片"引发了法律界对新闻图片的版权讨论。部分学者认为，该新闻图片是客观科学事实的真实反映，属于唯一性表达，不适用于著作权法。[3]也有学者认为，尽管黑洞是客观事实，但是黑洞照片是作者独立构思的产物，而非对已有作品的模仿，应受著作权法保护。[4]2012年，一则网络新闻《北京一地铁站

---

[1] 袁方：《论电视新闻访谈节目的现状及发展》，载《电视指南》2018年第14期。

[2] 贾俱文：《网络环境下新闻作品的著作权保护问题研究》，兰州大学2019年硕士学位论文。

[3] 徐峰：《"黑洞照片侵权事件"背景下我国网络图片著作权保护研究》，载《中国出版》2019年第21期。

[4] 阚敬侠：《从视觉中国"黑洞照片门"事件看我国图片版权保护问题》，载《传媒》2021年第17期。

现"瀑布"缘由消防水管爆裂》中拍摄了北京地铁 8 号线回龙观东大街站内因消防水管破裂，大量的水从站厅顶部倾泻而下，形成一道"瀑布"的图片。该新闻图片是对新闻事实的简单呈现，拍摄者在创作过程中投入的智力劳动较少、艺术价值较低，如何判定其独创性具有一定难度。[1]

我国版权局曾经反向规定过时事新闻的定义：若摄影作品以新闻事件为主题，则该作品不属于时事新闻。因此，判断新闻摄影是否是著作权法保护的作品时，只需要去评估其独创性。

（五）其他新闻作品属性分析

在融媒时代，许多媒体都追求多样化和可视化的新闻形式。H5 交互动画作为一种新闻呈现形式，融合了文字、图片、声音、视频和全景等元素，具备更强的交互性，因此备受媒体的青睐。从各家媒体制作的作品来看，H5 融合报道的形式多种多样，包括图文报道、视频报道、VR 全景、问答型和互动游戏等。这些作品不仅传递信息，也为全国观众呈现了精彩的视听盛宴。

1.动画新闻。这类报道以图文为主，通过动画、漫画等方式展示新闻内容，让受众在观看的同时参与其中，增加新闻的趣味性和可读性。例如，《典藏十九大》和《国务院常务会这 5 年》就是这类作品的代表。这种制作方式将趣味性和可读性结合在一起，让受众在参与中了解党的最新政策。[2]这类报道从其组成部分进行分析，属于文字作品和图形作品的结合，因为它们以文字形式表现新闻内容，同时也使用了动画、漫画等图形元素来增强视觉效果，属于作品。

2.游戏新闻。这类报道以游戏为主，通过设置不同的题目、关卡、奖励等，让受众在玩游戏的同时了解新闻信息。例如，《两会热词点点乐》《幸福就要跳起来》和《习近平的这句话击中了我》就是这类作品的代表，H5 作品让受众在沉浸式投入答题的同时了解到两会的关键词，起到了很好的宣传作用。[3]这

---

〔1〕 徐春成、林腾龙：《我国〈著作权法〉（2020 修正）对新闻图片的版权保护》，载《出版广角》2023 年第 3 期。

〔2〕 何蓉：《H5 交互动画在新闻报道中的应用和趋势——以党的十九大会议和 2018 年全国两会报道为例》，载《新闻研究导刊》2018 年第 17 期。

〔3〕 何蓉：《H5 交互动画在新闻报道中的应用和趋势——以党的十九大会议和 2018 年全国两会报道为例》，载《新闻研究导刊》2018 年第 17 期。

类作品属于视听作品，因为它们需要借助一定的介质和装置，由一系列有伴音或者无伴音的画面组成，并且实现了与受众的互动。

3.VR 新闻。所谓 VR，即虚拟现实，是一种可以创建和体验虚拟世界的计算机仿真系统。它提供一种多源信息融合的交互式三维动态视景，使用户沉浸其中，带来一种身临其境的感觉。[1]VR 新闻即通过 VR 的技术手段，以 VR 作为媒介来对新闻中事件的动态进展、人物的真实动作进行全面的呈现。其特征包括：①现场感，身临其境的冲击力；②客观性，媒体中介角色被削弱；③自主性，个性化需求的满足；④交互性，缩短从身到心的距离。[2]

VR 新闻中存在哪些要素可以受到著作权法的保护呢？一是视觉表达。VR 新闻通常以虚拟现实技术呈现图像、动画和视频，这些视觉表达可以作为原创作品受到著作权保护。例如，《流离失所》《战地记者》《火星漫游》，这些 VR 新闻作品中的虚拟场景、人物模型、动画效果等，如果具备独创性并满足著作权法的要求，可以受到保护。二是剧本和叙事结构。如果 VR 新闻作品包含独创性的剧本或叙事结构，这些可以作为文学作品受到著作权保护。例如，《流离失所》中的情节、对话和叙述方式，如果满足独创性和原创性的标准，可以受到著作权保护。三是音频表达。VR 新闻作品中的音频元素，如原创音乐、声音效果、解说词等，可以作为音乐作品或音效作品受到著作权保护。例如，《战地记者》中使用的原创音乐和声音效果，如果满足著作权法的要求，可以受到保护。

第二节　出版物版权主体

一、作者

（一）自然人作者

我国《著作权法》第 11 条第 2 款规定：创作作品的自然人是作者。除了法律特别规定或合同特别约定的情形，创作作品的自然人就是作品的著作权人。

---

[1] 喻国明、张文豪：《VR 新闻：对新闻传媒业态的重构》，载《新闻与写作》2016 年第 12 期。
[2] 孙振虎、李玉荻：《"VR 新闻"的沉浸模式及未来发展趋势》，载《新闻与写作》2016 年第 9 期。

以文字阅读物为例，网络文学作品的创作主体多是自然人。首先，从年龄和行为能力的角度来看，无论是成年人还是未成年人，无论是完全具备行为能力的人还是行为能力受限的人，只要他们具备创作能力，并且有作品问世，他们都可以成为作者，并且他们有权依法拥有自己创作的作品的著作权。其次，只有进行创作才能成为作者。这里的"创作"是指实际从事了创作，如果是组织他人创作、提供物质条件或者承担资料收集和其他辅助工作的人都不是真正意义上的作者。

【理论探讨】

人物访谈类新闻作品版权是归采访者还是受访者所有？是合作作品吗？

人物访谈类新闻一般是采访者问，被采访者答的一种创作模式，涉及采访者、被采访者的权益。对于人物访谈类新闻作品的著作权归属问题，目前还没有明确的法律规范，只有一些司法实践和学术观点。

人物访谈类新闻作品的著作权归属可能有以下几种情形：[1]一是采访者独享著作权，被采访者和媒体单位放弃或者转让著作权；二是被采访者独享著作权，采访者和媒体单位放弃或者转让著作权；三是媒体单位独享著作权，采访者和被采访者放弃或者转让著作权；四是采访者、被采访者和媒体单位共同享有著作权，按照各自的贡献比例分配权利和义务；五是采访者、被采访者和媒体单位分别享有不同的著作权，如采访者享有署名权，被采访者享有修改权，媒体单位享有发行权等。

人物访谈类新闻作品可以分为下列三类。问答实录式访谈作品是以一问一答的形式呈现采访内容的作品，如电视节目《杨澜访谈录》和《锵锵三人行》；自述式访谈作品则是直接呈现被采访者的自述言语，将其相关经历、思想、情感等以被采访者自述的口吻进行呈现，如将伊格纳西奥·拉莫内与菲德尔·卡斯特罗的访谈整理成的《我的一生》；散文式访谈作品则是采访者根据采访内容进行整理和加工，采用散文的笔法进行写作，运用多种表达方法进行叙述、描写、抒情和议论，如奥里亚娜·法拉奇的《风云人物访谈记》。

---

〔1〕 袁静：《网络时代新闻作品著作权问题案例分析》，兰州大学 2017 年硕士学位论文。

从这三类作品著作权的归属分析可知，问题问答实录式访谈作品的著作权归属通常被认为是合作作品，采访者和被采访者共同享有著作权。这是因为双方在访谈过程中共同创作了作品，采访者提问和引导访谈方向，被采访者提供观点和回答。自述式访谈作品的著作权归属存在争议。一些观点认为著作权应归被采访者，因为作品是以被采访者的口吻呈现的。然而，其他观点认为采访者在根据访谈的主题挑选整理，并对文章的脉络和框架进行搭设和建构，从而最终形成一篇口述式的人物访谈作品，这种作品的形成，是访谈双方共同的智力活动，因此应当将其认定为合作作品，由双方共同享有著作权。散文式访谈作品的著作权通常归属于采访者。在这种作品中，采访者根据采访内容进行整理和加工，并运用多种写作手法进行表达，被采访者提供素材的行为对于作品来说是一种辅助行为，采访者在创作过程中起到主导和主要创作的角色。

（二）法人作者

法人作品是指由法人或者其他组织主持，代表法人或者其他组织意志创作，并由法人或者其他组织承担责任的作品，法人或者其他组织视为作者。[1]法人作品的特点是主持性、代表性和责任性，即法人或者其他组织对作品的创作过程、内容和结果具有决定权、代表权和承担义务。

法人作品是一种特殊的作品类型，它体现了法人或者其他组织的创作意志和责任，也涉及了对实际创作者的权利保护。法人作品与职务作品、委托作品、合作作品的区别在于法人作品是代表法人或者其他组织意志创作的作品，而其他类型作品则是代表创作者个人意志创作的作品。一般来说，法人或者其他组织享有法人作品的全部著作权，包括人身权和财产权，但实际创作者仍然可以享有署名权，以及在法人或者其他组织许可的范围内行使其他权利。

【理论探讨】

单位和个人之间能否约定作品为法人作品？

在实践中，法人或非法人组织为了自身的利益，与自然人签订合同，

---

〔1〕 许黎:《人工智能生成内容可版权性的判断路径》，载《梧州学院学报》2021年第2期。

约定自然人创作的作品属于法人作品。这种做法是否合法有效，是一个值得探讨的问题。

首先，从法人作品的概念和特征来看，法人作品是一种由法人或非法人组织主导的集体创作，它表达的是法人或非法人组织的意志，而不是自然人创作者的个人思想和感情。法人或非法人组织在法人作品的创作过程中，不仅提供物质技术条件，还对作品的内容、形式、风格等进行指导、审核、修改等，以确保作品符合其目的和要求。因此，法人或非法人组织是法人作品的主体，而自然人创作者只是其工具或手段。如果仅凭单位和个人之间的约定，就将自然人创作的作品视为法人作品，那么就忽视了法人作品的本质特征，也不符合著作权法的立法目的。

其次，从法人作品的著作权归属来看，法人作品的著作权由法人或非法人组织享有，而自然人创作者不享有任何著作权，包括署名权。这是因为法人作品是以法人或非法人组织的名义公开发表的，其署名权是法人或非法人组织的法人人格权的一种体现，也是法人或非法人组织对作品的责任承担的前提。如果允许自然人创作者在法人作品上署名，那么就会造成法人作品与特殊职务作品的混淆，也会影响法人或非法人组织对作品的控制和管理。因此，法人作品的著作权归属是法定的，不能由单位和个人之间的约定改变。

最后，从法人作品的社会功能来看，法人作品是为了满足法人或非法人组织的特定目的而创作的，它具有一定的社会效益和公共性。法人作品的创作往往需要投入大量的资金、人力、物力等资源，也需要承担较高的风险和责任。法人或非法人组织享有法人作品的著作权，是为了保护其在法人作品创作中的投入和回报，也是为了鼓励其继续创作更多的法人作品，促进社会文化的进步和发展。如果单位和个人之间可以随意约定作品为法人作品，那么就会削弱法人或非法人组织的创作动力，也会损害自然人创作者的创作自由和创作激励，不利于文化创新的繁荣。

综上所述，单位和个人之间不能仅凭约定就将作品认定为法人作品，必须符合著作权法规定的法人作品的三个构成要件，即法人或非法人组织主持创作，代表其意志，由其承担责任。国家版权局《中国著作权实用手册》规定，应该根据作品的性质和用途来判断，只有那些由实际作者署名发布不能达到预期创作目的，不能实现预期社会意义的作品，才视为法人作品。

（三）署名推定规则

《著作权法》第 12 条第 1 款规定："在作品上署名的自然人、法人或者非法人组织为作者，且该作品上存在相应权利，但有相反证明的除外。"由此可知，一般情况下，署名作为初步证据以证明著作权归属，被控侵权人需要提出相反证据才能推翻主张，这一规则即著作权归属认定的基本规则。署名推定规则符合社会一般认知，因为创作行为本身并不具有公开性，署名推定规则和与之相应的反证规则的规定，可以达到相对平衡。当然，署名推定规则首先强调的是对作者身份的推定，逻辑思路大致是：署名—作者身份—权利归属，但是作者如已将著作权转让于他人，虽然该作品上署名的人仍然是该作者，但是作者并不当然享有著作权。[1]

【理论探讨】

数字环境下的署名推定规则的适用

立法中对于署名推定规则的规定存在差异，这导致法院在审判中对于法律适用的选择不一致，这是造成署名推定原则的误读的根源。立法对于署名推定规则的划分主要可以分为两种情况，一种是将署名归属于作者，这一情况主要体现在现行的《著作权法》第 12 条第 1 款中；另一种是将署名归属于权利人，这一情况主要体现在与著作权相关的司法解释、法院制定的审理指南以及《中美第一阶段贸易协定》中。[2]因此实践中对署名推定原则的适用容易出现机械解读，从而容易被误读为将作品署名或者版权标注直接推定为著作权人，即造成了"署名—著作权"的认定模式，而实现了"署名—作者身份—著作权人"认定的逻辑跳跃。

---

[1] 李自柱：《著作权归属认定的一般规则》，载《中国出版》2020 年第 13 期。

[2]《最高人民法院关于审理著作权民事纠纷案件适用法律若干问题的解释》第 7 条第 2 款规定，在作品或者制品上署名的自然人、法人或者非法人组织视为著作权、与著作权有关权益的权利人，但有相反证明的除外。《中美第一阶段经贸协议》第 1.29 条规定了在无相反证据的情况下，以通常方式署名显示作品的作者等人就是该作品的著作权人或相关权利人，且权利存在于上述作品中。

在作者和著作权人是同一人的情况下，机械适用的署名推定规则并没有任何问题。但是在市场经济中，作者和著作权人的身份通常是分离的，时过境迁，数字化技术更加速了署名推定原则异化。因为传统纸媒时代，"冒充""篡改"他人署名需要高昂的成本。而数字化时代，网络技术可以使得侵权者收集海量的数字作品，任意批量添加、修改署名以进行所谓的"版权管理和运营"，此时机械适用署名推定规则的直接结果便是权属证明的"虚无"，为"版权蟑螂"提供了繁殖的土壤，导致"版权蟑螂"的恶意维权大行其道。[1]"版权蟑螂"是指权利人基于原始取得或继受取得的作品著作权，以侵权诉讼或诉讼相要挟的方式进行版权运营，以牟取不正当商业利益的行为。"版权蟑螂"看似合法行使著作权，实则与著作权设权目的相悖，侵蚀了公众接触空间，打破了利益平衡边界，构成了权利滥用。[2]

因此，在使用署名推定规则时，不能忽略对作者身份确认的步骤，必须首先明确是否存在表明作者身份的署名。在假设著作权是由原始取得而产生的情况下，强调作者拥有著作权的结果是默认作者并未转让权利，如果被控侵权人有异议，则需要提供证据证明作者让与了权利。在继受取得作品的情况下，只有通过合同才能获得权利，受让人的署名并不能证明其为作者，也不能假定其拥有权属。

二、特殊职务作品著作权人

我国《著作权法》第18条规定了报社、期刊社、通讯社、广播电台、电视台的工作人员创作的职务作品，其著作权归单位所有。对此，国家版权局政策法规司负责人是这样解释的：传统媒体向版权局反映，认为他们为记者提供了工资、设备、时间、经费等必要条件，使记者能够完成网络新闻报道。因此，他们认为对这些新闻报道享有著作权，希望有明确规定来保障他们的权益。从判断角度来看，特殊职务新闻通常有两个方面的考量。首先，作者与单位之间

---

〔1〕 林威：《数字化时代著作权署名推定规则的误读与纠正》，载《出版发行研究》2022年第8期。
〔2〕 郭亮、崔蕊麟：《"版权蟑螂"的性质界定及著作权法规制》，载《中国政法大学学报》2023年第1期。

是否存在雇佣关系，这通常通过书面合同来确立。例如，记者与新闻单位之间存在书面劳动合同，记者是受雇于新闻单位的，为其完成新闻报道。其次，作者写作的目的是完成新闻单位分配的任务。[1]

【理论探讨】

特殊职务作品中新闻单位和记者之间的劳动关系是否包含实习生和劳务派遣？

关于"劳动关系"的剖析。何谓劳动关系？有学者认为，与单位有实质意义上的劳动或雇佣关系，包括正式工作人员、临时工、实习生或试用人员。[2]还有学者认为，如果双方之间不存在明确的雇佣关系，有关作品即使与雇主或单位的业务关系非常密切，也不能纳入雇佣作品或职务作品的范围。也有学者认为，作者应当是在该机构或社会组织领取薪金的工作人员，非临时专为创作某作品而缔结非劳动关系的人员。另有学者则认为，劳动合同关系包括书面合同关系和事实劳动合同关系，是否构成事实劳动关系，应按照劳动合同法进行判断。[3]

新闻单位和记者之间的劳动关系是特殊职务作品认定的重要依据。根据《关于确立劳动关系有关事项的通知》（劳社部〔2005〕12号）第2条的规定，当事人对于新闻单位和记者之间是否存在劳动关系，应当提交劳动合同、社会保险缴纳凭证、工资发放凭证、工作证、工作证明等证据。如果当事人无法提供上述证据，也可以提交其他能够证明劳动关系存在的证据，如工作任务分配、工作报告、工作评价、工作成果等。由此可见，此劳动关系是广义的劳动关系。

新闻单位和记者之间的劳动关系是否包含实习生、劳务派遣，需要具体分析。一般来说，实习生和劳务派遣人员不属于新闻单位的工作人员，因此他们创作的作品不属于特殊职务作品，他们享有著作权的全部权利，除非他们与新闻单位另有约定。但是，如果实习生和劳务派遣人员与新闻单位签订了明确规定著作权归属的协议，或者实习生和劳务派遣人员在新

---

〔1〕于芳：《网络新闻作品的著作权问题分析》，载《绥化学院学报》2020年第2期。

〔2〕王迁：《著作权法》，中国人民大学出版社2023年版，第276页。

〔3〕李扬：《著作权法基本原理》，知识产权出版社2019年版，第122页。

闻单位的工作任务分配、工作报告、工作评价、工作成果等方面与正式工作人员没有区别，那么他们创作的作品可能被认定为特殊职务作品，他们只享有署名权，著作权的其他权利由新闻单位享有。

【典型案例】

江苏现代快报新媒体发展有限公司与广州市房掌柜网络技术有限公司侵害作品信息网络传播权纠纷案[1]

时间： 2019 年 3 月 24 日

原告： 江苏现代快报新媒体发展有限公司

被告： 广州市房掌柜网络技术有限公司

原告主张： 原告经案外人现代快报传媒公司授权，拥有本案涉案作品的独占性信息网络传播权。原告发现被告于 2018 年 4 月 17 日在其主办网站上使用了原告享有著作权的名为《公婆房屋拆迁儿媳离婚时要补偿款 21 万》的文字作品。原告认为被告未经原告或涉案作品原始权利人的许可，擅自使用侵权作品且大范围传播，严重侵犯了原告的合法权益。故请求判令被告立即停止侵权行为并赔偿经济损失。

被告辩称： 被告使用涉案作品并非在原告的网站或纸媒上转载，而是在云律网下载，原告没有提供证据证明其曾发表过涉诉作品，且原告所提供的证据材料中，并没有证据证明其拥有《公婆房屋拆迁儿媳离婚时要补偿款 21 万》的版权。

法院认为，《现代快报》于 2018 年 4 月 17 日发布的涉案作品署名为"现代快报/ZAKER 南京记者邓雯婷"，且根据现代快报传媒公司与邓雯婷签订的《职务作品创作合同》，涉案作品为邓雯婷在任职期间为完成工作任务而创作的与工作性质相关的新闻作品，属于职务作品，其著作权署名权之外归原告，故原告有权进行维权起诉。

现代快报传媒公司（甲方）与邓雯婷（乙方）签订合同，乙方接受甲方的领导、指示和安排，负责全媒体新闻采编等工作，为完成甲方的工作

---

[1] 参见南京铁路运输法院（2019）苏 8602 民初 155 号民事判决书。

任务创作作品。故邓雯婷在任职期间，为完成工作任务而创作的与工作性质相关的新闻作品属于职务作品，其著作权署名权之外归案外人现代快报传媒公司。原告经现代快报传媒公司授权，获得该作品的信息网络传播权，必然有权以其自己名义对侵权行为采取诉讼等维权行为。

三、出版社、杂志社以及数字阅读平台等机构

（一）出版社、杂志社等邻接权人

我国的邻接权制度主要对表演者、录音录像制作者、广播组织者和出版者所享有的权利进行保护。其中，出版者的版式设计权，亦称出版者权，是我国邻接权制度所特有。《著作权法》第 37 条第 1 款规定：出版者有权许可或者禁止他人使用其出版的图书、期刊的版式设计。据此可见，出版者权的客体是图书、期刊的版式设计。具体而言，版式设计，是指对印刷品的版面格式的设计，包括对印刷品的版心、排式、用字、行距、标点等版面布局因素的安排。[1] 相应的，出版者权的主体仅限于图书、期刊出版者，而不包括报纸出版者。有学者指出是因为报纸具有极强的时效性，报纸一经出版，报纸出版者的利益就已经实现了，报纸出版者之间基本不会发生盗版现象，不会出现不正当竞争的情况。因此，无需赋予报纸出版者以出版者权。[2] 在计算机数字化排版技术未应用之前，对印刷品进行版式设计需要耗费高昂成本，故而当时版式设计权所针对的行为是在同一部作品上使用相同的版权设计。然而，数字化印刷极大提高了排版效率，出版者为了节省成本直接翻印图书而使用其他出版社版式设计的现象也不为多见，因此，版式设计权的作用在今天已经相当有限。[3] 故而，许多法官和学者提出一些相关建议，以应对版式设计权在网络时代遇到的挑战，譬如，关于出版者权是否应当包括信息网络传播权的探讨，目前实践中出现了通过扫描将已出版的书刊上传至互联网的情形，而出版者是否有权禁止这种信息网络传播行为？《信息网络传播权保护条例》明确信息网络传播权的客体仅限于作品、表演和录音录像制品三类，不包括版式设计。但是，这种扫描行为

---

〔1〕 胡康生主编：《中华人民共和国著作权法释义》，法律出版社 2002 年版，第 148 页。

〔2〕 葛龙：《出版者权制度论辩》，载《社会科学家》2021 年第 9 期。

〔3〕 王迁：《著作权法》，中国人民大学出版社 2023 年版，第 373~374 页。

与出版者之间的盗版行为存在相似，且都属于不正当竞争行为，因此，赋予出版者以信息网络传播权在空间上具有一定的合理性。[1]

此外，也有一些学者呼吁可以基于司法实践增添邻接权的种类，以更好的促进著作权体系的协调发展和缓解相关实践矛盾。随着新闻出版者邻接权于2019年被写入欧盟指令，有观点认为在制度构建上可以借鉴欧盟立法，将新闻出版物规定为权利客体，并规定信息网络传播权作为这一邻接权的唯一权能。[2]新闻出版者邻接权的设立使新闻出版者成为一个独立的权利主体，其无须借助著作权人的身份维护其自身利益。[3]但是另一种观点认为，基于我国新闻出版业现状，新闻出版者权可能会阻碍技术进步和商业模式创新，以及不利于信息流动和新闻真实，因此，主要还是用反不正当竞争法或采用经济手段等方式来回应新闻出版者的诉求[4]。

（二）数字阅读平台

当前数字阅读平台主要有以下划分：一是专业性文学网站、论坛等所创建的多边数字阅读平台。此类平台由一些发表文字的社区网站开端，如榕树下、晋江、起点、红袖添香等，是国内数字阅读行业内最早的一批运营者。二是由电商企业所创建的多边数字阅读平台。此类平台通常具备极强的交易性，是由电商企业在产业链中的延伸而开拓的平台运营模式，其依赖广泛的线上销售渠道，拥有较为充沛的互补品，如亚马逊阅读平台 AmazonKindle 在线商店等。三是由互联网平台所创建的多边数字阅读平台。此类平台拥有巨大的网络流量，如七猫小说、QQ 阅读、掌阅、番茄小说等，依托腾讯、百度、字节跳动等互联网巨头的流量导入，用户流和口碑能在较短时间内迅速形成。四是由通信运营商创建的多边数字阅读平台，如咪咕阅读、天翼阅读等，具备一定程度的先发优势，能够整合电信运营商的技术优势和流量优势等相关资源。[5]

---

〔1〕 葛龙：《出版者权制度论辩》，载《社会科学家》2021 年第 9 期。

〔2〕 戴哲：《论我国引入新闻出版者邻接权的必要与构建》，载《出版发行研究》2021 年第 2 期。

〔3〕 张惠彬、肖启贤：《新闻出版者邻接权：5G 时代新闻聚合平台治理的新路径》，载《新闻界》2021 年第 5 期。

〔4〕 谭洋：《新闻出版者权作为一项新型邻接权：欧盟经验与本土选择》，载《南大法学》2020 年第 4 期。

〔5〕 范文婷、张志强：《多边数字阅读平台：概念、分类与多维属性》，载《现代出版》2023 年第 2 期。

数字阅读平台通过与作者签订独家授权格式合同获取著作权。在互联网环境下，信息的复制和传播方式发生着巨大的变化。面对海量的作品和使用者，传统的协商授权许可、著作权集体管理组织授权许可等方式已不能满足网络作品授权需要。于是，版权许可格式合同顺势而生，它契合了互联网环境下版权市场主体变更的发展趋势，可以弥补集体管理组织版权许可方式的不足，提高版权授权效率，解决协同创作作品的传播问题。[1]在数字时代背景下探讨数字阅读领域的著作权归属，可以以最典型的网络文学平台和作者之间的关系为例，网络文学平台会与作者签订独家授权合同，合同的签订主要是通过互联网进行的，这就是与传统的版权授权合同存在明显不同的一点。网络文学平台与作者签订的协议可以具象为两种签约模式，一种是"签书"模式，比如阅文集团旗下的起点中文网，另一种是"签人"模式，比如晋江文学网。不同的签约方式会产生不同的权利义务关系。"签书"模式是指网络文学平台与作者的某一具体作品签约，内容上包括独家首发许可、专有许可以及版权转让；"签人"模式是指网络文学平台与作者签约，主要包括代理合同与职务作品两类。从合同的主要内容来看，代理合同约定著作权人将其作品的部分著作财产权独家、排他授予网络文学平台独家代理与签约，因此具有代理的性质。总之，目前通过授权协议约定著作权归属是大多数网络文学平台采取的商业模式。[2]但是这种商业模式也并非完美无瑕，因平台的优势地位，其会承担更多责任，从而有利于打击盗版侵权行为，但是另一方面也造成了对作者权益的损害。进一步说，网络文学出版平台是连接上游作者和下游读者的"中介"，但近年来网络文学出版平台逐渐改变了其中立特性，出现"异化"现象，变成内容生产者（作者）的选拔平台。平台"异化"对整个产业链产生诸多不利影响，包括上游作者权益受损、中游平台 IP 运营价值泡沫化，以及下游市场读者审美幼稚化、媚俗化，主要原因是网络文学市场的垄断与网络文学作者保护机制的缺失。[3]

〔1〕贾引狮、林秀芹：《互联网环境下版权许可格式合同的兴起与应对》，载《大连理工大学学报（社会科学版）》2019 年第 6 期。

〔2〕王优：《网文平台独家授权格式合同的著作权法规制》，西北政法大学 2021 年硕士学位论文。

〔3〕李明霞、段嘉乐：《平台经济视角下网络文学出版平台"异化"现象研究》，载《中国编辑》2020 年第 11 期。

第三节　出版物版权侵权及救济

随着信息化的不断发展，数字出版成为出版业发展的重要动力。2022年，我国数字出版产业展现出较强的发展势头，总收入规模逾1.35万亿元，比上年增加6.46%。传统书报刊数字化收入呈现上升态势。以网络文学为代表的新兴板块发展势头继续走高，持续高质量发展，"走出去"迈出稳健步伐，海外传播力、影响力持续增强。[1]然而数字出版从诞生伊始就面临版权侵权问题，具体来说，侵权类型可以从直接侵权和间接侵权两个角度探析。直接侵权指他人未经著作权人许可，以复制、发行、演绎、表演、展览等方式直接利用有关的作品。间接侵权指虽然没有直接侵犯他人的著作权，但由于协助了侵权人的侵权行为，或者由于与侵权人之间存在某种特殊的关系，应当承担一定的侵权责任的行为。[2]长期以来，著作权法的关注焦点一直是直接侵权行为，但随着数字时代的到来，越来越多的匿名个人用户通过网络非法传播作品、表演和录音录像制品。在大量直接侵权者身份无法确定且难以追踪的情况下，可以考虑通过追究网络服务提供者的间接侵权责任，以促使他们与著作权人紧密合作，加强管理，从而减少和预防侵权行为的发生，这显然可以大大降低著作权人的维权难度——这就是著作权法在数字时代需要强调间接侵权责任的意义。[3]

一、直接侵权

（一）直接搬运、转载式侵权

直接转载是指作品已经公开发表，其他媒体再次转发和传播。[4]最直接、最明显的侵权方式是通过网络媒体直接转载原文。在这种侵权行为中，转发者通常不标明作品的来源，也不为作者署名，有些甚至会直接无改动地转发作品内容。直接转载的侵权行为不仅损害了原作者的著作权，也违反了作品传播的

---

〔1〕《我国数字出版产业收入规模逾1.35万亿元》，载 https://www.gov.cn/yaowen/liebiao/202310/content_6907679.htm，最后访问日期：2024年1月22日。

〔2〕马瑞洁：《从"直接侵权"到"间接侵权"——数字时代著作权保护的新平衡》，载《出版广角》2013年第21期。

〔3〕马瑞洁：《从"直接侵权"到"间接侵权"——数字时代著作权保护的新平衡》，载《出版广角》2013年第21期。

〔4〕邵亚萍：《网络转载中的版权保护问题及其对策》，载《中国出版》2016年第12期。

基本规范和职业道德。

传统的作品复制依托于物理载体，有形物质载体的存在使得没收和销毁复制品成为可能。这些特点在一定程度上限制了复制行为的发生，但网络文学作品的传播完全不受此限制，从而使得网络文学作品的盗版现象尤为突出。[1] 网络文学作品的"直接搬运"盗版方式分两类：人工手打和自动化批量盗取。前者高度依赖人工，呈现出"散点多发"的态势；后者借助爬虫、OCR 识图等手段批量、快速地对文字内容进行复制，给内容保护带来巨大压力。

【典型案例】

"笔趣阁小说网"经营者侵犯著作权案[2]

时间：2019 年 8 月 20 日
公诉机关：江苏省徐州市人民检察院
被告：李剑雄、刘子焜

2017 年以来，被告人李某某以营利为目的，在互联网上建立"笔趣阁"网站（域名为 www.bequge.com），租赁服务器、使用自动采集器大量复制他人享有著作权的文字作品供读者阅读，并以在该网站刊登广告的形式收费牟利。至案发时，被告人李某某通过上述方式发行上海某公司拥有独家信息网络传播权的作品 3600 部，非法经营额达 20 万余元。2018 年 8 月以来，被告人刘某某在明知李某某未经著作权人许可复制其文字作品并在"笔趣阁"网站发行的情况下，仍为该网站提供出租服务器、网站维护防御、架设采集通道等技术支持，参与非法经营数额达 10 万余元。经鉴定，从"笔趣阁"小说网上下载的 3600 部小说作品与同名权利作品存在实质性相似。

法院经审理认为，被告人李某某以营利为目的，未经著作权人许可，复制发行大量他人文字作品，情节特别严重，其行为触犯了《中华人民共

---

〔1〕 何培育、马雅鑫：《网络文学全产业链开发中的版权保护问题研究》，载《出版广角》2018 年第 21 期。
〔2〕 江苏省徐州市中级人民法院（2019）苏 03 刑初 86 号刑事判决书。

和国刑法》第 217 条的规定，构成侵犯著作权罪。被告人刘某某在明知被告人李某某非法经营侵权销售网站的情况下，仍为其提供技术服务，并牟取非法利益，情节严重。其和被告人李某某的行为符合《中华人民共和国刑法》第 25 条的规定，系共同犯罪，亦构成侵犯著作权罪。

盗版小说网站的危害有很多，主要表现为两个方面。一方面，盗版小说网站损害了正常的网文利益链。这些盗版网站非法搬运网络小说，最先受到冲击的肯定是作者的权益。另一方面，盗版小说网站将原属于原创网站的一批读者分流过来，严重威胁到了原创网站乃至整个网文行业的利益。盗版小说网站侵权的形式主要有两种，第一种即直接侵权，盗版小说网站未经著作权人许可复制并通过信息网络向公众传播其作品，实质上构成侵权行为，属于直接侵权。应当根据具体情况承担相应的民事责任，构成犯罪的，还要追究其刑事责任，譬如本案的"笔趣阁"等盗版网站的经营者已经构成侵犯著作权罪。第二种侵权即间接侵权，百度、UC 等搜索引擎存在着间接侵权情况，即为用户上传侵权作品或其他使用侵权作品的方式提供帮助，实施帮助侵权。[1]

（二）洗稿、融梗式侵权

学者张红显对于洗稿的定义为："洗稿是指通过对他人的创作内容进行语序、词序、含义、构成等表达方面的转换，或经过修改、删除、添加新内容从而得到表现形式上的新创作，但其中心价值和内涵仍是抄袭原作者创作的行为。""洗稿"的方式有多种，比如更换标题、调整段落、增删细节、添加评论等。立足于 AI 快速发展的时代，传统洗稿的直接运用方式快速减少，但传统洗稿的思路沿用了下来，并结合 AI 技术出现了新的特点，例如 AI 新闻洗稿要对模型进行投喂训练，这种投喂训练就是新时代下的"洗稿"。训练模型首先将作为训练数据摄取的作品内容标记为组件元素，该模型使用这些标记来识别正在训练的内容特征之间的统计相关性（通常是惊人的大规模，例如将一万篇新闻文章合成一篇）。从本质上讲，模型是提取和分析关于作品的离散元素之

---

〔1〕 彭桂兵：《网络文学版权保护：侵权形态与司法认定——兼评近期的几个案例》，载《出版科学》2018 年第 4 期。

间的精确事实和相关性，以确定那些其他离散元素遵循或不遵循或接近这些元素，以及在不同的上下文中相关性存在或不存在的频率。具有讽刺意味的是，训练生成模型的数据集越大、越多样化，侵权输出的可能性就越小。[1]

此外，数字环境下网络文学的抄袭也主要呈现为以洗稿、融梗的方式逃避侵权打击。在金句频出的互联网时代，文学作品抄袭现象已不再局限于"直接搬运式侵权"，即文字表达内容的字面相似，"洗稿、融梗式侵权"大行其道，一些作者在网络文学创作过程中汇集各方创意并将其落实到具体表达层面，通过转换句式、改变叙事风格等方式，同时避开成段的重复文字表达，使得侵权手段更为隐蔽、广泛。因此，新型抄袭形态下的作品实质性相似的判断尤为重要。

【典型案例】

天津字节跳动网络有限公司诉天津启阅科技有限公司、北京创阅科技有限公司著作权侵权案[2]

时间：2021 年
原告：天津字节跳动网络科技有限公司、海南字节跳动科技有限公司
被告：天津启阅科技有限公司、北京创阅科技有限公司

原告主张： 天津字节跳动网络科技有限公司等经授权享有涉案作品的著作权及维权权利。被告在其运营的"飞卢小说"App 和"飞卢小说网"上传播的《大明：我皇孙身份被曝光了》构成对涉案作品的抄袭，严重侵害了原告就涉案作品所享有的著作权。

被告辩称： ①被诉侵权作品《大明：我皇孙身份被曝光了》系由作者倚楼听雪1（笔名）独立创作；被诉侵权作品与涉案权利作品均属于明朝历史穿越题材小说，被诉侵权作品中对历史人物和事件的描述不应认定为侵权；②根据原告等提交的比对情况，不存在大篇幅抄袭，不构成著作权法意义上的侵权；③两部作品故事大纲、主线剧情、主要人物设定、写作

〔1〕 Pamela Samuelson，"Generative AImeets copyright"，*Science*，381（2023），p161.
〔2〕 参见天津市第三中级人民法院（2021）津 03 民初 4293 号民事判决书。

风格、作者文笔等均有本质区别，不足以引起读者混淆。

法院认定：涉案权利作品改编自明史，并以朱元璋等历史人物为核心虚构了人物、情节，向读者展示了一段虚构的故事。在涉案权利作品中，仅有明史中相关人物名字、历史事件等内容属于公有领域或者有限的表达，其他大量的故事内容、人物设置、人物关系、具体情节发生、发展以及先后顺序均为作者独立创作完成，应属于著作权法保护的表达。被诉侵权作品在故事内容、人物设定、人物关系、情节发展等体现作品独创性方面与涉案权利作品高度近似，同时在具体章节对应内容等方面与涉案权利作品构成相同、实质相同，据此可以认定被诉侵权作品包含了涉案权利作品受著作权法保护的独创性表达，而且上述具体表达数量已经达到了一定数量与比例，足以使公众感知被诉侵作品来源于涉案作品，应认定被诉侵权作品与涉案权利作品构成实质性相似。

本案判决对相同历史题材作品实质性相似的判断具有典型意义，结合文学作品表达及创作特点，对文学作品语句与情节的关系进行了充分梳理分析。首先，案件争议作品为明朝历史穿越题材小说，该案件的关键在于确定包含公有领域元素的作品是否具有独创性。对于基于历史背景的网络文学作品，判断其是在借鉴公有领域作品还是抄袭他人享有著作权的作品，具有重要意义。其次，判决详尽地阐述了如何判断题材相似的小说作品是否存在实质性的相似规则。通过对整体结构、逻辑顺序、作品具体情节、人物关系和人物设置等进行对比，从而判定该作品构成实质性的相似。案件触及著作权法领域的核心难题，对文字作品的实质性相似的认定标准进行了整合归纳，进而得出了结论性观点。这些观点可以在同类案例中被采纳和引用，有利于更好地维护原创和著作权发展。

（三）新闻中使用他人在先美术、摄影等作品侵权

新闻中使用他人在先美术、摄影等作品侵权是指新闻创作者未经著作权人的授权或者许可，擅自在新闻作品中使用他人的美术、摄影等作品，这种行为不仅损害了著作权人的合法权益，也影响了新闻的真实性和公信力。

新闻中使用他人在先美术、摄影等作品侵权主要是未经著作权人的同意，也未注明来源和作者，在新闻中通过以下方式使用他人的摄影作品：①直接将

他人的美术、摄影等作品作为新闻的配图或者内容；②对他人的美术、摄影等作品进行修改、剪裁、合成等处理，改变其原有的表现形式或者含义；③以他人的美术、摄影等作品为基础，进行二次创作；④以他人的美术、摄影等作品为素材，进行商业推广、广告宣传、社会评论等活动。

【典型案例】

北京河图创意图片有限公司与山东省互联网传媒集团股份有限公司枣庄分公司侵害作品信息网络传播权纠纷案[1]

时间：2021 年 5 月 19 日
原告：北京河图创意图片有限公司
被告：山东省互联网传媒集团股份有限公司枣庄分公司

原告主张：作品 EP-379920096 等 7 张图片的著作权人将涉案作品的信息网络传播权及相关权利转让给原告，并授权原告以自己的名义对涉案作品的任何未经授权使用或涉嫌未经授权进行信息网络传播的行为向司法机关申请、提起任何形式的法律行动。被告在没有得到授权的情况下，擅自使用涉案摄影作品。原告认为被告对涉案作品造成严重侵权，要求被告立即停止侵权，删除涉案摄影作品并要求被告承担相应损失与合理开支，承担全部诉讼费用。

被告辩称：著作权侵权的成立，主观上须以故意为目的，而被告主观上并不存在故意，互联网上的图片随时都能下载；被告方的单位属性为省级新闻媒体，"大众网枣庄""大众网滕州"为大众网旗下微信公众号，属性为媒体号，所发布的新闻无商业用途，未产生任何实际收益，均为向公众告知其目的的正向文章；被告对于图片的使用属于合理使用。

法院认定：被告未经授权或许可使用了涉案图片，并不符合合理使用的情形，故对于被告的相关抗辩不予采信。被告未经许可使用涉案图片，使公众可以在其个人选定的时间和地点获得涉案图片，侵害了原告对涉案图片享有的信息网络传播权，应当承担相应的侵权责任。

---

〔1〕 参见山东省枣庄市中级人民法院（2021）鲁 04 民初 142 号民事判决书。

　　本案的争议焦点为：一是原告对涉案图片是否享有著作权；二是被告是否构成侵权。根据《著作权法（2010修正）》第11条第4款规定原告确有著作权无疑。而对于被告抗辩所称的合理使用，并不符合著作权法所规定的合理使用范围，应予以排斥。

　　关于焦点一，根据《著作权法（2010修正）》第11条第4款如无相反证明，在作品上署名的公民、法人或者其他组织为作者。原告提交的包含拍摄信息的涉案七张图片的电子原图、与涉案图片拍摄者签订的协议等证据，能够证明涉案图片的原著作权人已将涉案图片的信息网络传播权转让给原告。被告虽不认可上述证据，但并未提交反证，故法院对被告关于原告不享有著作权的抗辩不予采信，依法认定原告享有涉案七张图片的信息网络传播权，有权提起本案诉讼。他人未经授权或者许可不得擅自使用涉案图片。

　　关于焦点二，被告未经授权或许可，在其运营的微信公众号"大众网枣庄""大众网滕州"上发布的文章中使用了涉案七张图片，并不符合《著作权法（2010修正）》第22条规定的合理使用的情形，故对于被告的相关抗辩不予采信。被告未经许可使用涉案图片，使公众可以在其个人选定的时间和地点获得涉案图片，侵害了原告对涉案图片享有的信息网络传播权，应当承担相应的侵权责任。

（四）数字图书馆侵权

　　数字图书馆的侵权行为主要表现为以下几种行为：一是未经著作权人许可，将作品收集制作成数据库给学校、机关在其局域网使用或供公众付费下载使用；二是未经权利人授权而数字化和传播图书（杂志）；三是未经出版社授权数字化图书。

　　在基于馆藏作品向读者提供数字化服务时，会涉及馆藏作品的复制权和信息网络传播权。首先，纸质作品的数字化是一种机械式复制，而非著作权法意义上的翻译或者改编；其次，图书馆向读者提供纸质作品数字化后所形成数字作品时，会涉及该作品的信息网络传播权。该权利的核心内容在于使公众获得作品，这并不要求将作品实际发送到公众手中，而是使公众具有获得作品的可能性，即公众可在任意时间通过任意一台联网设备获得作品，获得作品也不仅指将作品下载为本地文件，而是只要用户能够在线访问和浏览作品就足以构成提供行为。[1]

【典型案例】

陈兴良诉数字图书馆著作权侵权纠纷案[2]

时间： 2002 年 6 月 27 日

原告： 陈兴良

被告： 中国数字图书馆有限责任公司

原告诉称： 未经原告同意，被告在其运营网站上使用原告的三部作品。读者付费后就成为该网站的会员，可以在该网站上阅读并下载网上作品。被告这一行为，侵犯了原告的信息网络传播权。

被告辩称： 被告基本属于公益型的事业单位。为适应信息时代广大公众的需求，被告在网上建立了"中国数字图书馆"。图书馆的性质就是收集各种图书供人阅览参考。原告所称的三部作品都已公开出版发行，被告将其收入数字图书馆中，有利于这三部作品的再次开发利用，不能视为侵权。

法院认定：

第一，根据著作权法规定，著作权包括"信息网络传播权"，即以有线或者无线的方式向公众提供作品，使公众可以在个人选定的时间、地点从信息网络上获得作品。原告依法享有其三部文字作品的著作权，有权许可他人使用自己的作品。在没有相反证据的情况下，目前只能认定原告允许有关出版社以出版发行的方式将这三部作品固定在纸张上提供给公众。被告未经原告许可，将这三部作品列入"中国数字图书馆"网站中，势必对原告在网络空间行使这三部作品的著作权产生影响，侵犯原告享有的信息网络传播权。

第二，图书馆是搜集、整理、收藏图书资料供人阅览参考的机构，其功能在于保存作品并向社会公众提供接触作品的机会。被告作为企业法人，

---

[1] 张博文：《论图书馆数字化服务中的著作权侵权责任》，载《数字图书馆论坛》2022 年第 11 期。

[2] 《陈兴良诉数字图书馆著作权侵权纠纷案》，载《最高人民法院公报》2003 年第 2 期。

将原告作品上传到国际互联网上。对作品使用的这种方式，扩大了作品传播的时间和空间，扩大了接触作品的人数，超出了作者允许社会公众接触其作品的范围，并且没有采取有效的手段保证原告获得合理的报酬。这种行为妨碍了原告依法对自己的作品行使著作权，是侵权行为。被告否认侵权的辩解理由不能成立。

本案作为数字图书馆侵权的典型案件，可以使我们对信息网络传播权的权利内容有更深层次的认知。信息网络传播权，即以有线或者无线方式向公众提供作品，使公众可以在其个人选定的时间和地点获得作品的权利。一是公众系指不特定多数的社会成员，"不特定"意在强调此类交互式网络传播行为面向的用户范围是开放的，而不是封闭且相对固定的少数人，不能认为只要提供方对获得作品的受众范围客观上有所限定，其提供行为就不构成对公众的提供行为。二是信息网络传播权的实质在于控制"交互式"网络传播行为，"在其个人选定的时间和地点获得作品"是对"交互式"特征的描述，"选定的时间"系指作品提供者在提供作品时，能使用户自由选择其获得作品的时间，这并不意味着提供者必须每时每刻都要提供作品。三是关于"选定的地点"，依据《最高人民法院关于审理侵害信息网络传播权民事纠纷案件适用法律若干问题的规定》第 2 条的规定，信息网络包括向公众开放的局域网。可见，通过架设在特定地点的局域网传播作品，只要对范围内公众开放，亦属于可使公众在"选定的地点"获得作品的行为。

二、间接侵权

（一）盗版链接侵权

盗版网站在破解正版网站的技术保护措施后，利用非正规下载途径获取内容，其内容的质量和安全性无法得到保障。在前文"笔趣阁小说网"经营者侵犯著作权罪案例中，已阐述盗版网站往往存在直接侵权和间接侵权两种形式，间接侵权表现为网络服务商存在着间接侵权情况，即为用户上传侵权作品或其他使用侵权作品的方式提供帮助，实施帮助侵权。在司法实践中，法院判定间接侵权责任时，主要考虑的是网络服务商对侵权内容实施的注意义务程度，而涉及间接侵权的网络服务商往往依据"避风港原则"进行抗辩。避风港原则是指由于网络服务提供商只提供空间服务，并不制作网页内容，如果被告知侵权，则有删除的义务，否则就被视为侵权。如果侵权内容既不在服务器上存储，又没有被告知哪些内容应该删除，则不承担侵权责任。[1] 避风港原则作为免责条款，明确在某些情况下网络服务提供商可以不承担责任，从而使网络服务提供商在受到侵权指控时可避免遭受突如其来的打击。"红旗原则"是避风港原则的进一步发展，是指如果侵犯信息网络传播权的事实是显而易见的，就像是红旗一样飘扬，网络服务商就不能装作看不见，或以不知道侵权的理由来推脱责任，如果在这样的情况下不移除链接的话，就算被侵权者没有发出过通知，也应认定为侵权。[2]

【典型案例】

上海玄霆娱乐信息科技有限公司诉北京百度网讯科技有限公司等侵犯著作财产权纠纷案[3]

时间：2011 年 5 月 10 日

原告：上海玄霆娱乐信息科技有限公司

被告：北京百度网讯科技有限公司（以下简称百度公司）、上海隐志网络科技有限公司

原告诉称：原告是原创文学门户网站"起点中文网"的运营商。《斗破苍穹》《凡人修仙传》《卡徒》《近身保镖》《天王》5 部小说（以下称为涉讼作品）系起点中文网推出的著名网络小说，原告对涉讼作品享有包括复制权、改编权、信息网络传播权在内的所有著作权。原告发现百度公司提供的百度搜索服务长期以来大量公开提供原告拥有独家信息网络传播权的涉讼作品的侵权盗版链接。原告多次与百度公司沟通并要求其依法删除侵权链接，但百度公司在知道原告对涉讼作品享有独家信息网络传播权，且在原告逐一指出侵权盗版链接的情况下，对原告通知删除的侵权链接是

---

〔1〕 李萍：《网络服务提供商发展将面临新问题——技术的发展与避风港原则的适用》，载《科技与出版》2014 年第 5 期。

〔2〕 王磊：《从〈电子商务法〉视角看平台知识产权保护义务》，载《中国出版》2019 年第 2 期。

〔3〕 参见上海市卢湾区人民法院（2010）卢民三（知）初字第 61 号民事判决书。

否删除不作明确回复，且对法务函所列的大量侵权链接不予删除。百度公司甚至在原告召开新闻发布会正式宣布将就作品被侵权进行起诉的情况下，依然怠于履行删除义务，原告要求删除的链接有多个依然存在。经原告查询发现，百度公司迟迟未删除的链接所指向的网站与百度公司有合作关系，系百度公司"百度网盟推广"的合作者，二者对搜索流量所产生的收益有分成协议。从中可以看出百度公司对拒不删除侵权链接不仅存在过失，也存在故意。百度公司不仅对其广告合作者的侵权内容未尽合理注意义务，甚至在原告依法通知具体侵权链接后仍然不予删除。故原告请求法院依法判令：百度公司立即停止侵权，立即删除相关的盗版链接及盗版内容。

百度公司辩称： 原告未能举证证明所列链接地址包含侵权内容，百度公司没有义务对链接进行审查，更没有断开链接的义务，根据筛查，那些未断开链接的网址中主要包括无效链接、与侵权内容完全无关的链接、网站首页链接（网页上仅有作品简要介绍）、页面上有合理引用作品内容的链接、作品目录页等情况。百度公司已尽到注意义务，对原告提及的链接进行了及时删除，故不应承担赔偿责任；原告从未针对百度公司 WAP 搜索发送过任何通知，本案中百度公司收到原告证据后，已及时断开侵权链接，尽到注意义务，不应承担间接侵权责任。

法院认定： 根据《中华人民共和国侵权责任法》第 36 条规定，网络用户、网络服务提供者利用网络侵害他人民事权益的，应当承担侵权责任。网络用户利用网络服务实施侵权行为的，被侵权人有权通知网络服务提供者采取删除、屏蔽、断开链接等必要措施。网络服务提供者接到通知后未及时采取必要措施的，对损害的扩大部分与该网络用户承担连带责任。网络服务提供者知道网络用户利用其网络服务侵害他人民事权益，未采取必要措施的，与该网络用户承担连带责任。根据《信息网络传播权保护条例》第 14 条第 1 款中规定，对提供信息存储空间或者提供搜索、链接服务的网络服务提供者，权利人认为其服务所涉及的作品、表演、录音录像制品，侵犯自己的信息网络传播权或者被删除、改变了自己的权利管理电子信息的，可以向该网络服务提供者提交书面通知，要求网络服务提供者删除该作品、表演、录音录像制品，或者断开与该作品、表演、录音录像制品的链接；第 15 条规定，网络服务提供者接到权利人的通知书后，应当立即删除涉嫌侵权的作品、表演、录音录像制品，或者断开与涉嫌侵权的作品、表演、录音录像制品的链接；第 23 条规定，网络服务提供者为服务对象提供搜索或者链接服务，在接到权利人的通知书后，根据本条例规定断开与侵权的作品、表演、录音录像制品的链接的，不承担赔偿责任；但是，明知或者应知所链接的作品、表演、录音录像制品侵权的，应当承担共同侵权责任。从原告包括删除通知在内的多次公证取证证据可以看出，百度公司明知涉讼作品的信息网络传播权仅归属于原告且明知侵权链接的状况，未及时删除原告通知的侵权信息或断开链接，构成间接侵权。

本案的核心问题是被告在接到原告通知书后，未删除或断开涉嫌侵权作品的链接致使原告损失扩大，是否构成间接侵权？《信息网络传播权保护条例》第 15 条中规定，网络服务提供者接到权利人的通知书后，应当立即删除涉嫌侵权的作品、表演、录音录像制品，或者断开与涉嫌侵权的作品、表演、录音录像制品的链接，并同时将通知书转送提供作品、表演、录音录像制品的服务对象。本案被告在接到原告通知书后，并未进行删除或断开链接的处理，被告的不作为主观上具有帮助他人侵权的故意，客观上扩大了侵权行为的损害后果，因此构成间接侵权。

（二）深度链接侵权

深度链接作为链接方式的一种，被广泛应用于互联网领域，其又称内链、深层链接，即设链者以自己的网页外观形式呈现其他网页所拥有的作品内容，并且对于这些内容，设链者并没有在服务器上储存下来，只是提供指引链接。当用户点击链接标志时，计算机就会自动绕过被链网站的首页，而跳到具体内容页。此时，如果具体内容页上没有任何被链网站的标志，那么用户可能会误以为还停留在设链网站内，会导致使用者对网站所有者的误判，容易引起侵权纠纷。可见，深度链接有两个典型特点：一是可以使用户不进入目标网站的情况下，从网页直接获取原网站的文件；二是不显示原网页信息的嵌入式深度链接，使用户误认还停留在被链网站。因此，网络服务商负有查证被链网站是否取得了网络作品权利人授权的注意义务，如果被链的第三方网站是如"笔趣阁"之类的盗版网站，此类网站提供的服务引发侵权的可能性有可能增加，网络服务商也应负有更高的注意义务。

【理论探讨】

深度链接是否属于信息网络传播行为的性质认定

深度链接是指通过设置超链接，直接链接到他人网站的内部页面，而不经过其首页或者其他导航页面的行为。深度链接的特点是直接性、跳跃性和隐蔽性，即用户可以直接访问他人网站的某一部分内容，而不需要经过多层点击，也不容易发现被链接网站的其他内容。判断深度链接是否属于信息网络传播行为以及深度链接是否构成侵权，主要取决于作品提供行为的认定，而作品提供行为的认定标准主要有服务器标准、用户感知标准和实质呈现标准三种。

服务器标准是一种较为严格的认定标准，它认为只有将作品上传至公众开放的服务器的行为，才是受信息网络传播权控制的网络传播行为。根据服务器标准，深度链接如果没有将作品上传到自己的服务器中，只是设链跳转到第三方网页上，作品是存储在被链的第三方网站的服务器中，那么深度链接行为就不属于信息网络传播行为。因此，深度链接行为不需要经过权利人的许可或者法律的允许，也不构成侵权。

用户感知标准是一种较为宽松的认定标准，它认为当普通用户感觉其获取信息资源直接来源于设链网站，即基于一般公众的判断力，公众无法得知其获得信息资源实质上来源于被链第三方网站时，应当认定设链直接提供了信息网络传播行为。根据用户感知标准，深度链接通常是不脱离设链网页直接跳转到第三方网页，不需要进入第三方网站，用户往往难以准确分辨出作品是来源于第三方网页的，在这种情况下深度链接的行为则会被认定为属于信息网络传播行为的一种。因此，深度链接行为需要经过权利人的许可或者法律的允许，否则就构成侵权。

实质呈现标准是一种折中的认定标准，它认为以作品的实质展示为标准，如果链接方在自己的平台上实质呈现了他人的作品，让用户可以不再访问被链接方的网站就能获得作品，那么链接方就是作品的提供者，实施了信息网络传播行为。根据实质呈现标准，如果只是提供了一个链接，没有在自己的平台上实质呈现被链的作品，那么深度链接行为就不属于信息网络传播行为。因此，深度链接行为不需要经过权利人的许可或者法律的允许，也不构成侵权。

目前，我国司法实践中采用的是服务器标准来确定信息网络传播行为的法律属性。然而，学界对此标准提出了批评。在确定形成和实施信息网络传播行为的行为人时，谁是形成这种事实的行为人以及其行为的确定，具有法律意义。实际上，以实际存储地址确定行为人的做法与法律规范行为的意图并不完全一致。因此，另一种观点提出了基于作品的实际上传者的服务器标准，即将作品置于向公众开放的服务器中传播的行为人被视为作品的提供者，从而实施了信息网络传播行为。在司法实践中，我们采用了这种后一种理解的服务器标准。

然而，也有观点认为服务器标准是基于技术概念的，过于关注技术细节问题会使人们容易忽略著作权法禁止他人向公众展示作品的立法初衷。主张用户感知标准的观点认为，服务器标准更适合用于技术性判断，不能等同于法律标准。服务器标准是确定相应信息网络传播行为法律属性的事实基础。

【典型案例】

华著盛阅（天津）文化产业有限公司与湖南本地星网络科技有限公司侵害作品信息网络传播权纠纷[1]

时间：2021 年 2 月 5 日

原告：华著盛阅（天津）文化产业有限公司

被告：湖南本地星网络科技有限公司

原告诉称： 天蚕土豆（原名：李虎）创作了涉案作品《元尊》，原告经其授权取得该作品信息网络传播权、转授权及维权权利。2020 年 8 月，原告发现被告未经许可在其经营的"连载神器"App 中提供涉案作品在线阅读。原告认为被告未经许可使用涉案作品的行为侵犯其享有的信息网络

---

[1] 参见天津市第三中级人民法院（2020）津 03 民初 1456 号民事判决书。

传播权和获得报酬权，应当承担赔偿责任。被告未作答辩。

法院认定： 本案的争议焦点之一即原告诉称被告构成侵害涉案作品信息网络传播权帮助侵权行为的主张是否成立。首先，从公证取证过程可以看出，被告采用链接技术使来源于第三方网站的涉案作品呈现于其运营的"连载神器"终端页面，且被告在该应用程序的注册协议中也表明其可以提供网络搜索链接服务，故被告属于网络服务提供者。其次，被告明知或应知涉案应用程序的被链网站的行为侵害了涉案作品信息网络传播权。具体分析如下：①被告在涉案应用程序中称"追书神器，各类小说免费阅读""这是新一代全网免费小说阅读追书神器，旨在为广大小说爱好者提供便捷、高效、舒适的阅读浏览器体验""连载神器是一款集追书神器、书荒神器、书友社交、一键缓存、有声听书、游戏任务等六大功能为一体的移动阅读社区，致力于为广大小说爱好者提供快捷、高效、智能的移动阅读体验""连载神器基于互联网搜索技术，根据用户提交的关键词（如书名或作者名）在线自动检索相关信息，并将搜索到的第三方网站的内容向用户展示"，以上表述说明被告并非仅提供搜索链接服务，还提供作品阅读服务，其作为一家专业网站，理应认识到使用涉案作品存在侵权的可能性，并具有采取相应预防措施的能力。②涉案应用程序中有分类、排行、推荐等选项功能，且在点击阅读页面有涉案作品的内容简介。③涉案应用程序在原告取证时并没有设置权利人投诉渠道，无便捷程序接受侵权通知。④被告未提供证据证实积极采取了预防侵权的合理措施。⑤在涉案作品的封面中，标明"纵横中文网"字样，这是将涉案作品相关著作权及维权权利授予华著公司的北京幻想纵横网络技术有限公司的官方网址名称，其与提供涉案作品的各被链网址名称明显不同，被告理应查证被链网站是否取得授权，但被告未提交证据证明其已尽到查证义务，其具有主观过错。⑥涉案作品为具有较高知名度的网络小说，传播方式以网络为主，作为网络服务提供者的被告理应知晓。故而被告构成侵权。

综上，被告在明知或者应知被链网站侵害涉案作品信息网络传播权行为的情况下，仍然提供深层链接，构成侵害涉案作品信息网络传播权的帮助侵权行为。被链网址显示了网络小说的权利人信息，然而该信息与被链网址名称存在明显的差异，因此网络服务提供者有责任核实被链网站是否取得了网络小说的版权授权。

（三）内容转码的复制侵权

内容转码是利用 WAP 转码技术，将 WEB 页面（HTML 格式）转换为 WAP 页面（XHTML 或 WML 格式）。[1] 用户要在移动通信设备上阅读原本在 PC 客户端发布的网络链接中的内容，需要依靠移动通信服务商使用 WAP 转码技术。这种技术能够将互联网 WEB 页面上的内容转换成适合移动终端浏览的 WEB 页面内容。换言之，移动通信服务商会对原始的 WEB 页面进行转码，使其适应移动设备的浏览需求，这样用户就能够在移动通信设备上方便地阅读原本在 PC 客户端发布的内容。通过 WAP 转码技术，移动通信服务商将互联网上的内容进行适配，以满足移动设备用户的浏览要求。

内容转码在一定程度上可以提高网络作品的可访问性和可用性，但也可能导致对原作品的不正当复制和修改。转码的形式有临时复制和永久复制。临时复制将作品暂时存储在网络服务器上，当用户浏览结束后，这个临时复制形成的作品复制件也会自动删除，不会永久保留，所以不构成侵权。但在实际中，许多网络媒体往往将转码后的网页存储在自己的服务器上，用户点击链接是直接从自己的服务器中调取，这种存储方式属于永久复制，构成了侵权。[2]

内容转码的复制侵权不仅违反了原作者的复制权和信息网络传播权，也破坏了原作品的完整性和真实性。内容转码可能会对原作品进行删减、修改、替换等操作，改变了原作品的表达方式和意义，损害了原作者的署名权和修改权。

【典型案例】

广州阿里巴巴文学信息技术有限公司等与北京搜狗科技发展有限公司
侵害作品信息网络传播权纠纷[3]

时间：2023 年 2 月 1 日

原告：广州阿里巴巴文学信息技术有限公司、广州阿里巴巴文学信息技术

---

[1] 贾俱文：《网络环境下新闻作品的著作权保护问题研究》，兰州大学 2019 年硕士学位论文。

[2] 刘志颖、崔子瑶：《网络新闻版权问题研究》，载《传播力研究》2019 年第 7 期。

[3] 参见北京互联网法院（2022）京 0491 民初 27108 号民事判决书。

有限公司北京分公司

被告：北京搜狗科技发展有限公司

原告共同诉称：经原权利人授权，原告依法享有文字作品《重生之嫡女光环》（以下称"涉案作品"）的独家信息网络传播权及就涉案作品进行维权的权利。原告发现，被告未经许可，擅自通过其运营的"多多读书"App 向不特定公众提供涉案作品的在线阅读，并在作品阅读页面投放大量广告，借此牟取非法利益。原告请求判令被告停止通过"多多读书"App 提供涉案作品，判令被告赔偿原告经济损失及合理支出。

被告辩称：被告系提供信息定位（搜索链接）服务，通过用户提交的关键词自动搜索第三方网站并提供"技术性"转码服务，未直接提供涉案作品内容，不构成对涉案作品信息网络传播权的直接侵害。并且被告对原第三方网站提供涉案作品是否侵犯他人合法权利不明知也不应知，收到起诉材料之后，已经及时断开链接，不存在过错，不构成对涉案作品信息网络传播权的间接侵害。

法院认定：被告对其提供的网络服务应当负有更高的注意义务。综合考虑被告提供的服务类型、搜索结果的有限性、被告应当具备的管理能力以及其负有的注意义务标准，可以确定被告对涉案侵权行为的发生存在过错，构成帮助侵权。

综上分析，首先，搜索涉案作品的结果来源仅显示两个，与全网搜索存在区别，且被告未提供证据证明该网站系有合法授权的正规网站。其次，被告提供的转码服务不同于普通的转码服务，被告提供的转码改变了原网页的具体内容，抹去了原网页的痕迹，即对原网页呈现内容进行了更改。据此，被告对其提供的网络服务应当负有更高的注意义务。被告主张其仅提供"搜索＋转码"的网络技术服务，且不存在过错，不应承担帮助侵权责任。但认定网络服务提供者对于网络用户利用其网络服务实施的侵权行为是否应知，其核心在于确定网络服务提供者是否尽到了应尽的合理注意义务。关于网络服务提供者应尽的注意义务，应在坚守诚信善意之人注意义务基本标准的基础上，充分考虑网络服务提供者系为他人信息传播提供中介服务的特点进行综合判断。

三、侵权抗辩事由

（一）合理使用

1. 合理使用可作为侵权的抗辩事由。所谓合理使用，即在法律规定的条件下，无需征得著作权人的同意，也不必向其支付报酬，基于正当目的而使用他人作品的合法事实行为。目前，我国《著作权法》第 24 条规定了 12 种可构成"合理使用"的情形，并允许其他法律和行政法规规定其他"合理使用"情形，而《中华人民共和国著作权法实施条例》（以下简称《著作权法实施案例》）进一步设定了约束要件，即"不得影响该作品的正常使用，也不得不合理地损害著作权人的合法利益"。同时《信息网络传播权保护条例》第 6 条也在此范围内规定了 8 种数字环境中"合理使用"情形，但前提均是针对已发表作品。同时《著作权法》规定必须"指明作者姓名或者名称、作品名称，并且不得影响该作品的正常使用，也不得不合理地损害著作权人的合法权益"。[1]

2. 数字环境下合理使用的认定。数字时代的到来使得传统的著作权环境发生了变化，合理使用制度面临着新的挑战。一方面，数字技术的发展使得作品的载体、传播形式以及创作方式等都发生了巨大的改变，数字化作品易于传播、复制的特征使得数字时代侵权行为频发，各种新型的作品使用行为的性质难以界定，侵权行为与合理使用的界限越发模糊。另一方面，随着著作权权利客体以及权利内容在数字时代的扩张，著作权人的权利范围不断扩大。[2]在网络环境下如何认定合理使用，是网络环境下的著作权纠纷案件的常见争议点之一。围绕谷歌数字图书案件，知识产权界对合理使用的认定进行了较为深入的探讨，因此可以结合相关案例对相关问题进行认知。

【典型案例】

王莘诉北京谷翔信息技术有限公司等侵犯著作权纠纷案[3]

时间：（一审）2012 年 12 月 20 日

---

[1] 王迁：《著作权法》，中国人民大学出版社 2023 年版，第 404 页。

[2] 费雪儿：《数字时代著作权法合理使用制度问题研究》，西南科技大学 2023 年硕士学位论文。

[3] 参见一审北京市第一中级人民法院（2011）一中民初字第 1321 号判决书，二审北京市高级人民法院（2013）高民终字第 1221 号判决书。

原告： 王莘（笔名"棉棉"）

被告： 北京谷翔信息技术有限公司（以下简称谷翔公司）、谷歌公司

背景介绍： 2004 年，谷歌公司宣布了谷歌"图书馆计划"，与参加此项目的图书馆合作，由图书馆提供图书，谷歌公司对其进行数字化扫描，图书馆可以获得扫描后的电子版图书。谷歌公司对每一个扫描件进行分析，并为每一个词和句子创建索引，以使得能够在搜索引擎上搜索到。被搜索的图书只能以片段形式零星展示，不能同时展示完整页或连续页。

原告诉称： 原告笔名棉棉，2000 年 3 月，原告授权上海三联书店出版文集《盐酸情人》。原告发现谷歌中国网站（网址 http：//www.google.cn）的"图书搜索"栏目中收录了该书并向不特定公众提供，上述行为已构成信息网络传播行为。因该网站的经营者为谷翔公司，且上述行为并未经过原告许可，故谷翔公司侵犯了原告的信息网络传播权。同时，因谷歌公司认可其实施了全文数字化扫描的行为，该行为已构成复制行为，而该行为亦未经过原告许可，故第二被告谷歌公司侵犯了原告的复制权。

法院认定：

第一，谷翔实施了涉案信息网络传播行为，但该行为构成合理使用。理由有两点：①涉案信息网络传播行为并不属于对原告作品的实质性利用行为，尚不足以对原告作品的市场价值造成实质性影响，亦难以影响原告作品的市场销路。本案中，谷翔公司对原告作品的使用系片段化的使用，每一片段一般为两三行或三四行，且各个片段之间并不连贯。这一使用方式使得网络用户在看到上述作品片段后，较难相对完整地知晓作者所欲表达的思想感情。鉴于此，法院认为，这一行为尚未构成对原告作品的实质性利用行为。用户如欲阅读该作品，通常会依据网页中所提供的涉案网页中已载明的原告作品名称、作者名称以及相关出版信息等信息采用购买的方式获得这一作品，不足以对原告作品的市场价值造成实质性影响，亦难以影响原告作品的市场销路。②涉案信息网络传播行为所采取的片段式的提供方式，及其具有的为网络用户提供方便快捷的图书信息检索服务的功能及目的，使得该行为构成对原告作品的转换性使用行为，不会不合理地损害原告的合法利益。综上所述，虽然谷翔公司实施的涉案信息网络传播

行为未经原告许可，但鉴于其并未与作品的正常利用相冲突，也没有不合理地损害著作权人的合法利益，因此，该行为属于对原告作品的合理使用，并未构成对原告信息网络传播权的侵犯。

第二，谷歌公司进行电子化扫描的涉案复制行为不构成合理使用。理由如下：①就行为方式而言，这一全文复制行为已与原告对作品的正常利用方式相冲突。谷歌公司实施的是全文复制行为，而该行为必然影响到原告对作品的复制行为收取许可费，已与原告对作品的正常利用相冲突。②就行为后果而言，这一全文复制行为已对原告作品的市场利益造成潜在威胁，将不合理地损害原告的合法利益。首先，谷歌公司进行复制的目的在于对作品的"后续利用"。原告对于谷歌公司是否会在后续利用作品之前取得其许可并无控制能力，且考虑到在全文复制的情况下，谷歌公司对原告作品的后续使用行为显然更加容易，因此会对原告利益带来潜在风险。其次，这一全文复制行为亦会为他人未经许可使用原告作品带来较大便利，他人通过破坏技术措施等方法获得第二被告存储在其服务器中的原告作品，具有可操作性。综上所述，对原告作品进行全文复制的行为已与原告作品的正常利用相冲突，亦会不合理地损害著作权人的合法利益，这一复制行为并未构成合理使用行为，已构成对原告著作权的侵犯。

一审判决后，被告谷歌公司提出上诉，被北京市高级人民法院驳回，维持一审判决。北京市高级人民法院二审认为，在《著作权法（2010 年修正）》第 22 条规定的具体情形外认定合理使用，应当从严掌握认定标准。除非使用人充分证明其使用行为构成合理使用，否则应当推定使用行为构成侵权。判断是否构成合理使用，一般应当考虑使用作品的目的和性质、受著作权保护的作品的性质、所使用部分的质量及其在整个作品中的比例、使用行为对作品现实和潜在市场及价值的影响等因素。上述考虑因素中涉及的事实问题，应当由使用者承担举证责任。北京市高级人民法院还认为，虽然未经许可的复制行为原则上构成侵权，但专门为了合理使用行为而进行的复制，应当与后续使用行为结合起来看待，同样有可能构成合理使用。

具体认定合理使用，是网络环境下的著作权纠纷常见争议焦点之一。本案一、二审判决都对合理使用的具体认定规则进行了较为深入的探索。本案二审判决认为，只要实施了《著作权法》规定的应当由著作权人实施的行为，原则上应当认定构成侵权，除非使用者提交相反证据证明该行为符合合理使用的构成要件；如果使用行为构成合理使用，专门为了该使用行为而进行的复制行为应当与使用行为结合起来看待，在使用行为构成合理使用的情况下，该复制行为也可能构成合理使用。二审判决对合理使用具体认定规则的探索，具有较强的创新性，对在网络著作权纠纷中规范和发展合理使用认定规则具有一定的示范作用。

在类似的美国案件——美国作者协会诉谷歌"数字图书馆"侵犯著作权案中，美国法院对将图书片段上传至网络的行为的认定与我国法院一样，认为属于合理使用，不构成侵权。但是对于上述扫描复制图书行为是否构成合理使用与我国的判决结果却不同。关于"全文复制行为"是否构成合理使用，在中美两国得到了不同的判决结果，原因主要如下：

第一，根据上述我国法院的判决可以得知，一审法院认为全文复制会为谷歌公司或他人未经许可对权利人作品进行后续利用提供便利，二审法院主张应该把全文复制及后续的合理使用作为一个整体看待，但最终也认定复制行为构成侵权。二审法院主要在"三步检验法"的第一步否定了复制行为的合理性，认为其不属于"特殊情形"，并将举证责任分配给了谷歌公司，最终以证据不足为由来认定其构成侵权。"三步检验法"主要包括：①被告合理使用只能在某些特殊情况下使用。②被告合理使用不得与作品的正常利用相冲突。③被告不得损害著作权人的合法权益。更为具体地说，现行法规定的12种"特殊情形"和实施条例里规定的"不得影响该作品的正常使用，也不得不合理地损害著作权人的合法利益"共同构成合理使用的"三步检验法"。

第二，美国法院以合理使用规则支持了谷歌公司"数字图书馆"的复制行为，认为其构成转换性使用。美国的合理使用规则是由约瑟夫·斯托里法官在 Folsom vs. Marsh 案中初创的一项原则，后被正式列入美国版权法第 107 条，包括"一是使用目的和性质，即该使用是商业性还是非营利性使用；二是被使用作品的性质；三是作品被使用部分的数量和比例；四是使用行为对作品市场和价值的影响程度"。在之后的 Sony 案和 Harper vs. Row 案中，又确立了只要被诉使用行为具有商业性，便可以推定其侵犯了权利人的市场，进而推定该行为不合理的双重负面推定原则。

而后在 Campbell vs. Acuff 和 Rose Music，Inc. 案中，进一步确立了转化性合理使用的原则，认为对原作品的二次使用必须是以与原作品不同的方式、不同的目的。[1] 因此，美国法院认为谷歌公司的"数字图书馆"不仅仅是简单地替代原作品，而是具有创新性，也就是说它采用了转换性使用的判断方法，并没有将营利目的作为绝对的判断标准。并且，美国法院认为"使用的数量"并非关键，而是用户最终接触到的数量才决定侵权性。使用"数量"和使用"目的"的比例才是问题的关键，只有在比例合理的情况下，全文复制行为才能被视为合理并且不侵权。

封闭式的合理使用立法模式正面临着数字化时代对于作品使用的复杂性的考验。尽管我国新修正的《著作权法》第 24 条增加了"法律、行政法规规定的其他情形"，并吸收了《著作权法实施条例》第 21 条规定的"不得影响该作品的正常使用，也不得不合理地损害著作权人的合法利益"，但有学者认为，引入一般条款并不足以完全解决问题，建议同时引入对合理使用情形作具体类型化的"中间层次"一般条款，而非仅引入"总括式"或"兜底式"一般条款。也有学者建议以"合目的性"和"可预见性"重塑"三步检验法"的第一步，增加其开放性，借用"合理使用"四大标准来引申和丰富"三步检验法"的第二步和第三步，同时引入比例原则补强其均衡性。中美谷歌公司"数字图书馆"侵权案件的"同案不同判"，恰恰反映了我国为突破现行《著作权法》第 24 条规定带来的司法实践困境所作的努力。[2]

（二）法定许可

1. 报刊转载的法定许可概念。我国《著作权法》第 35 条第 2 款规定："作品刊登后，除著作权人声明不得转载、摘编的外，其他报刊可以转载或者作为文摘、资料刊登，但应当按照规定向著作权人支付报酬。"

该项法定许可应符合下述两个条件。首先，被转载、摘编的是发表在报刊上的作品；其次，能够转载、摘编的主体同样是报社、期刊社。其他媒体如出版图书的

---

〔1〕《数字图书馆版权纠纷为何同案不同判？》，载 https://finance.sina.com.cn/tech/2020-12-22/doc-iiznezxs8280563.shtml，最后访问日期：2023 年 11 月 10 日。

〔2〕《数字图书馆版权纠纷为何同案不同判？》，载 https://finance.sina.com.cn/tech/2020-12-22/doc-iiznezxs8280563.shtml，最后访问日期：2023 年 11 月 10 日。

出版社的使用不适用法定许可。值得注意的是，有权发表不得转载、摘编声明的是著作权人，而不是刊登作品的报刊。实践中，许多报纸杂志经常声称"未经本刊同意，不得转载和摘编本刊发表的作品"，此类声明必须经过著作权人的授权才有效。

2. 数字技术冲击"报刊转载"法定许可制度。数字技术的发展和应用，使得新闻作品的传播方式发生了根本性的变化，对传统的以"复制权"为核心的版权理论构成了巨大的挑战，网络环境下，版权的利用和保护的重点逐渐从"复制权"转向"传播权"。然而，现行的"报刊转载"法定许可制度是建立在印刷技术基础上的，只适用于传统媒体之间的转载行为，不涵盖互联网媒体的转载范围，已经不能适应新闻作品高效传播、实现版权价值最大化的需要，需要从理论和制度上进行创新和完善。

（1）数字技术动摇以"复制权"为根基的版权理论。版权法是随着印刷技术的出现而产生的，印刷技术为作品的广泛复制和传播提供了可能性，并在此基础上形成了版权利益分配模式、版权权利体系和权利限制机制。数字技术的运用，使得新闻作品从传统媒介向以互联网为代表的新型平台转移，从报刊、广播、电视等多种媒介向基于互联网的融合模式演进，从单向传播向个性化互动传播转变，传播方式的革命性变化对版权法现有规则体系造成了巨大冲击。在新闻聚合模式下，新闻作品的传播不再仅仅依赖于传统的"复制"方式，新闻聚合平台利用网页转码、深度链接等技术，在不进行"复制"的情况下直接呈现新闻作品内容并实现传播，即使是针对互联网应用而设立的新型版权财产权——"信息网络传播权"也无法对此进行有效约束，版权人和新闻出版者对新闻作品的控制力丧失，传统以"复制权"为根基的版权理论受到强烈挑战，在"流量为王"的数字时代，"传播权"的重要性日益凸显，版权制度应当围绕"传播权"进行体系化重构。

（2）当前"报刊转载"法定许可制约着数字环境下新闻作品的传播效率。法定许可是对版权人"复制权"的一种限制，是促进作品高效传播、保障公众知情权的重要制度。有学者从经济学交易成本角度认为法定许可制度的重要功能是降低交易成本，也有学者认为法定许可制度是对传统新闻出版传媒事业的一种保护。"报刊转载"法定许可制度在保护新闻出版产业、降低交易成本、满足公众信息获取等方面发挥了积极作用，但是该制度在互联网时代存在明显缺陷。无论是传统媒体向互联网拓展还是新兴新闻聚合平台运营，均有"转载"

新闻作品的需求，如果每一次转载都需要遵循版权授权许可的规则，将大大增加交易成本、降低信息传播效率，新闻作品的传播效率并不能因为数字技术的利用而得到提升，反而因为版权制度的限制而受到阻碍。

（3）创新媒体融合时代新闻作品法定许可制度。为了适应数字技术的发展，法律制度必须进行创新，应重构新闻作品版权领域的利益格局，在平衡版权人、新闻出版者和公众三方的利益关系的基础上，创新法定许可制度的设计，赋予互联网媒体"转载"法定许可的资格，并细化"转载"规则和完善计酬规则。

第一，赋予互联网媒体与传统媒体同等"转载"法定许可资格。我国现行制度将互联网媒体排除在"报刊转载"法定许可的适用范围之外，这一做法已经暴露出弊端，必须进行改革创新，将互联网媒体纳入转载法定许可制度。这样做有以下好处：其一，符合《民法典》确立的平等原则，互联网媒体和传统媒体在宗旨、功能上具有相同性或相似性，应当享有同等的法律地位，不应当存在差别对待，否则将违反平等原则并背离《著作权法》的立法本意；其二，有利于实现新闻作品的"传播"价值最大化，版权人的权利在网络空间得到延伸和保护，公众的知情权得到更便捷、高效的满足；其三，有利于增加传统媒体的法定许可收益，尽管反对者认为排除互联网媒体适用法定许可有利于保护传统媒体，但由于新闻作品具有强烈的"时效性"，授权许可的交易成本较高，互联网媒体往往为了追求"时效性"采取各种方式规避授权，导致传统媒体不仅收不到授权许可费用，而且收不到法定许可费用，加速了其衰落，因此赋予互联网媒体转载法定许可资格有利于重新平衡二者利益。

第二，细化互联网媒体"转载"法定许可具体使用规则。应当在现有法定许可制度基础上，进一步构建互联网媒体"转载"法定许可具体使用规则主要包括：其一，明确互联网媒体范围，根据国家互联网信息办公室发布的《互联网新闻信息服务管理规定》第5条规定，互联网媒体包括互联网站、应用程序、论坛、博客、微博客、公众账号、即时通信工具、网络直播等形式，并采用许可制管理，必须取得"互联网新闻信息服务许可"，普通公众个人开设的"自媒体"，未取得许可的不属于"互联网媒体"范畴；其二，"转载"使用的方式，一是充分尊重和保护作者的署名权、修改权和保护作品完整权，互联网媒体在"转载"时确保作者署名正确且不擅自修改或篡改内容，二是保护原刊发媒体的权利，互联网媒体在"转载"时须"注明来源"，并在原刊发媒体同意的情况下，提供原刊发媒体的链接或者其他方式引导用户访问原刊发媒体；其三，法定许可"转载"的媒体类别，赋予互联网媒体"转载"法定许可资格后，应当打破互联网媒体和传统媒体"转载"的界限，"转载"的媒体类别除传统媒体之间的转载外，还包括互联网媒体和传统媒体之间的转载，以及互联网媒体之间的转载。

因此，完善计酬规则是保障新闻作品版权法定许可制度得以长远发展的重要基石。一是制定专门的新闻作品版权法定许可付酬标准，1993 年的《报刊转载、摘编法定许可付酬标准暂行规定》已废止，现行有效的是 2014 年《使用文字作品支付报酬办法》涉及报刊转载、摘编法定许可付酬标准，由于新闻作品的时效性及数字环境下新闻传播方式的特殊性，其法定许可不同于普通文字作品，应该以部门规章的形式，结合其特点制定专门的法定许可付酬标准；二是建立数字环境下转载、摘编法定学科计酬标准，当前计酬标准为每千字 100 元的固定标准，价格低廉而且固化，属于印刷时代的计酬规则，数字时代应当采用与新闻作品传播量、转化率挂钩的利益共享动态计酬标准；三是对于不同于传统转载、摘编方式的新闻聚合平台，参照欧盟"链接税"规则，根据传播量、转化率构建付酬标准，促使新闻作品有效传播，版权价值得到最大化实现。[1]

⌕ 问题与思考

网络文学版权侵权损害赔偿

我国《著作权法》第 54 条规定了计算著作权侵权的赔偿金额的方式包括违法所得、实际经济损失与法定赔偿三种，包括了权利人为制止侵权行为所支付的合理开支，共同构成补偿性赔偿制度[2]，此外，《著作权法》直面传统损害赔偿制度的缺憾，增设了"一倍以上五倍以下"的惩罚性赔偿制度，极大提高

---

〔1〕 陈星：《媒体融合时代新闻作品版权法定许可制度完善对策》，载《传媒》2022 年第 17 期。

〔2〕《著作权法》第 54 条第 1 款至第 3 款：侵犯著作权或者与著作权有关的权利的，侵权人应当按照权利人因此受到的实际损失或者侵权人的违法所得给予赔偿；权利人的实际损失或者侵权人的违法所得难以计算的，可以参照该权利使用费给予赔偿。对故意侵犯著作权或者与著作权有关的权利，情节严重的，可以在按照上述方法确定数额的一倍以上五倍以下给予赔偿。权利人的实际损失、侵权人的违法所得、权利使用费难以计算的，由人民法院根据侵权行为的情节，判决给予五百元以上五百万元以下的赔偿。赔偿数额还应当包括权利人为制止侵权行为所支付的合理开支。

了故意侵权成本，优化了侵权赔偿的权、利、责配置。[1]虽然在宏观层面形成了补偿性赔偿与惩罚性赔偿并行的新格局，但微观层面聚焦到网络文学作品，著作权侵权损害赔偿规则在具体适用时也会陷入一定的困境。

首先，很难证明侵权行为造成损失的金额，虽然《著作权法》规定了"可以参照该权利使用费给予赔偿"，但是网络文学作品价值在于影视改编权等演绎权的许可，从这个角度来说，"权利使用费"实际上也缺乏标准。其次，法定赔偿的自由裁量空间较大，不利于司法的公平与统一。尽管现行《著作权法》将法定赔偿额的上限由 50 万元提高到 500 万元，但也需要依据侵权行为的情节严重程度选择适用，网络文学侵权的复杂多变、赔偿困难可谓变相助长了侵权盗版行为的蔓延与肆虐。

因此，针对网络文学版权侵权损害赔偿应制定更为具体的实施细则，譬如，网络文学侵权赔偿的计算标准可以由被侵权人主观选用，对权利人维权具有激励功能的同时，对侵权行为人也具有一定的威慑作用。[2]要厘清网络文学领域惩罚性赔偿与法定赔偿的区别以及二者的适用范围，并细化法律规定中的"情节严重"的具体判定标准。此外，就网络文学版权侵权惩罚性赔偿的构成条件而言，应考虑将一些新型侵权行为纳入惩处范畴；在赔偿范围方面，惩罚性损害赔偿应包括财产损害赔偿和精神损害赔偿；在赔偿数额方面，鉴于网络文学版权侵权行为的隐蔽性，确定赔偿数额时应考虑侵权人被追责的概率。同时，在适用惩罚性赔偿时还要考虑网络文学版权作品的价值问题，使作品价值与保护力度相匹配，以有效避免"版权蟑螂"现象的出现。[3]总之，面对实践中的冲突与矛盾，还应进一步探究详尽的、适用于网络文学侵权损害赔偿的适用规则，以实现社会公众利益与版权主体利益的协调与平衡。

---

[1] 顾亚慧、陈前进：《新〈著作权法〉中惩罚性赔偿条款的正当性及适用》，载《出版发行研究》2022 年第 4 期。

[2] 颜宇彤：《网络文学作品的著作权保护研究》，湖南工业大学 2022 年硕士学位论文。

[3] 刘玲武、曹念童：《网络文学版权治理困境及版权制度应对刍议》，载《出版与印刷》2023 年第 4 期。

第三章 娱乐版权

本章导读

　　听音乐、相声，看电影、电视剧，刷短视频已经成为大众喜闻乐见的娱乐消遣方式。国际会计师事务所普华永道 2022 年 6 月 23 日发布的《2022 至 2026 年全球娱乐及媒体行业展望》中国摘要预计，中国娱乐及媒体行业未来五年的复合年增长率或达到 5.7%，高于全球的 4.6%。报告指出，预计中国娱乐及媒体行业至 2026 年收入将达约 5269 亿美元。娱乐版权产业消费者、娱乐作品、娱乐作品创作人三者的数量都呈现增长的态势，但版权纠纷频发，娱乐版权面临的问题值得重视。

　　本章论述了娱乐版权客体、主体、侵权与救济。同时对"学唱"这种相声表演形式的著作权法困境进行了探讨。

　　通过本章的学习，应要掌握以下内容：一是娱乐版权客体具体类型及其作品属性；二是娱乐版权主体；三是娱乐版权面临的侵权形式及能采取的救济方式。

第一节 娱乐版权客体

一、音乐、舞蹈、戏剧、杂技、曲艺艺术类作品的作品属性分析

（一）音乐类作品的作品属性分析

　　音乐是指通过技术制作完成的音乐作品，它不仅包括在线音乐、无线音乐等非物质形态的音乐，还包括 CD、VCD 等物质形态的音乐。[1] 其具体表

---

　　[1]　黄德俊：《新媒体时代我国数字音乐产业的发展途径》，载《理论月刊》2012 年第 8 期。

现形式包括：音乐单曲、音乐 MV、在线 KTV、在线演唱会、音乐综艺、音乐秀场直播、网络音乐广播等。本章将着重关注音乐单曲和音乐 MV 的作品版权问题。

1. 音乐单曲的作品属性分析。音乐单曲是最传统的音乐表现形式。但是，当今的科学技术改变了音乐的创作方式，许多互联网公司都竞相开发人工智能音乐软件，如谷歌 Magenta Studio，Deep Bach，Ecrett Music。其中，谷歌公司出品的人工智能作曲工具 Magenta Studio 可根据使用者输入的旋律与鼓点，自动整合并拓展生成新的旋律与鼓点，创作出完整的音乐作品。[1] 2016 年，索尼巴黎计算机科学实验室研究人员哈杰里斯和帕切特开发了一个名为 Deep Bach（深度巴赫）的软件，他们利用巴赫创作的 352 部作品来训练 Deep Bach，使其创作出了 2503 首赞美诗。那么，我们不由得思考人工智能生成的音乐单曲是著作权法所保护的音乐作品吗？

【理论探讨】

人工智能音乐软件生成的内容是否属于音乐作品？

对于人工智能音乐软件生成的内容是否属于音乐作品，应根据人类参与创作的程度或者贡献度来确定。

第一种情形：一部分音乐单曲基于人工智能辅助创作，其最终成型由人类决策。在贝多芬去世两个世纪后，总部设立于波恩的德国电信公司组织了一个专家团队，来自德国、奥地利和美国的音乐家、作曲家和人工智能专家把贝多芬的草稿、笔记及其乐谱输入到人工智能系统中，通过分析和学习贝多芬的风格，应用复杂算法，加上人工雕琢，最后完成"贝多芬巨作"。在此种情况下，该专家团队对人工智能生成的音乐进行了反复斟酌、修改和完善，最终形成的音乐便具有了大量的人的个性化表达。因此，由人类使用人工智能创作出来并经过人为地判断、选择和修改的音乐单曲，属于人的智力成果，具有作品属性，可以通过著作权法加以保护。使用人工智能进行创作的人是著作权人。

第二种情形：一部分音乐单曲完全由人工智能自动创作，其最终成型

---

[1] 文汇：《对人工智能技术与音乐教育交互的思考》，载《四川戏剧》2021 年第 9 期。

也没有人类的修改痕迹。从目前的人工智能发展阶段来看，所有的人工智能都属于弱人工智能。人工智能生成的内容仅仅是应用某种算法、规则和模块的结果，与为了形成作品所需的智力成果相去甚远。[1] 所谓的"创作物"看似与人类创作的作品相同，实际上是计算机程序运行的结果。[2] 而《著作权法》的立法目的在于鼓励创作，只有人类的智力活动才算得上是"创作"。在"菲林案"中北京互联网法院认为涉案人工智能不属于自然人，而作品应是由自然人创作的，因此判定涉案人工智能创造物不属于作品以及不受著作权法保护。[3] 早在 1956 年的美国也有类似的司法实践，美国版权局 USCO 曾拒绝了美国两位数学家 Klein 和 Bolitho 提交的登记保护计算机生成歌曲 Push Button Bertha 的申请，理由是作品的创作者必须是人，计算机不能成为作者，因此该计算机生成的歌曲不能受到美国版权的保护。[4] 就音乐单曲而言，如果是纯粹由人工智能创作的音乐单曲，没有人类作词谱曲，就不是人类的智力成果。例如大卫·考普开发的人工智能系统 Emmy，可以像水龙头一样输出音乐作品。[5] 这样的纯粹的人工智能创作的音乐单曲由于缺乏著作权法意义上的创作主体，不具有作品属性。

考虑到这种纯粹的人工智能创造物本身也具有巨大的经济价值，如果无法通过版权法予以保护，则需要寻求其他路径加以保护。国内有学者认为，人工智能创作结果对于人工智能程序本身而言与其他非创造性计算生成的结果一样，只是一堆二进制数据，但对于自然人受众而言，人工智能创作成果与自然人创作的作品在外观上无法区分，同样能够引发自然人欣赏者的精神体验，具有类似版权法中的表达的外在属性。因此，应将纯粹的人工智能创作区分为数据和表达两个层面，对使用人工智能生成数据的人赋予数据层面的商业秘密保护，对挖掘出数据中独创性表达的人赋予表

---

〔1〕 王迁：《论人工智能生成的内容在著作权法中的定性》，载《法律科学（西北政法大学学报）》2017 年第 5 期。

〔2〕 李菊丹：《"人工智能创作物"著作权保护探析》，载《中国版权》2017 年第 6 期。

〔3〕 北京互联网法院（2018）京 0491 民初 239 号民事判决书。

〔4〕 Ana Ramalho, "Will Robots Rule the（Artistic）World? A Proposed Model for the Legal Status of Creations by Artificial Intelligence Systems", *Journal of Internet Law*, 2017, pp.21~46.

〔5〕 ［美］约翰·弗兰克·韦弗：《机器人也是人——人工智能时代的法律》，郑志峰译，元照出版有限公司 2018 年版，第 259 页。

达层面的知识产权保护。因为人工智能生成数据只有在蕴含于其中的独创性表达被挖掘出来之后才具有市场价值，而人工智能创作生成的数据需要由自然人再进行拣选，挑出其中可能满足人类精神需求从而具有市场价值的表达，提供给消费者。因商业秘密排他性有限，无法形成对数据的真正垄断，且对于数据中蕴含的表达不享有权利，因此对数据挖掘者赋予表达层面的知识产权保护，有助于鼓励数据价值发掘行为。[1]

【理论探讨】

过短的音乐单曲是不是音乐作品？

李荣浩演唱的歌曲《贝贝》，由李荣浩本人单独作词、作曲。该歌曲时长只有4秒，整首歌曲的歌词也仅有"贝贝"二字。这难免让人质疑该音乐单曲是否构成音乐作品。音乐作品的构成具有复杂性，音乐要素相互组合搭配，如音符的上行、下行、反向行、平行等，曲式的24个大小调式、五声调式、七声调式等。根据民族、地域等不同特色，选择任何要素独特的排列组合，都将产生不同的艺术形象。[2]判断音乐作品的独创性，音乐界流行采取"8小节原则"来进行量化评判。业内有行规指出，两首音乐作品，8小节雷同就是抄袭。如果一首音乐单曲过于简短以至于无法用"8小节原则"来判断独创性，那其是否还能被认定为音乐作品？

音乐单曲主要由词和曲有机结合而成，词和曲的结合体现了词曲作者的合意与共同思想。一般情况下，音乐单曲的长短并不当然决定其是否享有著作权。结合《著作权法实施条例》关于音乐作品的定义可知，音乐作品是指歌曲、交响乐等能够演唱或者演奏的带词或者不带词的作品[3]。换言之，一首歌有无歌词或者歌词字数多少对其是否属于音乐作品并不重要。综上所述，歌曲的长短、歌词的有无均不当然决定其是否构成音乐作品。只要词和曲的有机结合体现了作者独具匠心的巧妙构思，歌曲整体具有独创性，就构成音乐作品。退一步讲，即使李荣浩的歌曲《贝贝》没有歌词，

[1] 宋红松：《纯粹"人工智能创作"的知识产权法定位》，载《苏州大学学报（哲学社会科学版）》2018年第6期。
[2] 彭彦：《对音乐作品侵权的思考》，载《北方音乐》2017年第17期。
[3] 《著作权法实施条例》第4条。

或者歌词不具有独创性，依然不影响《贝贝》属于音乐作品的定性。

2.音乐 MV 的作品属性分析。音乐 MV 是诠释音乐单曲的视频。不同的 MV 创作者对音乐单曲的理解以及诠释角度的不同，创作的 MV 内容也存在差异，因此音乐 MV 也具有独属于 MV 创作者的创造性空间。对于凝聚了 MV 创作者的创造性劳动的音乐 MV，实质上是著作权法意义上的视听作品。但值得注意的是，只有对音乐作品进行诠释和演绎的音乐 MV 才构成视听作品。这就要求 MV 在形式结构上应具备相对完整性，完整地融合音乐与视频，由此才构成一个完整的视听作品。而对舞台表演进行录制而成的所谓的"MV"仅仅是纯粹的舞台表演记录，不属于视听作品，而属于受邻接权保护的录像制品。

【典型案例】

正东唱片有限公司诉上海麒麟大厦文化娱乐有限公司著作财产权纠纷案[1]

时间： 2005 年 5 月 25 日
原告： 正东唱片有限公司
被告： 上海麒麟大厦文化娱乐有限公司

原告主张： 原告于 2003 年 3 月 7 日在被告经营的"麒麟音乐城"KTV 包房中发现被告以营利为目的，将原告制作的《光年》《回情》和《情人说》三部音乐 MTV 以卡拉 OK 的形式向公众放映。原告主张，其系《光年》《回情》和《情人说》三部音乐 MTV 作品的著作权人且从未许可被告使用其作品，被告未经许可擅自以卡拉 OK 的形式向公众放映这三部 MTV 的行为，严重侵犯了原告的放映权，给原告造成重大经济损失。被告主张，系争 MTV 不属于作品范畴，其性质应属于音像制品。出版单位不是著作权人，仅享有属于邻接权范畴的录音录像制作者的权利。

法院认定： 《情人说》和《回情》这两部 MTV 的画面内容与音乐主题互相配合，反映了音乐作品的思想内涵，并且凝聚了导演、摄影、录音、剪辑、合成等工作人员的创造性劳动，因此属于著作权法意义上的作品

---

[1] 上海市第二中级人民法院（2004）沪二中民五（知）初字第 12 号民事判决书。

（即 2020 年《著作权法》修正后的"视听作品"）。而《光年》MTV 的画面为对舞台剧现场表演的机械录制，不具有独创性，因而不属于作品。最终法院判决被告侵犯了原告《情人说》和《回情》两首音乐 MTV 作品的放映权。因《光年》MTV 不属于作品，故原告对该 MTV 不享有放映权，原告要求被告就放映该 MTV 承担侵权民事责任的诉请，不予支持。

（二）舞蹈动作的作品属性分析

舞蹈是一种综合型的艺术演出，其创作主要依赖于舞者灵活的身体语言来传达其抽象的思想和情感。舞蹈作品是指以舞谱形式或未以舞谱形式出现的仅可通过经提炼、组织和艺术加工的人体动作、姿态、节奏、表情来表达思想感情的作品。舞蹈作品不是指舞台上的舞蹈表演，而是被表演的舞蹈动作。这些舞蹈动作可以通过文字描述、动作标记、录制下来的舞蹈画面等进行设计和创作。

本书认为，首先，对于传统舞蹈而言，只要具备独创性，就能够受到著作权法保护。对于流传于世的很多著名舞蹈的常规舞步、造型、动作，大多都是古人所创，流传至今已经成为公有领域舞蹈创作的通用动作，任何人均可使用。而一些基于传统舞蹈进行改编的现代舞蹈，只要融入了创新的编排方式，依然有可能形成完整的舞蹈作品。例如，《千手观音》的造型最早出现在汉唐时期的壁画中，此后在许多石刻、庙宇壁画以及宫廷和民间舞蹈中都出现过，但是，如果现代人在原有舞蹈基础上进行了独创性的改编，对步法、手势、动作、伴奏、服装、灯光、布景等重新进行安排和设计，就仍然可以构成受著作权法保护的舞蹈作品。

其次，对一些实用性舞蹈来说，其动作设计重点在于功能性而不是艺术性，使得该类舞蹈很难列入作品范畴。究其本质，作品重在美感表达而非实用功能，舞蹈的一些艺术性组成部分、富有美感的形体动作等都是著作权法需要注意的组成部分，这些艺术性组成部分若有足够的独创性则可构成作品。但是对广播体操等实用性很强的动作套路来说，因为它的动作设计实质上就是健身方法、步骤或程序，实用多于艺术，除非能达到特殊的艺术美感才能够形成作品。例如，《五禽戏》是中国传统养生的一个重要功法，据说作者是华佗，但是，即使华佗活到现在，《五禽戏》也无法作为舞蹈作品而受到著作权法的保护，因为其主要体现的是强身健体的功能，而非艺术的美感。前面所说的艺术美感，是指通过形象反映生活、表现思想感情所达到的准确、鲜明、生动的审美特征。

【典型案例】

吕寅与杨波、李佳雯等著作权权属、侵权纠纷案（二审）[1]

时间：2020 年 12 月 30 日

上诉人（一审被告）：吕寅

被上诉人（一审原告）：杨波、李佳雯

原告主张：2016 年，李佳雯开始创作原创舞蹈作品《碇步桥水清悠悠》，于 2017 年 9 月委托杨波作曲，同年 11 月完成初稿与舞蹈音乐，并首演于浙江。2018 年 12 月 22 日，吕寅在淮阴师范学院作吕寅原创舞蹈作品汇报专场演出，演出了群舞《桥中幽，雨中绵》，该作品与涉案《碇步桥水清悠悠》高度一致，李佳雯、杨波认为吕寅行为构成侵权。

一审法院认定：涉案《碇步桥水清悠悠》舞蹈以碇步桥作为背景，利用舞蹈的编排、舞蹈所用服装及道具，通过连续的舞蹈动作在灯光、舞美、服装、音乐等元素的配合下，整体呈现出一群着舞服的女子跨过小巧的碇步桥的情景，展现江南特色文化，表达温润婉约情感的社会生活，体现出较高的独创性和艺术价值，属于著作权法规定的舞蹈作品。本案杨波、李佳雯是创作者，依据《著作权法》规定，杨波、李佳雯在涉案作品上至少享有署名权。在其认为署名权受到侵害时，可以援引《著作权法》提起诉讼，故该二人是本案适格原告。吕寅编导的《桥中幽，雨中绵》与《碇步桥水清悠悠》构成实质性相似，吕寅构成侵权。

二审法院认定：涉案《碇步桥水清悠悠》舞蹈属于著作权法规定的舞蹈作品，不过是职务作品，其著作权也应由李佳雯、杨波享有。涉案《碇步桥水清悠悠》与被诉《桥中幽，雨中绵》，在舞句、舞段、舞蹈结构、舞蹈辅助手段上基本相同，音乐上完全相同，二者构成实质性相似，吕寅

---

[1] 江苏省高级人民法院（2020）苏民终 99 号民事判决书。

未经许可侵害了杨波、李佳雯对涉案《碇步桥水清悠悠》作品的署名权、表演权。

【理论探讨】

单个舞蹈动作是不是舞蹈作品?

《著作权法实施条例》第4条第6项规定,舞蹈作品是指通过连续的动作、姿势、表情等表现思想情感的作品。由此可见,连续的舞蹈动作才能构成舞蹈作品。舞蹈设计编排的核心特征是"组合"与"流动",单个舞蹈动作只是舞者在特定时刻的不同姿态,仅能展现整部舞蹈作品的一个瞬间,无法体现设计编排的行进。不仅如此,从鼓励创新角度而言,作为最小创作工具的单个舞蹈动作或舞步,如华尔兹舞步、"三道弯"等,如同单字、词汇,本身就应被视为公有领域内的元素,排除出《著作权法》的保护范围。王迁老师在《著作权法》一书中也提到:"静止的、单独的动作、姿势、表情几乎不可能有独创性……仅仅张贴舞蹈表演时拍摄的几张照片,在无法基本还原连续的舞蹈动作设计的情况下,难言构成对舞蹈作品著作权的侵害。"[1]

单个舞蹈动作无法体现独创性,应属于公有领域元素,我国司法实践亦持同样观点。在2006年王晓玲诉北京市朝阳区残疾人综合活动中心著作权纠纷案中,法院认为单个的秧歌动作属于秧歌舞必备的通用动作,任何人均可使用。无独有偶,《千手观音》案中,法院同样支持了顺风旗、商羊腿等我国传统舞蹈动作属于公有领域的思想内容,不应为个人独占。

【理论探讨】

服装、道具、妆容是否属于舞蹈作品的一部分,受到《著作权法》的保护?

舞蹈作品作为一种受到著作权法保护的艺术形式,不应仅被理解为舞蹈设计,而应视为舞蹈服装、道具、妆容等多个因素共同作用的综合体现。舞蹈作品与电影创作有许多相似之处,它们都是多种艺术形式的综合体现。舞蹈作品具有自身独特的审美特征,而这种独特性正是由其特有的表现形

---

[1] 王迁:《著作权法》,中国人民大学出版社2023年版,第104页。

式决定的。因此，在许多舞蹈创作中，服装、道具和妆容都是至关重要的元素。舞蹈的美感不仅通过各种动作、姿态和表情来展现，还需要特定的服装、道具和妆容来进一步强化。在进行舞蹈创作的过程中，服装设计师经常会在他们的创作中，为更好地与各种舞蹈动作和表情相结合，做出与众不同的选择和设计，从而成为整体舞蹈作品的一个重要组成部分。

本书认为服装、道具、妆容应该与动作、姿势、表情等结合起来，构成舞蹈作品，一同成为舞蹈作品中不可或缺的组成部分。当然，对于具体的案例和舞蹈作品，我们仍需进行深入的分析，通过对舞蹈作品的细致研究，从而判断在某些特定的舞蹈作品中，道具、服饰和妆容是否属于舞蹈原创表达的组成部分。

【典型案例】

云南杨丽萍信息科技发展有限公司与北京心正意诚餐饮管理有限公司等不正当竞争纠纷案（二审）[1]

时间： 2022 年 12 月 21 日

上诉人（一审被告）： 云海肴（北京）餐饮管理有限公司、北京心正意诚餐饮管理有限公司等

被上诉人（一审原告）： 云南杨丽萍信息科技发展有限公司

原告主张： 杨丽萍是我国著名的舞蹈演员，创作并表演了舞蹈《月光》（舞蹈《云南映象》中的一个段落），并曾经在中央电视台春节联欢晚会上演出，具有一定的知名度。云海肴是一家经营云南菜的连锁餐厅，杨丽萍发现在云海肴的某些餐厅内的屏风、隔断中使用了一名女子在圆形灯光或圆形轮廓背景下舞蹈的剪影图作为装饰图案。比对表显示，被诉装饰图案与《月光》舞蹈相比，两者均展现了一名高束发髻、身着紧身长裙的女子，在圆月状背景中以人物剪影形式舞蹈的画面，且被诉装饰图案涉及的每个舞蹈动作均在《月光》舞蹈中有相同动作的体现。被诉装饰图案与拍摄《月光》舞蹈的视频相比，人物与月亮大小的比例有所不

---

[1] 北京知识产权法院（2022）京 73 民终 973 号民事判决书。

同，人物动作存在细微差异，与春晚节目中的《月光》舞蹈动作相比，两者构成实质性相似。

被告辩称：单一舞蹈动作无法传达任何思想、情感，不属于舞蹈作品的表达，且涉案餐厅中的剪影屏风、隔断、墙面源于云南民族舞个别动作，属于公有领域素材，不属于著作权法中的表达，因此未侵害杨丽萍公司著作权。

一审法院认定：舞蹈作品系连续性动作构成的流动的"线"与静态性动作或静止造型构成的相对静止的"点"之间的有机结合，舞蹈作品的独创性一方面体现于舞蹈动作之间的编排、组合与连接，另一方面还可能体现于具体的舞蹈动作。《月光》舞蹈作品中，与被诉装饰图案相对应的舞蹈动作结合舞者的妆发造型、月光背景，传递了舞蹈意欲表达的思想感情，体现了舞蹈作品作者的选择、设计与安排，具有独创性，涉案餐厅使用被诉侵权图案的行为侵害了《月光》舞蹈作品著作权。且关于被告提出的相关舞蹈动作系公有领域素材的主张，一审法院认为，被告提交的网络图片、视频截图等证据无法与涉案餐厅装饰图案及《月光》舞蹈作品中相关动作一一对应，无法证明装饰图案来源，更无法证明《月光》舞蹈中的相应动作属于公有领域，因此不予采信。

二审法院认定：舞蹈作品的保护客体排除了"妆容""灯光"等内容，仅限于舞蹈"动作""姿态""表情"等方面的独创性设计，人类在舞蹈创作中所能够设计出的单人动作是有限的，作为舞蹈创作的最基本元素，单人动作也不应被任何人垄断，排除他人使用。不应有哪个身体动作是其他舞者及社会公众需要经过许可才可以做出或者使用的。《著作权法实施条例》在对舞蹈作品进行定义时，明确规定了通过"连续"的动作、姿态、表情等表现思想感情，其中"连续"的要件实际上体现了对舞蹈作品独创性来源的要求，即舞蹈作品的独创性应当是基于动作、姿态、表情等的连续变化而产生。本案中杨丽萍呈现的单独舞蹈动作，虽然结合灯光、服饰，其自身身体曲线亦呈现出极具美感的艺术效果，但是从舞蹈作品保护客体的角度，单人的单一舞蹈动作，并不足以达到舞蹈作品的独创性要求，不能作为舞蹈作品获得保护。云海肴公司、云海肴涉诉门店也不侵害杨丽萍公司的舞蹈作品著作权。

北京市高级人民法院在再审中认定：《月光》舞蹈中结合了人物造型、月光背景、灯光明暗对比等元素的特定舞蹈姿态并非进入公有领域的舞蹈表达，属于《月光》舞蹈作品具有独创性表达的组成部分。由此，被诉侵权装饰图案与《月光》舞蹈作品的独创性内容构成实质性相似，侵犯了《月光》舞蹈的著作权。

该案是我国首例因将舞蹈作品制作成静态图案而被官方认定构成版权侵权的民事案件。其对舞蹈作品保护范围的界定以及侵权认定规则的适用逻辑或对后续其他法院处理类似纠纷的裁决思路产生持续影响。

（三）戏剧作品的作品属性分析

戏剧作品，顾名思义，即为可供舞台演出的作品，文学中一般指创作的脚本。戏剧作品融合着多样的肢体动作、生动的语言还有惟妙惟肖的舞蹈，是一种综合的表演艺术。[1]尽管《著作权法实施条例》定义"戏剧作品"是指话剧、歌剧、地方戏等供舞台演出的作品，但是，"戏剧作品"究竟是指戏剧剧本还是指戏剧所展现的"一台戏"呢？

理解的不同会产生权属的认定差异。若是按照前者理解，结论是：戏剧剧本的作者对该剧享有独立的著作权，对该戏剧作品享有独立的表演权，任何的舞台演出都须经其同意。若是按后者理解，结论则是：戏剧的剧本作者、音乐作者、舞美设计者等整个一台戏的全部作者均享有各自的著作权，对戏剧作品享有表演权，无须经过他人同意。对于戏剧作品在司法实践中的一些法律纠纷，我国法院在判决时多秉持"戏剧作品是指戏剧剧本"的观点，对相关案件加以裁决。

【典型案例】

陈涌泉诉河南电子音像出版社等侵犯著作权纠纷[2]

时间：2006 年 9 月 8 日

---

〔1〕 何家艳：《戏剧作品的著作权保护问题研究》，载《戏剧之家》2019 年第 30 期。

〔2〕 河南省郑州市中级人民法院（2006）郑民三初字第 129 号民事判决书。

原告： 陈涌泉

被告： 河南电子音像出版社

原告主张： 被告未经自己同意，擅自出版、加工、销售由自己担任编剧、豫剧二团演出的舞台剧《程婴救孤》VCD，侵害了自己在"戏剧作品"中应享有的合法权益。

被告主张： 涉案的舞台剧《程婴救孤》属于戏剧作品，是舞台戏，而陈涌泉为《程婴救孤》创作的剧本属于文字作品，并不存在侵权。

法院认为： 关于舞台剧《程婴救孤》的作品属性问题，我国著作权法保护的戏剧作品，是指可用于演出的戏剧的剧本。剧本作为一种文学形式，他的基本表达手段是语言文字，而剧本中的语言文字除了剧情的营造和动作的提示外，主要是唱词。同时剧本的本质特征不在于叙述性而是在于戏剧性，所以，剧本虽然可以像小说那样供人阅读，但他的基本价值在于可演性。因此剧本虽以文字形式出现，但属于戏剧作品。剧本的完成标志着戏剧作品创造的完成，以后的演出活动是按照剧本表演的。表演活动是将作品直接向观众传播的一种形式，而不是作品本身。被告认为该作品是文字作品的抗辩理由不能成立。原告陈涌泉创作的《程婴救孤》属于戏剧作品，陈涌泉为著作权人。

【理论探讨】

戏剧作品权属争议——"剧本说" vs "一台戏说"

戏剧作品作为著作权法中的作品类型之一，在"剧本说"下，剧本作家当然享有对戏剧作品的著作权，另有约定的除外。而在"一台戏说"下，戏剧作品的权利主体包括剧本作家、舞美设计师、音乐音响设计师、表演者等，情况较为复杂，即对戏剧作品享有著作权的不再仅是舞台表演中单一元素的创作者。以我国首例舞台作品侵权案——《绿野仙踪》案为例，原告中国木偶艺术剧院有限责任公司根据小说《绿野仙踪》改编成大型童话偶形剧，并于 2004 年在全国范围内演出。2005 年，被告范玉霞以"中华亲子剧团"等名义在全国演出同名偶形剧，并在故事情节、内容、台词、音乐、歌词、人偶形象方面与原告同名剧目一致。原告认为被告整剧的编排及灯光、服装等完全照搬原告的《绿野仙踪》剧目，严重侵害了原告的署名权、修改权、表演权等相关权利，故诉至法院。

法院裁判时未能明确有关人员享有的是创作的剧本、音乐、歌曲、舞蹈等作品的著作权，还是享有演出的童话偶形剧《绿野仙踪》的著作权或邻接权。如果戏剧作品所指的是戏剧剧本，由于台词、音乐、舞蹈、歌曲、人物名称等方面基本雷同，则被告有可能分别侵犯了文字作品、戏剧作品、音乐作品、舞蹈作品等作品的著作权。[1]此时对戏剧作品享有著作权的应当是其剧本作家或继受取得该作品著作权的人。如果戏剧作品所指是"一整台戏"，戏剧剧本的创作被"一整台戏"所吸收，对偶形剧《绿野仙踪》享有著作权的将不再仅是戏剧剧本的剧本作家或继受取得该作品著作权的人，其他文字作品、音乐作品等作品的创作者也是该戏剧作品的著作权人。

戏剧界普遍认为"一台戏说"有其合理性，但从法律角度，特别是能否以此修改现行法律规定仍存疑。法律界目前虽有少数观点认同将戏剧作品界定为"一台戏"，但从整体上看，法律语境中更倾向于将戏剧作品界定为戏剧剧本，将演出单位对"一台戏"享有的权利确认为表演者权，符合现行法律规定，且容易划清不同权利人各自应享有的权利边界，逻辑关系清楚。

（四）杂技艺术的作品属性分析

杂技艺术主要以展示人体的功能性为核心内容，一般人在没有特别训练的情况下是难以完成的。杂技艺术的表现张力在于险中寓美，以使观众精神愉悦。杂技艺术本质上是对"技"的一种表达，展示了力量、勇气、智慧和巧妙的人体艺术奇迹。现代杂技艺术融合了众多的舞蹈元素，将杂技中的硬功夫与柔美的舞蹈艺术元素相结合，使得杂技艺术的展现方式更加契合当代的审美趋势。杂技作品在实际表演过程中，往往在动作之外加入配乐，表演者身着专门服装并有相应舞台美术设计。我国立法已明确规定杂技作品系通过形体动作和舞蹈

---

〔1〕 参见张伟君：《论对"一台戏"的法律保护——以〈德国著作权法〉为参照》，载《知识产权》2016年第10期。

作品的独创性分析技巧表现，而非如视听作品一般，属于可以涵盖音乐、美术作品等予以整体保护的复合型作品。因此，即便上述配乐构成音乐作品，服装、舞美设计构成美术作品，其仍不属于杂技作品的组成部分，不能将之纳入杂技作品的保护范围。

【典型案例】

张硕杂技团与中国杂技团有限公司等著作权权属纠纷[1]

时间：2021 年 11 月 1 日

上诉人（一审被告）：张硕杂技团

被上诉人（一审原告）：中国杂技团有限公司

被上诉人主张：腾讯视频网站播放的许昌市建安区广播电视台举办的 2017 年春节联欢晚会中的杂技节目《俏花旦》（由张硕杂技团演出）与《俏花旦－集体空竹》（由中国杂技团演出）高度相似，侵犯了其相关著作权益。

上诉人主张：中国杂技团在起诉时自述涉案杂技节目《俏花旦－集体空竹》源于"王氏天桥杂技"，由此可见，《俏花旦－集体空竹》并不具有独创性，不构成作品。

法院认为：《俏花旦－集体空竹》中的"抖空竹"亦属于杂技，虽然中国杂技团自述相关技艺源自"王氏天桥杂技"，但不能就此简单认定其中的具体动作、技巧均属于公有领域，进而认定其不具有独创性。该案中，从《俏花旦－集体空竹》内容看，其诸多"抖空竹"动作额外融入了包含我国传统戏曲元素、舞蹈元素的动作乃至表情设计。此外，其在具体走位、连续动作的衔接和编排上亦存在个性化安排，使得相应连贯动作在展示高超身体技巧的同时传递着艺术美感。《俏花旦－集体空竹》中的形体动作编排设计体现了创作者的个性化选择，属于具备独创性的表达，构成著作权法规定的杂技作品，张硕杂技团演出的《俏花旦》与中国杂技团《俏花旦－集体空竹》相应内容构成实质性相似，故而构成侵权。

---

[1] 北京市知识产权法院（2019）京 73 民终 2823 号民事判决书。

（五）曲艺节目作品属性分析

我国《著作权法实施条例》第 4 条第 5 项解释曲艺作品，是指相声、快书、大鼓、评书等以说唱为主要形式表演的作品。大众所见到的喜闻乐见的曲艺作品，是经过表演者所传达出著作权人的感情与思想。本节主要展开讲解曲艺节目中的相声作品。

相声的表演形式简便灵活，演员以亲切自然的口吻，运用经过艺术加工的生活化的口语，结合"说、学、逗、唱"等多种手段，在叙事的过程中或模仿人物，或评点人、事，最终的目的都是使观众在轻松愉悦的气氛中产生共鸣，引发笑声。相声一般是用口头表述、表演的外部表现形式，而创作的相声作品可以用文字形式固定，形成文字用以出版，即构成"文字作品"，这也是相声表演的脚本。一般来说，相声都是先有创作文本，这个文本是文字作品（或者为口述作品），经过相声演员的表演（实际上是一种创作）后，形成了新的作品——曲艺作品。所以传统相声作品的剧本属于文字作品，相声作品与其剧本是两类不同的作品。

关于相声中的"表演"的法律性质的认识，世界各国对于"表演"的法律定性大体上有两种：一是把"表演"视为"创作"的国家，如英国、美国。他们认为"表演"是一种依附于作品的创作行为。二是一些把"表演"看作"著作类别"的国家认为"表演"是作品，如德国、法国等多数大陆法系国家。不过多数国家还是认为"表演"是具有创作性质的，[1]这一观点已经得到许多国家和法律学者的认同，世界多数国家将表演权列入法律保护就是证明。

二、视听节目的作品属性分析

（一）短视频的可版权性分析

短视频是指时长以秒或分计算，可以依托新媒体设备观看，并且可以实时在网络媒介中上传与分享的视频类型。《中国网络视听发展研究报告（2023）》显示，2020 年短视频占网络视听行业 34.1% 的市场份额，在 2022 年已经达到 40.3%，主要短视频平台为抖音、快手，兼有用户生成内容（User Generated

---

[1] 王巍：《传统相声艺术的著作权保护探析》，华中科技大学 2010 年硕士学位论文。

Content，简称 UGC）和专业用户生产内容（Professional User Generated Content，简称 PUGC）内容，我们重点进行短视频的可版权性分析。

在不同的模式中，PUGC 和专业生产内容（Professional Generated Content，简称 PGC）模式因有专业机构的技术支撑和资金辅助，在脚本撰写、专业运镜、镜头剪辑等短视频制作过程中凝聚团队智慧，制作的短视频一般具有较高的独创性，在司法实践中通常能够被认定为作品，但也容易成为其他用户竞相模仿的对象，甚至成为模板被其他用户二次创作。UGC 模式则由普通网络用户自主拍摄、制作，一经短视频平台注册成功便可录制上传短视频，其视频内容可能是对身边日常事物的拍摄分享、对突发公共事件的记录传播，或通过剪辑切分将长视频作品制成短视频等，因为 UGC 对于用户的专业性没有要求，导致大量作品存在创作程度低、形式雷同等情况[1]。该类短视频是否被视为作品，还需遵循个案判断的原则对其进行认定。

一般来说，短视频内容丰富、短小精悍，时长限制在 15 秒到 5 分钟之间，内容涵盖范围广，相较于传统媒体，短视频节奏更快，内容也更加紧凑，符合用户的碎片化阅读习惯，也更方便传播。而这也产生了一个短视频版权认定问题，即短小精悍的短视频是否构成作品呢？网络视频作品是否一定要达到特定时长才算得上是作品呢？这一点法律没有明文规定。

【典型案例】

北京微播视界科技有限公司与百度在线网络技术（北京）有限公司著作权权属、侵权纠纷案[2]

时间： 2018 年 12 月 26 日
原告： 北京微播视界科技有限公司
被告： 百度在线网络技术（北京）有限公司、百度网讯科技有限公司

原告诉称： 抖音平台上发布的"5.12，我想对你说"短视频（以下简

---

〔1〕 倪春桦：《网络短视频著作权的认定及保护——以"抖音短视频"平台为例》，载《科技传播》2022 年第 24 期。

〔2〕 参见北京互联网法院（2018）京 0491 民初 1 号民事判决书。

称"我想对你说"短视频），系由"黑脸V"独立创作完成并上传，该短视频是在13秒的时长内，通过设计、编排、剪辑、表演等手法综合形成的作品。作品一经发布点赞量达到280多万，成为以类似摄制电影的方法创作的作品（以下简称类电作品）。被告未经原告许可，擅自将"我想对你说"短视频在"伙拍小视频"上传播并提供下载、分享服务，从而吸引大量的网络用户在"伙拍小视频"上浏览观看，侵害了原告对"我想对你说"短视频享有的信息网络传播权。

两被告辩称："我想对你说"短视频不具有独创性，不构成著作权法保护的作品。该短视频表达的思想与其他模仿手势舞并上传短视频的用户没有差异性，不具有独创性，达不到类电作品的独创性高度要求。该视频时长仅为13秒，创作空间小，主要素材均来自党媒平台的示范视频，独立创作因素少；在素材的拍摄、拍摄画面的选择和编排上，不存在选择或者筛选的情况；在网络上存在大量的与"我想对你说"短视频类似或者相同的短视频；参与表演的人物并不是原权利人本人。

法院认为："我想对你说"短视频是否属于类电作品，关键在于对其独创性方面的判定。《最高人民法院关于审理著作权民事纠纷案件适用法律若干问题的解释》第15条规定，由不同作者就同一题材创作的作品，作品的表达系独立完成并且有创作性的，应当认定作者各自享有独立著作权。根据上述规定，作品具有独创性，应当具备两个要件：①是否由作者独立完成；②是否具备"创作性"。

1. 关于"独立完成"的认定。党媒平台及人民网的示范视频和网络下载图片是原本没有任何关系的独立元素，"黑脸V"将上述元素结合制作出的"我想对你说"短视频，与前两者存在能够被客观识别的差异。该短视频与抖音平台其他参与同一话题的用户制作的短视频亦存在较大区别，且没有证据证明该短视频在抖音平台上发布前，存在相同或近似的短视频内容，故本院认定"我想对你说"短视频由制作者独立创作完成。

2. 关于"创作性"的认定。一是视频的长短与创作性的判定没有必然联系。客观而言，视频时间过短，有可能很难形成独创性表达，但有些视频虽然不长，却能较为完整地表达制作者的思想感情，则具备成为作品的可能性。在此情形下，视频越短，其创作难度越高，具备创作性的可能性越大。二是"我想对你说"短视频体现出了创作性。在给定主题和素材的情形下,其创作空间受到一定的限制,体现出创作性难度较高。虽然该短视频是在已有素材的基础上进行创作,但其编排、选择及呈现给观众的效果,与其他用户的短视频完全不同,体现了制作者的个性化表达。三是"我想对你说"短视频唤起观众的共鸣,带给观众的精神享受亦是该短视频具有创作性的具体体现。抖音平台上其他用户对"我想对你说"短视频的分享行为,亦可作为该视频具有创作性的佐证。故法院认定"我想对你说"短视频符合创作性的要求。

我们知道,短视频虽然可能会因为视频时间长短在表达方式上受限,但这并不意味着就不能将其认定为视听作品,只要其具有独创性并可以以一定形式表现,就可以受到著作权法保护。那么短视频作品的著作权什么时候产生呢?通常来说,著作权在作品创作完成时自动产生,不需要注册或其他形式的申请。这意味着在短视频作品创作完成后即享有著作权保护。如果一个需要审核的网络视频在审核过程中被侵权,这通常也被认为是作品侵权。即使作品尚未发布,只要它是原创的、有一定的创造性和完成度,就能获得著作权保护。

(二)短视频模板可版权性分析

随着短视频的爆火,短视频模板也成了舆论关注的焦点。短视频模板是指在数字互联网时代产生的,制作者为了突出某一主题或思想而将音频、文本、贴纸、特效等要素进行组合而形成的标准化短视频范式,其视频长度不超过5分钟。这是一种由制作者提前编辑、可供不同用户反复使用的固定视频形式,通常由制作者为用户提前制作好音频轨道、转场特效和卡点变速等技术效果,用户只需要导入手机里面的照片或视频而修改模板中的部分内容,就可以获得一个精美成熟的短视频并上传到相关平台。[1]这些模板通常由短视频平台或第三方应用提供,使用户能够轻松地制作具有吸引力的内容,无需深入了解复杂的视频编辑技术。这种便捷性极大地促进了用户创作的积极性,同时也为平台带来了更多的内容和流量。然而,这也引发了一系列著作权相关的问题。例如,视频模板本身是

---

[1] 谢雯鹏:《短视频模板独创性认定与保护研究——以首例短视频模板侵权案为分析视角》,载《湖北第二师范学院学报》2022年第12期。

否可以获得著作权保护？用户使用这些模板创作的作品又如何界定？

在解决上述问题之前，我们要先了解短视频模板的分类。以剪映 App 为例，以短视频模板的内容为标准，可分为卡点、玩法、旅行、Vlog、风格大片等类型。从判断著作权法意义上的独创性的角度出发，可以将视频模板分为以下两类：一是固定型模板，该类模板主要是根据音乐节奏的变化展示照片或播放视频，制作者仅需设置插入图片或视频的位置。此类型模板缺乏创造性与故事性，形式较为单调，不同制作者根据相同音乐制作出的视频表现形式基本一致。二是特效型模板，该类模板主要利用剪辑技巧和创意，画面精美震撼。特效型模板一般都有特定的主题，内容与形式都具有较强的创造性，需要制作者各个方面的智力投入，制作者需要根据想要表达的情感与风格，挑选出符合该视频基调的背景音乐，并选取各种贴纸、滤镜、转场效果和文本等元素，随后根据个性表达的需要合理安排各类元素的出现顺序、所在位置以及持续时长。短视频模板的制作需要制作者投入大量的智力劳动，各类元素之间的挑选、顺序安排以及设计，体现了不同制作者的个性与风格。固定性模板不具有独创性，不在著作权法保护范围内。我们主要探讨的是特效型模板是否可以获得著作权保护，用户使用这些模板创作的作品又如何界定？

【典型案例】

北京微播视界科技有限公司等诉杭州看影科技有限公司等著作权侵权纠纷案[1]

时间：2021 年 4 月 16 日

原告：北京微播视界科技有限公司（以下简称微播公司）、广东省深圳市脸萌科技有限公司（以下简称脸萌公司）

被告：杭州看影科技有限公司（以下简称看影公司）、杭州小影创新科技股份有限公司（以下简称小影公司）

原告主张：微播公司是抖音 App 的运营者，其将视频编辑软件——剪映 App 授权给脸萌公司运营。原告主张其经制作人授权获取了发布在剪映 App 上的"为爱充电"短视频模板的相关著作权权利，认为被告在其运

---

〔1〕 杭州互联网法院（2020）浙 0192 民初 8001 号民事判决书。

营的 Tempo App 上传该短视频模板供用户播放、使用、分享，并通过售卖会员方式收费，侵害了其信息网络传播权等权利。

被告辩称：该短视频模板使用的是公开元素，时长较短，不具原创性，不构成作品。

法院认定：涉案短视频模板在剧情的安排和画面的组合上，制作者以"女生节表达爱意"为主题，确定了风格基调。创作者在选择背景音乐、图片等元素时，结合音乐的节奏点搭配贴纸、特效、滤镜、动画等多种元素，塑造了一个情感故事。法院指出整个创作过程展现了智力创造空间，具有独特的选择、安排与设计，体现了制作者的个性化表达。涉案短视频模板通过连续动态效果呈现，由一系列伴音的画面组成，符合著作权法对视听作品的定义。因此，法院判定两被告在运营的 App 上提供侵权短视频模板构成侵害作品信息网络传播权。

作者评述：作品是著作权保护的起点，其独创性的认定涉及创作者与公众之间的利益分配，考量因素在于是否有利于作品的创作与传播。在独创性标准的弹性解释空间中，对于确有保护必要、有利于产业发展的客体，可根据最相类似的作品类型给予保护，促进新兴产业发展。短视频模板属于短视频，由创作者对各种元素进行编排形成框架，并预留可替换要素，方便用户个性化创作。在认定标准上，短视频模板必须由作者独立创作完成，具备创作者思想或情感内容的表达，体现作者个性。独创性与短视频模板时间长短无关，只要能完整表达制作者的思想感情即可。涉案短视频模板的独创性标准判断需考虑短视频模板的特点，素材的选择和编排方式是判断独创性的关键因素。涉案短视频模板在创作过程中选择了已有元素，但在发布前不存在相似的模板，且创作者对这些元素进行了选择和编排，使最终形态具有可识别的差异。因此，涉案短视频模板由制作人"阿宝"独立创作完成，具备独创性。关于利用短视频模板制作短视频的行为定性，被控侵权模板与涉案模板在不可编辑部分的个性化选择、设计与排列上相同，整体上构成实质性相似，可任意替换任务图片的部分不是该短视频模板的核心要素，也就不是涉案短视频模板的独创性所在。因此，两者在整体上构成侵权。

从上述短视频模板侵权案可以明确，一方面，当一个模板足够独特，能展现其原创性设计，那么它可能会被视为能获得著作权保护的作品，可以被认定为著作权法意义上的视听作品。另一方面，短视频平台允许用户使用预制模板来创建内容，这可能会降低视频的独创性。然而，如果用户在使用这些模板的基础上加入了自己独特的内容，如原创音乐、独特的视角、创意的剧情等，这样的短视频还是可以被认定为具有独创性的作品。反之，如果这些视频在表达上高度依赖模板的设计，那么它们的独创性可能会受到质疑。

随着相关领域的快速发展，法律界和创作者需要找到平衡点，既要保护模板设计者的合法权益，又要鼓励用户创作和分享内容。这可能需要新的法律框架或现有法律解释的更新，以适应数字时代内容创作的新形式。在这个过程中，确保公平使用和促进创新将是关键的挑战。

（三）特效道具是否构成视听作品

短视频平台中的特效道具通常指的是一种增强视频内容的数字工具。这些道具通过软件算法为视频添加视觉效果和音频效果，使内容更加吸引人、更具有娱乐性。特效道具包括滤镜、动画、面部识别特效、背景更换、音效、互动等。其中，滤镜可以改变视频的颜色、亮度或添加艺术效果，比如模仿复古电影或卡通风格；动画和动态贴纸是通过面部识别技术，将动画元素，如动物耳朵、眼镜或其他装饰品，添加到用户的脸上；背景更换是指某些特效道具可以识别和替换原背景，使得用户看似身处于不同的环境中；音效和音乐用来增强视频的情感表达；互动元素则包括投票、问答等互动功能，提高观众参与度。这些特效道具在提高视频创造力和用户参与度方面发挥着重要作用，尤其在抖音、快手等短视频平台上，通过简化视频编辑过程，使普通用户也能轻松制作出具有专业水准的内容。特效道具融入了各种元素，是否体现了一定的独创性，能构成视听作品呢？

【典型案例】

北京微播视界科技有限公司、浙江今日头条科技有限公司与快手公司
侵害作品信息网络传播权及不正当竞争纠纷案[1]

时间：2021 年
原告：北京微播视界科技有限公司、浙江今日头条科技有限公司

---

[1] 杭州互联网法院（2021）浙 0192 民初 6036 号民事判决书。

被告：快手公司

原告主张：2020 年 11 月 16 日，由原告运营的抖音小视频平台上线了"梦幻云"的特效道具及其图标，被告也随即在其运营的短视频平台上上线了"挡脸云朵"特效道具。原告主张"梦幻云"特效道具构成视听作品，其图标构成美术作品，被告的"挡脸云朵"特效侵害了其著作权。

被告辩称："梦幻云"特效道具与用户有交互的情况下，形成的整体形象的相关权属应属于用户，而非原告；且"梦幻云"特效道具无论从静态还是动态的角度来看，都是对公共领域已经存在的元素进行简单组合，不具有独创性，不构成视听作品。

法院认为：虽然用户参与了"梦幻云"特效道具的交互过程，但是用户形成的整体画面均是基于"梦幻云"特效道具提前设定才得以呈现，所以用户在使用特效道具的过程并不是著作权法意义上的创作劳动。且"梦幻云"特效道具在画面衔接、画面动感方面表达出某种精神，该精神是静态画面无法表达的内容，因此该"梦幻云"特效道具属于视听作品，被告"挡脸云朵"特效侵害了原告"梦幻云"道具的著作权。

本案中，在分析"梦幻云"特效道具是否构成视听作品，应从"表达—思想"二分法来分析。我们都知道，著作权法保护的是对于思想的独创性表达，并不保护思想本身。因此，我们应将该特效道具中不受保护的思想抽离出去，再将属于共有领域的部分过滤，对剩下的表达判断其是否属于视听作品独创性的要求。概括来看，"犹抱琵琶半遮面"主题设计是思想，但是如何展示、体现"美人卷珠帘"式的连续动态画面效果则是具体表达。"梦幻云"特效抽象到具体的过程可以描述为：第一层次："犹抱琵琶半遮面"主题设计，该内容应属于思想范畴。第二层次：蝴蝶、光环、月亮、云朵、翅膀等元素选择及设计虽然属于公有领域，但具体设计仍然可构成作品[1]。第三层次：嘟嘴＋云朵散开，蝴蝶翅膀散落在用户眼角，视频四周出现粉色云朵，即结合互联网和数字技术，体现连续动态画面上

---

[1] 叶胜男：《新型视听作品保护路径分析——以"梦幻云"特效道具案为例》，载《中国版权》2022 年第 6 期。

下衔接的特点。第四层次：开始界面＋嘟嘴识别＋终止界面，即作者通过逻辑推演、情境设置，对整个连续动态画面进行展示。随着用户嘟嘴，左眼处蝴蝶扇动翅膀，遮挡用户眼睛的云朵由中间向两边散开，用户面容完整展现，终止页面蝴蝶翅膀散落在用户眼角，视频四周出现粉色云朵。这一层面中，"犹抱琵琶半遮面"主题思想已经具象为具体表达，且该种表达方式中包括的元素选择、搭配、呈现方式、画面安排等都并非唯一的、有限的表达方式。故"梦幻云"特效道具整体不宜认定为属于思想范畴，但是这种概括性"犹抱琵琶半遮面"主题设计属于思想的一部分应当从视听作品中抽离出来，不受著作权法保护。

最终落脚于视听作品连续画面是否符合作品独创性的要求考量因素包括：一是从连续画面整体来看，作者对"梦幻云"特效道具中各元素如云朵、月牙、光环、蝴蝶等位置的选择，各元素形状的设计，图标的设计等展现了人被云朵环绕的朦胧美，是一个动态的、具有连续性、上下衔接的画面展示过程；二是从连续画面动态展示效果来看，作者对"梦幻云"特效道具中人机互动方式、云朵散开的动态效果设计具有独创性，随着用户嘟嘴，左眼处蝴蝶扇动翅膀，遮挡用户眼睛的云朵由中间向两边散开，用户面容完整展现，呈现出"美人卷珠帘"的明媚惊喜感，整个连续画面动态变化体现作者个性化选择和逻辑；三是从连续画面的美感而言，"梦幻云"视听作品终止页面蝴蝶翅膀散落在用户眼角，视频四周出现粉色云朵，配合特效轻妆淡抹的少女感妆效，营造出清新明媚的美好惊喜感，给用户以美感享受。

（四）体育赛事直播连续画面是否构成视听作品

体育赛事直播将现场比赛通过摄像机转化为可传输的信号，经加工后向观众呈现。此过程中，赛事本身不受著作权法保护，因其展现的是运动员的体能和技巧，而非原创的文学艺术作品。然而，体育赛事节目的制作包括了图像捕捉、文本编排、配音、剪辑等多个创造性环节，这些环节反映了制作团队的智力劳动，赋予了节目以独创性。[1]如在"凤凰网中超赛事案"中所体现的节目

---

〔1〕朱雪寒：《互联网环境下体育赛事节目的著作权保护》，载《劳动保障世界》2017年第26期。

的选镜、切换、摄制角度等表现形式，确立了其作为独立作品的著作权属性。因此，体育赛事节目的可复制性和独创性是其受著作权保护的关键因素。体育赛事节目基于著作权法的作品定性，取决于其背后融入的创造性劳动程度。节目制作过程中，摄制团队通过机位设置、镜头选择、画面编排和特写运用等方式，展现其对赛事的独特视角和解读，进而赋予节目原创性。此外，节目的可复制性亦是其作为受保护对象的重要特征，它使得节目能够在不同媒介上进行广泛传播。因此，尽管体育赛事本身不是著作权法的保护对象，但是经过加工后的体育赛事节目，由于其独创性和可复制性，符合著作权法对作品的定义。

【典型案例】

北京新浪互联信息服务有限公司与北京天盈九州网络技术有限公司侵害著作权及不正当竞争纠纷[1]

时间：2020 年 9 月 23 日（再审）
原告：北京新浪互联信息服务有限公司
被告：北京天盈九州网络技术有限公司

原告主张：原告获得了 2012 年 3 月 1 日起为期 2 年的中超联赛视频独家播放权，涵盖比赛直播、录播、点播等服务。被告在其"中超"栏目下设立了"体育视频直播室"（网址为 ifeng.sports.letv.com）。原告对 2013 年 8 月 1 日的"山东鲁能 VS 广东富力"和"申鑫 VS 舜天"两场中超联赛比赛进行了公证，包括实时直播视频，具备回看、特写、场内、场外、全场、局部的画面，并提供全场解说。原告要求被告停止侵犯著作权和不正当竞争行为。

被告辩称：原告诉求不明，且其起诉于法无据，足球赛事并非著作权法保护的对象，对体育赛事享有权利并不必然对体育赛事节目享有权利；原告未获得作者授权，且其获得的授权存在重大瑕疵，故并非本案适格主体。

一审法院认为：中超联赛有限责任公司（以下简称中超公司）于 2006 年 3 月 8 日经中国足协授权，取得了中超联赛资源代理开发经营的唯

---

〔1〕　参见北京市高级人民法院（2020）京民再 128 号民事判决书。

一授权，有效期为 10 年，包括中超联赛的电视、广播、互联网及各种多媒体版权。2012 年 3 月 7 日，中超公司与新浪互联公司签订了协议，规定了新浪互联公司在门户网站领域独家播放中超联赛视频的权利，包括比赛直播、录播、点播、延播，期限为 2012 年 3 月 1 日至 2014 年 3 月 1 日。协议中明确规定了与新浪网业务相同或有竞争关系的多家互联网门户网站，包括凤凰网，不得以任何形式直接盗用电视信号直播或录播中超赛事，以及制作点播信号，并公然虚假宣传拥有或通过合作获得直播、点播中超赛事的权利。2012 年 12 月 24 日，中超公司再次向新浪互联公司出具授权书，明确新浪互联公司在合同期内享有门户网站领域独占转播、传播、播放中超联赛及其所有视频的权利，并授权新浪互联公司采取一切法律手段阻止第三方违法使用上述视频并获得赔偿。被告的转播行为侵犯了原告就涉案赛事享有的转播权利，判决被告停止播放中超联赛在 2012 年 3 月 1 日至 2014 年 3 月 1 日期间的比赛。

二审法院认为： 涉案两场赛事公用信号所承载的连续画面既不符合电影类作品的固定要件，亦未达到电影类作品的独创性高度，故涉案赛事公用信号所承载的连续画面未构成电影类作品，据此判决撤销一审判决，驳回新浪互联公司的全部诉讼请求。

再审法院认为： 二审法院对"摄制在一定介质上"的解释过度限缩了该类作品的内涵和外延。中超联赛赛事公用信号所承载的连续画面的制作存在较大的创作空间，并不属于因缺乏个性化选择空间而导致表达有限的情形。涉案赛事节目构成 2010 年版《著作权法》保护的电影类作品，而不属于录像制品，被诉直播行为侵犯了新浪互联公司对涉案赛事节目享有的"著作权人享有的其他权利"。再审法院认为，电影类作品与录像制品的划分标准应为独创性的有无，而非独创性程度的高低。

上述案件是国内体育赛事节目网络直播著作权纠纷第一案，核心争议在于体育赛事节目是否构成 2010 年版《著作权法》所保护的电影类作品。最终判决明确提出电影类作品与录像制品的实质性区别在于连续画面的制作者是否进行了创作，所形成的连续画面是否具有独创性，二者的划分标准应为独创性的有无，而非独创性程度的高低。[1]体育赛事公用信号所承载的连续画面构成电影类作品。

体育赛事直播节目的制作方式与电影制作在多个方面具有高度相似性：①策划与导播方面，体育赛事转播的策划和导播方案相当于电影的剧本，涵盖球员资料、比赛历史、突发事件应对等，类似电影拍摄的指导文件。②镜头应用方面，由于体育赛事的实时性和不可重复性，直播会使用多机位、多角度摄制，类似电影的多角度镜头应用。③创作手段方面，体育直播中的主持人评论、专家访谈、历史资料整合等类似于纪录片电影中的创作方法，增强节目吸引力和故事性。④技术与艺术的结合方面，现代体育转播不仅涉及摄像机的机械操作，还包括转播准备、镜头语言的运用、特效制作等，显示出创造性劳动和艺术性。⑤实时剪辑与导演的角色方面，与电影后期剪辑不同，体育直播中的导演需要实时选择合适的镜头和角度，这要求导演具有快速反应能力和对赛事的深刻理解，以实现实时的"剪辑"效果。⑥视听效果的创造方面，体育赛事直播中使用的音效、视觉特效和动画演示，旨在增强观众的观赛体验，这与电影中为增强情感和故事性而使用的视听效果类似。⑦叙事性与情感渲染方面，通过精心策划的镜头切换、重点时刻的慢动作回放，以及对历史时刻和重要球员的特别关注，体育直播能够营造出类似电影的叙事性和情感深度。[2]

这些相似性表明，随着技术进步和观众审美发展，体育赛事直播已从传统的机械式转播转变为更富创造性和艺术性的表现形式，使得直播过程与电影制作更为接近。

第二节　娱乐版权主体

一、自然人作者

根据我国著作权法的规定，创作作品的自然人是作者。作者是直接从事创作活动的人，而创作是作者通过独立构思，运用自己的能力和技巧表达思想或

---

〔1〕 李劼等：《从一起北高再审案谈体育赛事节目著作权保护》，载《中国版权》2020 年第 6 期。

〔2〕 戎朝：《互联网时代下的体育赛事转播保护 兼评"新浪诉凤凰网中超联赛著作权侵权及不正当竞争纠纷案》，载《电子知识产权》2015 年第 9 期。

情感的活动。

（一）音乐词、曲作者

就音乐单曲而言，其作品内容主要包括词和曲两部分。因此，音乐单曲的作者为词、曲作者。通常情况下，创作作品的作者自动取得著作权，对于音乐单曲这一整体而言，词、曲作者创作了作品，在作品创作完成之时就自动取得了该作品的著作权，因此通常情况下，词、曲作者即音乐单曲的原始著作权人。

【理论探讨】

如果词、曲作者不是同一人，词、曲作者是否为合作作者？

有观点认为，歌曲中的词曲是彼此不同而相互联系的有机整体，歌曲在词曲作者无约定的情况下应被视为不可分割使用的合作作品。[1] 根据该观点，当词曲作者不是同一人时，即使不存在约定，词、曲作者也应被视为合作作者。

《著作权法》第 14 条第 1 款规定，两人以上合作创作的作品，著作权由合作作者共同享有。没有参加创作的人，不能成为合作作者。曹新明教授认为，合作作品就是两个以上的人根据合作协议创作的作品，而按照合作协议的约定履行义务，并将其贡献融入合作作品的当事人，即为合作作者。[2] 要成为合作作者，须两人以上且有共同创作音乐作品的合意，合作作者知道各自创作的部分将与他人创作的部分整合为一个整体。需要注意的是，只有那些实际参与创作活动，对最终的作品作出了独创性贡献的人才能成为作者。[3] 因此，仅仅为创作者提供资料、素材、创作意见的人并非合作作者，其进行的仅仅是创作的辅助工作，并非具有独创性的创作；或者仅在他人原有作品的基础上进行个别字词改动的人，不属于对作品做出独创性贡献，也不能成为合作作者。因此，如果两人以上的词曲作者通过协商，明确词和曲的创作分工，这种情况下即双方存在创作合意，那么最终创作出来的音乐作品属于合作作品，词、曲作者则是合作作者。否则，

〔1〕 左梓钰：《论合作作品的著作权法规范》，载《知识产权》2020 年第 7 期。
〔2〕 曹新明：《合作作品法律规定的完善》，载《中国法学》2012 年第 3 期。
〔3〕 王迁：《著作权法》，中国人民大学出版社 2023 年版，第 285 页。

词、曲作者只能对词或曲拥有著作权。

在众得公司与万达公司、新丽公司、金狐公司、岳龙刚侵害作品改编权纠纷案[1]中，原告经授权取得歌曲《牡丹之歌》词作品的著作权，但未取得曲作品的著作权。原告认为，歌曲《牡丹之歌》是一个完整的合作作品，词曲不可分割，其有权就歌曲整体的改编权主张权利。一审法院认为，被告创作并演唱涉案《五环之歌》的行为，并不构成对原告歌曲《牡丹之歌》词作品享有的改编权的侵害。[2]二审法院也认同了一审法院的认定，维持了原判。原告败诉的重要原因在于该公司并非曲的权利人，不能代曲作者行使其权利，强调词、曲作者在维权时仅能针对自己所贡献的部分主张权利。

《著作权法》在2020年修正时，在第14条中新增了"合作作品的著作权由合作作者通过协商一致行使；不能协商一致，又无正当理由的，任何一方不得阻止他方行使除转让、许可他人专有使用、出质以外的其他权利，但是所得收益应当合理分配给所有合作作者"的规定。因此，根据现行《著作权法》的规定，在协商不成的情况下，词作者仍然可以单方独立授权许可他人使用音乐作品，但是应当将授权许可获得的报酬合理地分配给曲作者。因此，如果词、曲作者成为合作作者，将对推动音乐作品的传播产生重要影响。

【典型案例】

程渤智、范炜著作权权属纠纷案[3]

时间： 2021年9月27日
原告： 程渤智
被告： 范炜

原告主张： 2013年原告创作了《西安人的歌》唱词和唱词对应的旋

---

[1] 天津市第三中级人民法院（2019）津03知民终6号民事判决书。
[2] 天津市滨海新区人民法院（2018）津0116民初1980号民事判决书。
[3] 陕西省西安市中级人民法院（2021）陕01知民初1189号民事判决书。

律，录制了包括主唱人声部分在内的部分声音素材，于 2013 年 11 月 14 日完成了《西安人的歌》音乐小样。原告将上述声音素材交由被告，被告搜集和录制了其他声音素材，使用计算机软件添加器乐并对上述全部声音素材进行混音后，于 2013 年 11 月 26 日完成了修改版的《西安人的歌》音乐 DEMO。之后，原告与被告以 2013 年制作 DEMO 包含的创作方向为基础，以原告唱词对应旋律作为创作思路，由被告通过计算机软件配置包括钢琴旋律在内的器乐和其他音乐素材，完成编曲、混音后，二人各自对音乐工程文件进行交替沟通、调整、修改，共同完成了《西安人的歌》伴奏音乐的创作，即该歌曲乐曲部分的初步创作，并在 2016 年 4 月 5 日形成了无主唱伴奏文件。2016 年 4 月 12 日至 26 日期间，原告、被告及原告部分朋友分数次，在陕西省西安市曲江新区 XX 广场的"西安乱弹"直播间共同完成了人声部分的录音，其中原告为歌曲人声主唱部分录制了声音素材，而其他参与者提供了人声和声部分声音素材。在上述录音素材完成录制后，2016 年 4 月 28 日，被告将之前全部音乐文件和录音素材通过计算机软件编曲混音后，制作完成了歌曲新版本 DEMO。2016 年 5 月 9 日被告将音频发送给原告，原告提出混音修改意见，在此前 DEMO 基础上，被告通过对混音进行调整修饰，完成了《西安人的歌》的完整歌曲文件。2016 年 5 月 17 日原告收到被告向其发送的音乐文件后，确定了《西安人的歌》完整歌曲文件和《西安人的歌》无主唱伴奏文件。2016 年 5 月 19 日《西安人的歌》在"QQ 音乐"平台上完成了首次发表，歌曲发行时署名信息为"西安人的歌 – 范炜与程渤智，作词：程渤智，作曲：程渤智、范炜"。2018 年 9 月 30 日，被告、原告与腾讯音乐娱乐科技（深圳）有限公司签订《音乐版权授权合作协议》，约定被告、原告将包括《西安人的歌》在内的 11 首音乐作品的词曲著作权和邻接权的全部财产性权利许可给腾讯音乐娱乐科技（深圳）有限公司。该协议附件一《授权作品及授权权利清单》记载，《西安人的歌》表演者名称为被告与原告，发行时间为 2016 年 5 月 19 日，词作者为原告，曲作者为原告、被告，词权利比例、曲权利比例、邻接权利比例均为 100%。

本案中，原告主张《西安人的歌》发行于 2016 年 5 月 19 日，但原告于 2013 年 11 月已独立创作完成《西安人的歌》主歌、副歌、DEMO 和歌词，原告系《西安人的歌》的唯一词、曲著作权人和原唱。被告多次在原告不知情的情况下，以《西安人的歌》原唱、著作权人的身份参加商业活动获得经济利益。被告的上述侵权行为严重侵犯了原告的著作权，给原告造成了严重经济损失。

被告主张：其是案涉音乐作品的曲著作权人和演唱者。

法院认为：《西安人的歌》是一首由唱词和乐曲组合而成的陕西方言歌曲，有人声主唱的完整歌曲和无人声主唱的乐曲伴奏，符合作品的特征，属于著作权法意义上的音乐作品。《西安人的歌》最初在网络音乐平台发表，作品署名为："西安人的歌－范炜与程渤智，作词：程渤智，作曲：程渤智、范炜"。在没有相反证据证明歌曲实际作者另有他人的情况下，原告、被告作为《西安人的歌》的创作者，依法对该音乐作品享有著作权。考虑到《西安人的歌》作为合作作品，词、曲可以分割使用，故原告对《西安人的歌》的词部分享有著作权，曲部分的著作权则由合作作者原告、被告共同享有。现原告要求确认其为《西安人的歌》的唯一词作者，被告对此没有异议，本院予以确认。原告要求确认其为《西安人的歌》的唯一曲作者，证据不足，本院不予采信。被告以《西安人的歌》原唱、创作人身份进行宣传、演出的行为，并不构成对原告著作权的侵犯。

（二）舞蹈编导

舞蹈作品中的编导是舞蹈创作的核心人物，其能够合理、有效运用舞蹈语言、动作编排、整体结构、艺术表达、舞美音乐等各个要素，对舞台艺术效果的呈现、生动艺术形象的塑造起到了重要作用。关于舞蹈作品作者的认定问题，目前的观点较为统一，即认为舞蹈编导为舞蹈作品的作者，通过分析《保护表演者、音像制品制作者和广播组织罗马公约》对于表演者的描述即可区分出表演者与舞蹈编导之间的差异，该公约将表演者限定为"演员、歌唱家、音乐家、舞蹈家和表演、歌唱、演说、朗诵、演奏或以别的方式表演文学或艺术作品的其他人员"，将表演者的表演限定为对文学艺术作品的表演，而不是创作行为，从而依此可以得出结论："表演者只是舞蹈作品经由其本身展示出来的物质载体而非舞蹈故事与舞蹈思想孕育者。"[1]因此就利益归属问题而言，舞蹈作品著作权归舞蹈编导所有，而对舞蹈作品的表演活动是邻接权范畴下的非智力劳动成果，据此将具有联系但彼此区分的表演者和舞蹈编导的利益归属问题进行切割。所以，舞蹈作品中的编导享有相应的著作权，而舞蹈演员也可享有相应的表演者权。

【典型案例】

刘露诉张继钢侵犯著作权纠纷案[2]

时间： 2006 年 4 月 19 日
原告： 刘露
被告： 张继钢

原告主张： 2000 年 6 月底，原告应邀请创作了由"千臂观音""莲花观音"等具有独创性的舞蹈动作所组成的《千手观音》舞蹈作品。后期重新编配了音乐，在对作品编创的基础上，指导排练，最终形成了 12 人版本的《千手观音》，并于 2000 年 8 月 30 日进行了首场演出。在 2005 年中央电视台春节联欢晚会上，未经原告授权，出现了 21 人版本的《千手观音》舞蹈演出。且被告未经原告同意，在对《千手观音》申请著作权登记时，将 12 人版本的《千手观音》舞蹈作品和 21 人版本的《千手观音》舞蹈作品的作者均登记为被告，而被告亦向媒体广泛宣传自己是《千手观音》的作者。原告认为自己才是 12 人版本《千手观音》舞蹈作品的作者，21 人版本的《千手观音》是在未经原作者同意的情况下进行的稍加改动，该改动并不具备实质性的创新，只是换了音乐增加了演员人数，因此，不足以构成一个新作品。

被告辩称： 自己应该被署名为作者。2000 年 5 月，艺术团委托被告创作新的舞蹈作品《千手观音》，确定了演员人数为 12 人。由原告和手语老师王晶共同负责排练《千手观音》。被告对音乐进行了具体分析并编创

---

〔1〕 严琪智：《舞蹈作品著作权问题研究》，北京化工大学 2022 年硕士学位论文。
〔2〕 北京市海淀区人民法院（2005）海民初字第 17304 号民事判决书。

舞蹈动作（包括"千手观音""莲花观音"的动作画面、舞姿开端等），在排练中不断创作新的画面和舞蹈动作。《千手观音》首次在舞台合成（包括演员调度、舞美、服装、灯光的综合把握）均是由被告调度决定，从而完成了舞蹈《千手观音》第一版（2000年版）创作。原告只是排练老师，并不承担独立的创作工作责任，被告认为其作为舞蹈《千手观音》的编导，应被署名为作者。

法院认为：舞蹈是完成编舞、修改和排练的过程，编舞和排练不能完全分开；然而，在这种情况下，编舞者的意愿决定了排练者和舞蹈表演者的意愿。《千手观音》舞蹈是在编导和排练中修改完成的，编导的意志决定了排舞者和表演者的意志。原告将舞蹈动作传授给演员，其传授的过程本身属于由演员将编导内容通过排练演绎为舞蹈表演的过程。虽排舞者在排练中也要通过智力活动完成作品，但该过程不具有本质上体现原创意义和主导意义的编创属性。因此，该作品的著作权人是被告。

（三）曲艺演员

曲艺作品的"剧本"仅仅是一种文字作品，尽管文字作品对内容的描述可能非常详尽，但要在舞台上呈现内容，演员仍然需要付出创造性的努力来完成作品。曲艺演员需要拥有丰富的表演技巧，"说学逗唱"是他们的基础技能，但这并不是所有演员都能达到的，而且他们所能达到的艺术水平也各有差异。不同的曲艺演员所"演绎"的同一曲艺作品的效果存在显著差异。曲艺大师的表演风格让观众感受到一种亲近、自然的氛围，他们的表演往往能够达到雅俗共赏的境界。然而，如果由其他人来演绎，他们的表演可能会让观众感到生硬、昏昏欲睡，即便是简单的重复也可能显得乏味。

曲艺作品中演员的"表演"和视听作品中演员的表演有很大不同，曲艺作品中演员付出的创造性劳动并不是通常意义上的表演，故曲艺作品的演员实际上是创作的主体，是曲艺作品的作者。有人说，曲艺作品中的演员既享有著作权，又享有表演者权，但这种说法也有待商榷。在已经确定演员享有曲艺作品著作权的情况下，这时演员的表演就已经被视为了创作。因此，演员的表演行为不应当享有两种不同的权利，退一步说，作为同一主体，表演者权这时也会被著作权所吸收。毕竟，创作和表演是两种性质不同的行为，曲艺演员的表演已经被创作所代替，这时，曲艺作品的演员享有的是著作权而非表演者权。

二、唱片公司或者娱乐经纪公司

唱片公司或者娱乐经纪公司是以音乐为主要产品的企业，它们不仅拥有众多优秀的音乐家和歌手，还负责制作、推广和销售唱片、音乐单曲和音乐视频等产品。它们取得音乐著作权的主要方式是签订著作权转让协议。《著作权法》第10条规定，著作财产权可以全部或者部分转让。音乐作品的自然人作者可以与唱片公司或者娱乐经纪公司签订著作权转让协议，将作品的著作财产权转让给唱片公司或者娱乐经纪公司。由此，唱片公司或者娱乐经纪公司根据协议约定可以成为著作权人。此时，如果出现他人未经许可使用音乐的情形，由音乐公司或者娱乐经纪公司以版权人的身份向侵权人主张权利。

在大多数音乐版权转让协议中，都会要求自然人作者将其创作的音乐作品的版权转让给唱片公司或者娱乐经纪公司。唱片公司或者娱乐经纪公司也因此成为音乐作品的版权主体，只不过唱片公司或者娱乐经纪公司享有的不是音乐作品的所有版权，而是仅限于著作财产权，这称为"版权转让"，或简称"转让"。在将音乐作品的著作财产权转让给唱片公司或者娱乐经纪公司时，作为交换，唱片公司或者娱乐经纪公司根据双方一致同意的版权转让合同向自然人作者支付一定的报酬。

【理论探讨】

版权转移终止制度在我国的引入

版权转移终止制度是美国《版权法》的一项重要内容，指的是在版权人将版权的部分或全部财产权利通过合同转移后，在法定的期间，被转移的权利可重新回归原版权人。版权转移终止制度给予了版权人以很强的保护力度——赋予其终止转移行为的权利，以遏制在版权授权中利益的流失。这是一项不可让与的权利。根据该项制度，版权人不得将版权一次性、永久性地转移给他人，而在35年后的5年内可终止原作品的版权转移，从而使作品部分或全部财产权重新回到版权人的手中。[1]这意味着，在版权

---

〔1〕 黄德俊、吴刚：《音乐版权终止制度的价值研究》，载《人民音乐》2016年第3期。

转移 35 年之后，词曲作者有权从音乐出版商那里、歌手有权从唱片公司那里取回自己的版权。于是，除非唱片公司为音乐人提供的音乐版税高于其他在线音乐发行商，否则音乐人将收回版权而与后者进行合作。[1]

该项制度对于音乐版权的完善与音乐产业的发展具有一定的价值。首先，版权转移终止制度可以提高处于弱势地位的音乐创作者在版权利益分配方面的地位。音乐创作人无法预见其创作的音乐作品在商业交易过程中可能产生的经济价值，对于传统的一次性版权转让而言，音乐创作人只能就其作品取得较少的收益，而无权取得其作品在传播过程中产生的"溢价"。但版权转移终止制度赋予了作者及其继承者终止版权转移行为的权利，音乐版权终止权可以促使音乐作品在交易过程中双方合理评估音乐版权的经济价值，减少版权人首次转让的价值低估的现象。[2]其次，版权转移终止制度可以适当限制版权的合同自由，以实现交易公平。原先在合同自由的原则下，在音乐版权转移过程中，由于音乐版权人所处的弱势地位，且受版权预期收益不确定等因素的影响，合同生效一段时期后，交易公平性原则容易受到挑战。通过版权终止权这种强制性规范，可以消除部分因处于谈判弱势一方而产生不良后果、防止不公平的合同关系产生，故而制定有利于合同弱势一方当事人的所谓强制规范是必要的。[3]因此，我国可以考虑构建版权转移终止制度，激励音乐创作者着眼于长远利益，创作更多优秀的音乐作品，为我国音乐产业的发展保驾护航。

三、脱口秀作品的著作权人

依据《著作权法》第 18 条第 1 款规定，自然人为完成法人或非法人组织工作任务所创作的作品是职务作品，除本条第 2 款规定以外，著作权由作者享有。职务作品的认定需要符合两大条件：一是作者必须与法人或者非法人组织（以下简称"单位"）有实质意义上的劳动或雇佣关系，是单位的工作人员；二

---

〔1〕 赵为学、尤杰、郑涵主编：《数字传媒时代欧美版权体系重构》，上海交通大学出版社 2016 年版，第 52 页。

〔2〕 黄德俊、吴刚：《音乐版权终止制度的价值研究》，载《人民音乐》2016 年第 3 期。

〔3〕 孙敏洁、漆诣：《美国版权终止制度评述》，载《电子知识产权》2007 年第 8 期。

是作品是作者作为单位的工作人员，为了完成单位的工作任务而创作。[1]依据《著作权法实施条例》第 11 条第 1 款规定，"工作任务"是指公民在该单位中应当履行的职责。

脱口秀节目是否构成职务作品呢？首先，目前我国的脱口秀艺人通常需要受雇于脱口秀公司，依靠脱口秀公司的专业运营获得更多可持续性收益，可见，脱口秀艺人通常与脱口秀公司有实质意义上的劳动或雇佣关系，符合职务作品认定的第一项条件。其次，脱口秀艺人的工作任务就是从事脱口秀创作等。因此，前文所述的文字作品、音乐作品、口述作品等节目内容，均是脱口秀艺人为了完成脱口秀公司的工作任务而创作的，符合职务作品认定的第二项条件。总的来说，节目内容是职务作品的一部分。但在构成职务作品的基础上，脱口秀节目内容是属于"一般职务作品"还是"特殊职务作品"的范畴呢？

《著作权法》第 18 条第 2 款规定了"特殊职务作品"，其著作权（除署名权外）由单位享有，而"特殊职务作品"又被分为三类，其中第一类指的是主要利用单位的物质技术条件创作，并由单位承担责任的职务作品。依据《著作权法实施条例》第 11 条第 2 款规定，《著作权法》中提到的"物质技术条件"指的是单位为工作人员完成创作专门提供的资金、设备或者资料。通常，如脱口秀公司，会投入大量资金等专门用于培训旗下的脱口秀艺人，提升其创作能力等。脱口秀艺人的创作活动离不开公司的大力支持，且公司承担着作品的责任。因此，脱口秀艺人创作的作品应当构成"特殊职务作品"，其著作权（除署名权外）归属于脱口秀公司。为了防止难以证明公司旗下的脱口秀艺人主要利用公司的"物质技术条件"创作作品，导致作品著作权归属出现争端，使公司的利益受损，脱口秀公司可能会通过《著作权法》第 18 条第 2 款第 3 项规定的第三类"特殊职务作品"条款，将作品约定为"特殊职务作品"，以获得作品著作权（除署名权外）。[2]根据该法第 18 条第 2 款第 3 项的规定，第三类"特殊职务作品"是指合同约定单位享有著作权的职务作品。简单来说，这项法律允许脱口秀公司和脱口秀艺人在合同中约定职务作品为"特殊职务作品"，这样一来，脱口秀公司就可以享有著作权。

---

〔1〕 王迁：《知识产权法教程》，中国人民大学出版社 2021 年版，第 214 页。
〔2〕 金春阳、邢贺通：《脱口秀综艺节目的著作权问题探析》，载《青年记者》2023 年第 6 期。

四、电影、电视剧作品的著作权人

我国《著作权法》第 17 条第 1 款规定，视听作品中的电影作品、电视剧作品的著作权由制作者享有，但编剧、导演、摄影、作词、作曲等作者享有署名权，并有权按照与制作者签订的合同获得报酬。该条规定实际上有两层含义。一方面，规定电影作品和电视剧作品的著作权归属于制作者。我国 2020 年修正的《著作权法》相较旧版来说，用"制作者"取代了"制片者"的表述。《伯尔尼公约》将"制作者"定义为"为制作电影作品而首先采取行动并承担财务责任的人。"《法国知识产权法典》将其定义为"发起并负责制作视听作品的自然人或法人。"《日本著作权法》《俄罗斯联邦民法典》《韩国著作权法》也均对"制作者"作了类似定义。由此可见，各国对"制作者"的认识能大致达成统一，稍微有点区别的是：法国明确了"制作者"可以是自然人或法人，其他国家则并未明确"制作者"是否可以为自然人。[1]

我国《著作权法》对于制作者没有进行具体的定义，很多学者认为就是与英文"producer"相同的概念。电影、电视剧作品的制作者主要包括作品的出品者和摄制者。出品者是"呈现作品的单位"，属于作品的投资者。摄制者是受出品方委派拍摄、制作影视的人，是出品方的"工程队"，负责影视作品的"具体施工"。

（一）出品者

一般来说，出品者指的是作品的投资者，是获得影视制作资质的单位。而出品人是指"获得影视作品制作许可的法定代表人（自然人）"，其职责是组织、管理和协调影视制作。根据相关规定，获得摄制许可的单位可以独立或联合署名。比如，多家单位共同投资影视制作，那么他们就会以"联合出品单位"署名。

根据作者署名推定主义，在一般情形下，作品上署名者即被视为作者，而因为出品单位为投资者，依据行业惯例将其视为制片者，因此，在影视作品中署名为出品单位者为制片者，出品人的所属单位为制片者，署名联合出品单位表明其作为共同制片者，署名作品为其合作作品。

综上，"出品单位"就是表明自己具有摄制许可资质及投资者身份，通常被认为是著作权法上的"制作者"，因此往往可以被认定为电影、电视剧作品

---

〔1〕 史琰：《视听作品著作权归属研究》，北方工业大学 2023 年硕士学位论文。

的著作权人；而出品人一般是指出品单位的法定代表人或主要负责人，不能被独立认定为著作权人。

（二）摄制者

1. 制片人与制片单位。制片单位是指"获得电影摄制许可，享有电影摄制生产经营权的单位"，可以是著作权法上的"制作者"。制片人指"影片制作管理的总负责人"，具体职责就是选剧本、进行项目融资、资金管理、人员管理、影片宣发等，类似于制片单位的总经理。因此，制片单位往往可以作为电影、电视剧作品的"制作者"而被认定为作品的著作权人，但制片人则不等同于著作权法上的制片者或制作者，仅仅作为制片单位下属的职工，不能独立作为作品的著作权人。

2. 摄制与联合摄制单位。摄制单位是指"受出品单位委托，负责影视作品的拍摄、剪辑。"以电影为例，摄制单位一般就是电影制片单位。如果电影制片单位以外的其他单位，对影视制作的投资额达到总成本的1/3，则可以以"联合摄制单位"署名。如果都是作为影视制作的投资者和参与制作者，就属于著作权法上的制作者，可以被认定为著作权人。不过，鉴于影视行业署名不够规范，花样百出，因此在具体认定著作权人时，还是要结合影视制作许可资质、影视制作合同，投资与制作参与度以及组织创作和责任承担等具体情况进行综合判断，如果有构成署名的相反证明，则不能仅凭署名确定著作权法上的"制作者"。[1]比如有具备推翻署名效力的投资协议、制作协议的，在司法实践中存在在联合投资协议中约定只有某一家或少部分几家共有影视作品的著作财产权，而其余出品单位只享有出品人署名权和分红权。此时，署名联合出品单位不必然都是制片者，具体认定应以协议约定为根据。另外，依据摄制合同，通常摄制单位只是接受委托的承制者，不具有制片者身份，但也存在在协议中约定摄制者拥有少量份额著作财产权的情形，尤其是在联合摄制的协议中，摄制者偶尔也会以降低承制费的方式来换取一定份额的著作财产权。此时，摄制单位也有制片者身份，属于共同制片者。但是，联合摄制单位通常只是分担少量的制作工作，一般不会约定享有著作权，故而大多数时候都不是制片者，若主张联合摄制单位为制片者，还应有其他证据的支持。

---

〔1〕 陈美玲：《视听作品著作权问题研究》，四川师范大学2021年硕士学位论文。

综上所述，出品人、制片人、摄制工作人员等自然人不能独立作为电影、电视剧作品的著作权人；出品单位、联合出品单位、制片单位、摄制单位和联合摄制单位等，都可以但不必然成为电影、电视剧作品的著作权人；联合出品单位、联合摄制单位等要认定作品的著作权人，需要相关证据的支撑，而协议是最重要、最直接的证据，对著作权的归属的约定具有最高的效力，当证据之间出现矛盾时，应以协议约定为准来认定制片者、版权归属者。

【典型案例】

优酷信息技术（北京）有限公司、麻城市博达学校侵害作品信息网络传播权纠纷（二审）[1]

时间： 2021 年 3 月 16 日

上诉人： 优酷信息技术（北京）有限公司（一审被告，以下简称优酷）

被上诉人： 麻城市博达学校（一审原告）

原告主张： 2011 年 2 月 24 日，博达学校作为甲方与作为乙方的北京中视公司签订《电视剧〈麻姑传奇〉合拍合同书》一份，约定：一是双方联合拍摄制作 25 集电视连续剧《麻姑传奇》。二是博达学校有权担任该剧的出品人、总监制人、总策划人、监制人、策划人、责任制片人各一人，署名顺序由乙方确定。三是版权归博达学校、北京中视公司双方共有。后发现优酷未经授权，擅自在其网站上传播涉案电视剧。

一审法院认为： 关于博达学校在本案中作为原告的主体适格，《麻姑献寿》（后《麻姑传奇》更名为《麻姑献寿》）系由博达学校和北京中视公司联合拍摄制作，制作者为博达学校和北京中视公司，且合拍合同书约定涉案电视剧的版权归博达学校和北京中视公司双方共有。北京中视公司向博达学校出具了授权书，授权博达学校以自己的名义独立行使涉案电视剧的全部著作权，故博达学校取得涉案电视剧的信息网络传播权及维权权利。

上诉人诉称： 被上诉人提交的权属文件不完整，本案缺乏必要的共同原告。涉案作品片尾出品人为"中共麻城市委、麻城市人民政府、博达

---

〔1〕 参见湖北省高级人民法院（2020）鄂知民终 1211 号民事判决书。

学校、湖北黄冈广电数字传媒有限公司、北京东方全景文化传媒有限公司、北京百年中视影视传媒有限公司"，共计六家，但被上诉人仅提交了北京中视公司的授权书，其余出品方未出具授权书，权利链条不完整。

二审法院认为：《著作权法（2010 修正）》第 15 条第 1 款规定，电影作品和以类似摄制电影的方法创作的作品的著作权由制片者享有。尽管涉案作品《麻姑献寿》DVD 封面上的署名出品单位为中共麻城市、麻城市人民政府、博达学校、湖北黄冈广电数字传媒有限公司、北京东方全景文化传媒有限公司、北京百年中视影视传媒有限公司，但按博达学校与北京中视公司签订的合同约定，涉案作品由博达学校和北京中视公司联合拍摄制作，版权归博达学校和北京中视公司共有。合同中还约定了署名条款，确定了作品片尾的署名方式，其中包括涉案作品载明的六家出品单位。结合涉案作品《电视剧制作许可证》载明制作单位为北京中视公司，合作单位为博达学校，《国产电视剧发行许可证》载明申报机构为北京中视公司，可以综合认定涉案作品的著作权人为博达学校和北京中视公司。北京中视公司向博达学校出具的授权书授权博达学校独立行使涉案作品的全部著作权，并有权以自己名义维护权利，故博达学校系本案适格原告，有权提起本案诉讼。二审法院判决驳回上诉，维持原判。

五、其他视听作品的著作权人

根据我国《著作权法》第 17 条第 2 款、第 3 款规定，除电影作品、电视剧作品以外的视听作品的著作权由当事人约定，当事人没有约定或者约定不明确的，由制作者享有；视听作品中的剧本、音乐等可以单独使用的作品的作者有权单独行使其著作权。该条款尊重当事人的意思自由，规定了当事人约定优先的原则，即当事人就视听作品著作权归属有约定的则按约定确定著作权归属；只有在没有约定或者约定不明的情况下，才依据法定归属于制作者。值得注意的是，在该类情况下，《著作权法》第 17 条同样规定了"作者享有署名权和获得报酬的权利"。

对于《著作权法》第 17 条第 2 款"有约定从约定"的规定，在现实中也可能产生一些问题。"有约定从约定"的权利归属规则也就代表了作品的权利归属不定，而这种约定的随意性极大，且大多为内部约定，故难以为他人（尤其是作品的潜在利用者）所知晓，这就为作品的后续利用埋下了安全隐患。若其他视听作品的当事人约定作品非由制作者享有，而是由全体创作人共有，或者由一位或几位主要创作人所有，此时作品构成合作作品，是否应当适用合作作品的授权许可规则？其中"协商"又是使用合作作品的必经程序，若其中有一位作者不同意作品的使用，又该如何？在上述情况下，视听作品的潜在利用者误认作品权利人而获得的具有瑕疵的授权许可是否发生法律效力？是否侵权？在实践中，诸如长、短视频等视听作品的权利人产权保护意识不强，多以完成视听内容为主要导向，不重视著作权权利归属标注以及事先的权利归属约定，且在视听作品领域中发挥指示作品权利人的登记制度并非强制性质，权利归属认定困难的现象会持续存在，那么相应的作品交易风险将会增加，亦在一定程度上减损了其他视听作品分类权利归属规则设定的意义。[1]

此外，在全版权运营时代，其他短视频创作者想要获得著作权人的授权，通过署名去寻找权利人尚且不易，更别提要去根据约定找到真正的著作权人，这样可能就基于成本太高而选择侵权。

通过对域外国家相关立法的分析研究，我国视听作品著作权立法将视听作品分类之后进行权属规定的方式是我国创新之处。我国如此立法的目的是基于新类型视听作品与传统视听作品的差异性，如短视频、网络直播等作品的创作方式简单、成本低，在创作人员的构成上也与传统视听作品不同，有些根本不存在制作者，全程均由创作者本人负责完成，即便有制作者的存在，所承担的风险也远远不如传统电影、电视剧。因此，著作权立法应加大市场的自由度，以约定优先的方式确定权属，这也有利于激励创作者的创作热情。

然而，也有观点认为我国《著作权法》区分创设视听作品的权属规则，存在一定不合理性。立法机关的解释是"公众认为，电影、电视剧作品与其他视听作品不应做统一权属安排，建议进行类型区分，创设不同的权属规则。"诚然，电影作品、电视剧作品的投资大、风险高、参与创作的人员也多，需要法律特别规定其权属属于制作者，以此激励投资，便于作品的传播利用。但是，《著作权法》并没有明确界定"电影作品、电视剧作品"和"其他视听作品"

---

[1] 姜彬彬：《视听作品著作权归属研究》，东北林业大学 2023 年硕士学位论文。

的概念。在实践中，往往需要先对作品（如微电影、微视频、网剧等）进行归类，厘清其是属于电影作品、电视剧作品抑或是其他视听作品。归类不同，适用的权属规则就不同。

六、音乐、电影著作权集体管理组织

我国有五个著作权集体管理组织，娱乐行业占据了三个，分别是中国音乐著作权协会、中国音像著作权集体管理协会以及中国电影著作权协会。

中国音乐著作权协会（以下简称"音著协"）是我国音乐著作权人以集体管理的方式行使权利的非营利性社会团体法人。音著协管理的是音乐作品，是专门维护词曲作者和其他音乐著作权人合法权益的非营利性机构。[1]音乐著作权人可通过与音著协签署音乐著作权合同加入协会，将其音乐作品的表演权、广播权、复制权、发行权和信息网络传播权等财产权利以信托方式授权协会进行集体管理，并随时向协会登记其已经发表的音乐作品。协会以自己的名义向音乐使用者收取著作权使用费，并根据会员的作品登记信息为其进行分配。由此可见，音著协并非管理音乐作品的全部著作权，而仅涉及表演权、广播权、复制权、发行权和信息网络传播权等著作财产权。

2014年8月2日，邓紫棋在河南举办的一场巡回演唱会，现场公开演出了音著协管理的多首音乐作品，但邓紫棋演出前并未取得授权，后来音著协挑选4首歌，将举办方告上法庭，举办方被判赔了3万元。林宥嘉2014上海"口的形状"演唱会也有类似的情况，最终音著协和演唱会的举办方在法院调解下，达成了和解协议，由举办方向音著协支付包括著作权使用费在内共7.2万元。被音著协主张权利的歌曲中不乏是歌手自己作词作曲的，比如张学友的《雪狼湖》、陈奕迅的《沙龙》等，歌手和音著协之间到底存在什么关系，以至于唱自己的歌也会导致演唱会主办方被起诉呢？从音著协历年的诉讼文书中可以看出，音著协的权利至少来源于3个渠道：与著作权人本人签订的著作权合同、与台湾地区的社团法人中华音乐著作权协会签订的相互代表合同、与香港作曲家及作词家协会签订的相互代表合同。以张学友为例，音著协与香港词曲作者的关系如下：张学友通过与香港作曲家及作词家协会签订转让合同，将自己的

---

[1] 参见中国音乐著作权协会官方网站 http://www.mcsc.com.cn.

作品的著作权转让给了该协会，该合同第 2 条明确约定："将其目前属其所有或今后在其继续保持该协会会员资格期间将由其获得或将归属其所有之全部音乐作品在全世界各地存在之全部演奏权及该等演奏权之各部或各份（不论是否受时间、地点、欣赏方式或其他方面所限），连同该等演奏权之全部利益让与该协会，以便该让与权利在继续存在期间及继续归属该协会或继续受该协会支配期间完全归该协会所享有。"然后音著协再通过和香港作曲家及作词家协会签订的相互代表合同，负责在内地收取由香港作曲家及作词家协会管理的音乐作品的著作权使用费。虽然演出的组织者向张学友支付了费用，但这个费用只是支付给张学友作为歌手的演出劳务费，而并未包含由音乐著作权集体管理组织行使的作为词曲作者的著作权许可使用费，因此即便歌手唱的是自己作词作曲的歌，但由于歌曲的表演权已经转让给了相关权利人，如果没有支付费用，也容易涉嫌侵权。

中国音像著作权集体管理协会（以下简称"音集协"）是经国家版权局批准、民政部注册登记的，我国唯一管理录音录像制品或者音乐类视听作品的著作权集体管理组织。音集协的主要业务是根据会员授权及相关法律法规的规定，为便于权利人行使权利和使用者使用作品，通过本身具有的广泛代表性和集中行使权利的方式，在 KTV、互联网、实体场所背景音乐等权利人难以行使权利的领域向音乐类视听作品或者录音录像制品的使用者发放许可、收取使用费，并将所收取的著作权使用费转付给权利人。音集协管理的权利种类包括：表演权、广播权、复制权、发行权、放映权、出租权、信息网络传播权、录音制作者获酬权，以及其他适合集体管理的音乐类视听作品、录音录像制品著作权和与著作权有关的权利。

中国电影著作权协会是中国电影作品权利人唯一的著作权集体管理组织。其基本宗旨和主要任务是依据《著作权法》和《著作权集体管理条例》，经权利人授权，集中行使权利人的有关权利，并以自己的名义与使用者签订著作权许可使用合同，向使用者收取使用费，向权利人转付使用费，进行涉及著作权及与著作权有关的权利的诉讼、仲裁等，从而维护权利人的合法权益。中国电影著作权协会管理的会员著作权权利种类，依法由双方在授权合同中进行约定。在中国裁判文书网输入当事人"中国电影著作权协会"，有很多著作权（绝大多数是信息网络传播权）侵权案件，中国电影著作权协会在维护电影著作权方面，正发挥着越来越重要的作用。

数字经济环境下，新的作品传播方式、商业模式、平台运营应运而生，作品和权利呈现出片段化、阶段化、分散化、规模化、社交化、国际化等特点。二次创作短视频、各大数字平台在直播中使用背景音乐及传播链条、传播手段扩大后的娱乐版权保护等问题都会加剧著作权集体管理组织行使权利或收取著作权使用费的困难。因此，著作权集体管理组织应更加主动拥抱数字技术，利用数字经济时代下的数字化成果，更好地进行集体管理工作，扩大集体管理组织代表的权利人范围，更多使用者通过向集体管理组织缴费获得许可使用的态势在数字经济环境下将更容易实现，也是集体管理组织在数字化背景下的努力方向。[1]

第三节　娱乐版权侵权及救济

一、侵权类型

（一）未经权利人许可，使用他人作品元素制作短视频

对于制作短视频来说，背景音乐的选择及视频模板的选择会直接影响短视频所想展现的氛围感，对于调动受众的情绪也会起到不同的效果；在有些舞蹈短视频中会涉及模仿、直接套用他人的舞蹈动作；在戏剧、杂技等较为小众的短视频中，将他人作品中的一幕剧、杂技动作等直接拍成短视频。在以上制作短视频使用他人作品的情形中常常涉及作品授权问题。使用他人享有权利的作品进行创作应取得著作权人的授权，否则构成直接侵权。作品著作权人有权决定是否允许他人使用其作品，以及如何使用其作品。

【典型案例】

李春波与云南俊发宝云房地产有限公司等侵害著作权纠纷案[2]

时间：2018 年 11 月 19 日

原告：李春波

---

〔1〕《陈为：从 MV 作品批量维权谈著作权集体管理制度的应对》，载 https://www.cavca.org/newsDetail/1652，最后访问日期：2023 年 11 月 2 日。

〔2〕北京市海淀区人民法院（2018）京 0108 民初 11116 号民事判决书。

被告：云南俊发宝云房地产有限公司（以下简称"俊发公司"）

原告主张：被告于 2018 年 1 月 16 日在其公众号"昆明俊发城"中发布标题为《这封火遍昆明的家书，泪崩两代人》的文章。文章中配有题为《一封家书》的短视频（以下简称涉案视频），时长为 5 分 52 秒。涉案视频内容在原告李春波的歌曲《一封家书》基础上，讲述了三个故事。视频结尾显示"谨以此片，献给每一个城市中的奋斗者，俊发集团北京路 987 号俊发中心 23 楼，65733333，俊发岁末购房节，一年一度，感恩钜惠"，以及楼盘项目名称等内容。

原告认为，涉案视频未经许可使用了歌曲《一封家书》的词曲，未给原告署名，侵犯其署名权；对歌词进行修改，侵犯其修改权；涉案视频篡改了歌曲《一封家书》的本意，改编成宣传项目的营销方案，侵害其保护作品完整权；俊发公司将歌曲《一封家书》制作成视频，侵害其改编权；涉案视频在网络中传播，侵害其信息网络传播权；俊发公司未经授权表演歌曲《一封家书》，侵害其表演权；俊发公司还将歌曲《一封家书》以电影或类似摄制电影的方法固定在载体上并进行播放，侵害其摄制权。

被告辩称：其不是涉案视频著作权人，俊发公司委托昆明褐之石数码科技有限公司（以下简称褐之石公司）制作茉莉苑商业宣传视频，但是成品视频未包括茉莉苑楼盘任何信息，云南俊发公司未予验收；后褐之石公司通过爱奇艺等平台上传涉案视频，俊发公司仅是对腾讯网中的涉案视频进行转发，故即使俊发公司存在侵权行为，也是侵害涉案视频作者的权利，不是李春波的权利。

法院认为：俊发公司作为涉案视频的著作权人，未经原告许可，在涉案视频中使用了对歌曲《一封家书》词曲进行改编后的歌曲，未给原告署名，并将涉案视频发布在其经营的微信公众号中，使公众可以在其个人选定的时间和地点获得该视频，侵犯了原告就歌曲《一封家书》词曲享有的署名权、改编权和信息网络传播权，应承担相应的侵权责任。

关于修改权，由于涉案视频词曲构成对歌曲《一封家书》词曲的改编，不仅仅是对歌曲《一封家书》词曲局部的、简单地修正，故不属于修改权控制的行为；关于保护作品完整权，现无证据表明涉案视频歌曲或涉案视频对歌曲

《一封家书》进行了歪曲、篡改，并未对李春波的作者声誉造成贬损，故该主张缺乏事实依据；关于表演权，由于本案事实是云南俊发公司在涉案视频中使用了对歌曲《一封家书》词曲改编后的歌曲，并将涉案视频发布于网络中，并无对歌曲《一封家书》进行现场表演或机械表演的行为；关于摄制权，涉案视频内容主要讲述了三个故事，与歌曲《一封家书》词曲内容不相关。

（二）现场演出侵权

现场演出是以营利为目的的演出活动，包括演唱会、歌舞戏剧杂技演出、大型实景演出等。《著作权法》第 38 条规定，使用他人作品演出，表演者应当取得著作权人许可，并支付报酬。演出组织者组织演出，由该组织者取得著作权人许可，并支付报酬。现场演出使用他人的作品，应取得著作权人表演权的授权。例如，未经许可将他人音乐作品作为现场演出的背景音乐、未经许可在舞台演出时再现他人的舞蹈、戏剧或杂技作品，构成直接侵权。例如"爱豆"翻唱、翻跳热门歌曲受到粉丝追捧，然而却可能涉及侵权。

【典型案例】

北京坤音娱乐经纪有限公司与上海丝芭文化传媒集团有限公司著作权权属纠纷案[1]

时间：2022 年 10 月 31 日

原告：北京坤音娱乐经纪有限公司（以下简称"坤音娱乐"）

被告：上海丝芭文化传媒集团有限公司（以下简称"丝芭传媒"）

原告主张：原告委托他人创作歌曲《Watch me》，并获得该歌曲的著作权利，交旗下艺人灵某演唱。同时，坤音娱乐还委托某文化工作室为灵某提供舞台秀设计、舞蹈编排及相关指导，获得相关编舞的著作权授权。被告丝芭传媒在 2020 年 11 月 29 日组织旗下艺人进行的现场表演中，艺人胡晓慧、陈倩楠演唱了《Watch me》歌曲，并且现场舞蹈也使用了与原告完全相同的舞蹈作品。被告丝芭传媒还将表演涉案歌曲及舞蹈的视频发

---

[1] 上海市杨浦区人民法院（2022）沪 0110 民初 1918 号民事判决书。

布在其运营的网站上。

原告坤音娱乐认为，被告组织旗下艺人进行收费表演时，擅自表演原告享有著作权的音乐和舞蹈作品，并将表演内容制作成视频，发布在其运营的网站上，侵害了原告的表演权及信息网络传播权。

法院认定：法院审理后认为，原告主张保护的《Watch me》是由将音符通过独创性安排而形成可用于演奏的旋律，与按照对应的旋律演唱歌词所形成的整体，构成音乐作品；相关的舞蹈由一系列身体动作、姿态等元素通过与音乐旋律、节奏及歌词内容相呼应而进行独创性编排，由此组合形成具有一定艺术美感的视觉整体，构成舞蹈作品。原告与《Watch me》音乐作品创作者签订委托合同，明确约定作品权利归属原告；相关舞蹈作品创作者出具授权书，将与舞蹈相关的著作权利授予原告行使。故原告对案涉音乐作品、舞蹈作品均享有相关著作权利。被告丝芭传媒的艺人在进行公演活动时，表演的节目使用了原告的音乐作品，配舞与原告的舞蹈作品实质性相似，侵害了原告对《Watch me》音乐、舞蹈作品所享有的表演权。该节目视频被上传至互联网，使公众可以在其个人选定的时间和地点获得作品，侵害了原告对《Watch me》所享有的信息网络传播权。

（三）KTV 侵权娱乐综艺节目

实践中，各类综艺节目的著作权问题纷繁复杂，娱乐综艺节目的模式可能被抄袭，其中产生的娱乐作品也可能通过某些途径被多次传播，极易被侵权。例如，有的 KTV 经营者未经许可，截取综艺节目中的歌曲片段在其 KTV 经营场所中的点播系统中放映，向消费者公开播放。未经许可通过放映机、幻灯机等技术设备公开再现他人音乐作品，构成对放映权的直接侵权。

【典型案例】

上海灿星文化传媒股份有限公司与恩平市金咪俱乐部

著作权权属纠纷案[1]

时间：2022 年 11 月 28 日

---

[1] 广东省江门市中级人民法院（2022）粤 07 民终 5512 号民事判决书。

原告：上海灿星文化传媒股份有限公司
被告：恩平市金咪俱乐部

原告主张：原告对娱乐综艺节目《2018中国好声音》《中国好歌曲第三季》《中国新歌声第一季》享有著作权。被告未经原告许可，以营利为目的，在其经营场所通过KTV点播系统及放映设备，向不特定的消费者公开播放涉案音乐综艺节目中的歌曲片段。原告认为，被告未经原告许可，擅自在其经营场所使用原告享有著作权的歌曲，已构成侵权，应承担相应侵权责任。

被告辩称：音乐综艺节目作为录像制品，根据著作权法规定仅享有复制权、发行权、出租权、信息网络传播权，不享有放映权，故原告在本案中主张放映权没有事实与法律依据。

法院认为：涉案《2018中国好声音》《中国好歌曲第三季》《中国新歌声第一季》系大型竞唱的音乐类综艺节目，具有明确的个性化创作特征，在摄制技术上以分镜头剧本为蓝本，通过舞台设计、镜头切换、画面选择及后期剪辑等完成，所呈现的内容与涉案歌曲的原唱作品存在较大的差异性，包含创造性劳动，可以认定为作品。因此，被告上诉主张《2018中国好声音》《中国好歌曲第三季》《中国新歌声第一季》为录像制品，原告不享有放映权理据不足，本院不予支持。本案被告的行为侵害了原告对涉案作品所享有的著作权，其依法应当承担停止侵权、赔偿损失的民事责任。

（四）餐厅、商场等场所播放他人音乐作品侵权

现实生活中，在餐厅、商场、飞机场、火车站、宾馆、酒店、超市等场所经常将他人享有著作权的音乐、戏剧、曲艺、舞蹈或杂技作品等进行播放，以此来营造氛围、促进销售。但播放他人作品的行为容易构成版权侵权，若经营场所未取得著作权人的许可并支付报酬，将构成对表演权的侵犯。根据《著作权法》第24条第1款第9项规定，"免费表演已经发表的作品，该表演未向公众收取费用，也未向表演者支付报酬，且不以营利为目的"，可以不经著作权人许可，不向其支付报酬，但应当指明作者姓名或者名称、作品名称，并且不得影响该作品的正常使用，也不得不合理地损害著作权人的合法权益。尽管表

演权控制的是现场表演和机械表演，但从该条文中的"未向表演者支付报酬"可以推断出，免费表演的合理使用仅适用于现场表演的情形，不包括机械表演。因此，商场、餐厅等场所机械播放他人作品，不管该场所是否具有营利性质都不适用免费表演的合理使用，只要未经许可机械播放他人音乐作品，就构成对表演权的侵犯。

【典型案例】

中国音乐著作权协会与深圳华侨城股份有限公司 著作权侵权纠纷案[1]

时间： 2015 年 2 月 5 日
原告： 中国音乐著作权协会
被告： 深圳华侨城股份有限公司

原告主张： 2012 年 9 月 13 日及 2013 年 10 月 11 日、11 月 25 日，原告的人员购票进入了深圳欢乐谷主题公园，并通过摄像的方式对深圳欢乐谷主题公园内组织的大型影视实景拍摄表演《地道战》进行了录像。经查，深圳欢乐谷主题公园组织的大型影视实景拍摄表演《地道战》中使用了任旭东、傅庚辰作词，傅庚辰作曲的音乐作品《地道战》，使用方式是在表演的过程中通过扬声器播放该音乐作品。在深圳华侨城欢乐谷旅游公司的官方网页上，介绍了深圳欢乐谷主题公园组织的大型影视实景拍摄表演《地道战》，并对表演地点和时间进行了介绍，该表演的场次为除周四停演外，周一至周五每天演两场，周六、周日每天演三场。

2009 年 6 月 1 日，原告（许可方）与深圳华侨城欢乐谷旅游公司（被许可方）签订了一份《音乐著作权使用许可协议》，约定原告许可深圳华侨城欢乐谷旅游公司在其所属或管理的主题公园中以播放背景音乐和现场表演的方式使用甲方管理的全部或部分音乐作品，应向甲方支付音乐著作权许可使用费，许可使用的场所为深圳市华侨城欢乐谷主题公园红线范围内，许可使用的期限为 2009 年 6 月 1 日至 2012 年 5 月 31 日，许可使用

---

[1] 广东省深圳市南山区人民法院（2014）深南法知民初字第 1272 号民事判决书。

的方式为在许可场所内以同时或者不同时、一次性或者多次机械播放和表演的方式使用许可作品，但另行收费的现场表演活动不在本协议规范之列。经查，该协议有效期届满后，原告与深圳华侨城欢乐谷旅游公司未就该协议续约或签订新的许可使用协议。原告认为，被告在所属经营场所深圳欢乐谷长年累月地举办名为《地道战》的现场演出。被告在未征得权利人许可，未缴纳著作权表演权使用费的情况下，在其经营管理的深圳欢乐谷主题公园内通过扬声器播放原告管理的涉案音乐作品《地道战》，侵犯了他人音乐作品的表演权。

被告主张：原告在订立合同的过程中违背诚实信用原则，擅自变更音乐作品许可使用费收费标准，侵害被告的合法权益，应当承担缔约过失的损害赔偿责任及因此造成的不利后果。

法院认为：本案中原告是依法成立的音乐作品著作权集体管理组织，并通过《音乐著作权合同》取得了以信托方式管理涉案音乐作品（包括词曲）的公开表演权、广播权和录制发行权等。被告的分支机构深圳华侨城欢乐谷旅游公司与原告签订的《音乐著作权使用许可协议》已于 2012 年 5 月 31 日到期，且双方未就该协议续约或签订新的许可使用协议。在此情况下，被告在其经营管理的深圳欢乐谷主题公园内通过扬声器播放涉案音乐作品《地道战》并未获得音乐作品的著作权人或原告许可，其行为已经侵犯了著作权人对涉案音乐作品《地道战》享有的表演权。

（五）剧本改编侵权

剧本改编是一种以现有的小说、影视剧、戏剧或者已有的剧本为基础，对原有形式进行解剖、重组或转换表达形式，创作新剧本的行为。我国《著作权法》第 10 条第 1 款第 14 项规定：改编权，即改变作品，创作出具有独创性的新作品的权利。原作品的著作权人享有将作品改编为电影、电视剧、录音录像等视听作品的权利，也可以将这种权利转让给其他人，未经许可而实施上述行为的人，即是对原作者改编权的侵害。要确认作品是否侵害了他人改编权，关键要正确区分改编与合理借鉴的界限。借鉴既可能是指单纯利用思想而非表达的行为，也可能是指"合理使用"。关于如何区分改编行为与借鉴涉及的是思想与表达的界限问题，如果是思想上的借鉴通常不会涉及著作权侵权的问题，而若是具体表达上的借鉴，就要视借鉴内容在被借鉴的作品中所占比例而定，如果借鉴内容在被借鉴的作品中所占比例过大，或足以支撑整体故事发展等，就很容易由单纯的借鉴转化为侵害改编权。虽然思想、主题、情感不属于著作权法的保护范围，在具体案件中，为了确定是否构成侵权也要将思想、主题、情感等排除在保护范围之外，但是在判断两部影视作品是否构成实质性相似时，尤其是将经过"面目全非"式的改编后形成的剧本与原作品的比较，不能仅仅判断其表达的同异性，也要将思想、主题、情感等内容作为衡量的因素予以考虑。[1]

【典型案例】

琼瑶与于正侵害作品著作权纠纷案[2]

时间： 2015 年 12 月 18 日

原告： 琼瑶（原名陈喆）

被告： 于正（原名余征）等

原告主张： 原告于 1992 年至 1993 年间创作完成了电视剧剧本及同名小说《梅花烙》，并自始完整、独立享有涉案作品著作权；被告于 2012 年至 2013 年间，未经原告许可，擅自采用涉案作品核心独创情节进行改编，创作电视剧剧本《宫锁连城》，湖南经视公司、东阳欢娱公司、万达公司、东阳星瑞公司共同摄制了电视剧《宫锁连城》，涉案作品全部核心人物关系与故事情节几乎被完整套用于该剧，严重侵害了原告依法享有的著作权。且该剧已播出，获取了巨大商业利益，给原告的剧本创作与后续的电视剧摄制造成了实质性妨碍和巨大损失。

被告主张：《梅花烙》剧本是没有发表的，既然没有发表，被告根本无从接触《梅花烙》剧本。所谓《梅花烙》"剧本""小说""电视剧"，既无法证明著作权归属，也不能证明被告曾与之有过接触，因此原告的指控没有事实和法

---

〔1〕 李阳：《影视剧本的著作权侵权问题研究》，黑龙江大学 2016 年硕士学位论文。

〔2〕《【典型案例综述】琼瑶诉于正案例综述》，载 https://ciipr.njust.edu.cn/e5/c5/c11085a189893/page.htm，最后访问日期：2023 年 11 月 2 日。

律基础。被告对《梅花烙》剧本存在与否、两部电视剧是否相似、琼瑶是否为著作权人这三个问题均存在很大疑问。被告律师指出，被告从小到大可能受到琼瑶的影响，但其借鉴的却是公有领域的一个材料，也就是说，被告借鉴的情节，是很多作品中都存在的，绝非仅仅是《梅花烙》所有。原告所主张的 21 个桥段，在包括《雍正王朝》《红楼梦》《京华烟云》等作品里都出现过。

一审法院认为： 在本案中，余征、湖南经视公司、东阳欢娱公司、万达公司及东阳星瑞公司未经原告许可，擅自改编涉案作品创作剧本《宫锁连城》及对上述行为提供帮助，并以该剧本为基础拍摄、发行电视剧《宫锁连城》，侵害了陈喆依法对涉案作品享有的改编权及摄制权，需承担停止侵害、消除影响、赔礼道歉、赔偿损失的民事责任。

二审法院认为： 被告方否认原告对该剧本享有著作权的上诉理由，依据不足，不能成立。且鉴于各方当事人在原审庭审中已就陈喆提供的人物关系对比图和情节对比表陈述了意见，原审法院予以采纳并无不当，对被告方的相关上诉理由，不予支持。另外，由于小说《梅花烙》由剧本《梅花烙》改编而来，发生了文学艺术形式的变化，是在剧本《梅花烙》基础上创作出来的具有独创性的新作品，原告拥有小说《梅花烙》的著作权；此外，由于《宫锁连城》基本包含了涉案作品故事内容架构（即原告主张的剧本《梅花烙》的 21 个情节、小说《梅花烙》的 17 个情节），以至于受众足以感知到来源于涉案作品，且上述情节是《梅花烙》的绝大部分内容，因此，剧本《宫锁连城》与涉案作品在整体上仍然构成实质性相似。剧本《宫锁连城》侵犯了陈喆对涉案作品享有的改编权。电视剧《宫锁连城》系根据剧本《宫锁连城》拍摄而成，剧本《宫锁连城》系未经许可对涉案作品进行改编而成，也未经原告许可即被摄制为电视剧，构成对涉案作品著作权人陈喆所享有的摄制权的侵害。

二、娱乐版权作品的合理使用

合理使用是指在一定范围内使用作品而不经著作权人同意，亦不向其支付报酬的情形。著作权法中的合理使用制度是调整在先作品著作权人、使用者、社会公众多方利益的重要衡平机制，是各国著作权法中不可或缺的基本制度之一。

对娱乐版权领域的作品而言，合理使用的情形主要包括个人使用、免费表演和教学科研使用三种。

（一）个人使用

《著作权法》第 24 条第 1 款第 1 项规定的"为个人学习、研究或者欣赏，使用他人已经发表的作品"属于"个人使用"的合理使用。这种合理使用的情形仅限于纯粹为个人目的而进行私下学习、研究或者欣赏，不包括传播行为。日常生活中，未经许可在音乐平台上下载音乐作品进行独自欣赏也属于合理使用。如线上平台上的音乐作品、脱口秀综艺节目已经完成发表，如果是为了个人欣赏而进行下载使用则符合合理使用的情形。

（二）免费表演

《著作权法》第 24 条第 1 款第 9 项规定："免费表演已经发表的作品，该表演未向公众收取费用，也未向表演者支付报酬，且不以营利为目的"，属于合理使用。例如，学生使用他人的音乐、舞蹈等娱乐版权领域的作品参加学校比赛属于合理使用。但是，应该注意到，在餐厅内免费表演唱歌、跳舞、杂技或戏剧演出不属于合理使用，因为在营利性场所进行的表演具有吸引潜在消费者、招揽生意的目的，不符合"不以营利为目的"的要件。免费表演的合理使用是对表演权的限制。尽管表演权控制的是现场表演和机械表演，但从条文中的"未向表演者支付报酬"可以推断出，免费表演的合理使用仅适用于现场表演的情形，不包括机械表演。因此，特别注意，学校广播台播放他人作品不属于这里讨论的免费表演的合理使用情形。

【典型案例】

降拥卓玛、北京啊呀啦嗦音乐文化发展有限公司等侵害作品表演权纠纷案[1]

时间：2021 年 6 月 28 日

原告：北京啊呀啦嗦音乐文化发展有限公司

被告：降拥卓玛、鱼台县龙虾协会、北京华熠文化传媒有限公司

---

〔1〕 河北省高级人民法院（2021）冀知民终 51 号民事判决书。

原告主张：原告经授权，独家拥有《西海情歌》音乐作品的著作权，有权授权第三人以各种方式使用，包括授权他人以表演的方式使用。2017年9月1日，被告降拥卓玛在"山庄皇家窖藏12年中国皇家酒文化之夜"活动中演唱了涉案音乐作品《西海情歌》。被告使用原告享有著作权的音乐作品参加演出，有义务获得著作权人的许可并支付报酬。两被告未经许可使用涉案音乐作品的行为构成对原告著作权的严重侵犯。

被告鱼台县龙虾协会主张：根据《著作权法（2010修正）》第37条规定，使用他人作品演出，表演者应当取得著作权人许可，并支付报酬，演出组织者组织演出由该组织者取得著作权人许可，并支付报酬。我公司与第三人逸骏公司签订了演唱会承办合同，合同中明确规定了双方的权利和义务，其中第2.1条规定："乙方负责安排演出的艺人，韩磊、降央卓玛等国内知名男团、知名女团。"第2.6条规定："乙方负责联系演职人员并签署演出协议。"也就是说逸骏公司作为本次活动的组织者应当取得相关的著作权人的许可。同时作为本合同的主体应遵守合同的约定。承办合同第5.4条规定，乙方过错造成索赔及其他法律责任，也就是说原告的诉讼请求应由乙方承担。本次演唱会为公益性演出，并非商业性质，不是以营利为目的，没有进行演唱会门票销售，而是为了平泉撤县设市答谢新老客户组织的演唱会。

被告降拥卓玛主张：同意鱼台县龙虾协会的意见。根据《著作权法（2010修正）》第28条，使用作品支付报酬的标准可以由当事人约定，也可以按照国家著作权行政管理部门支付报酬，当事人约定不明的，按照国家著作权管理部门制定的标准支付报酬。该标准由国家版权局制定了演出法定许可付酬标准暂行规定，该规定内容包括演出作品采用演出收入分成的付酬办法及从每场演出的门票收入抽取一定比例向著作权人付酬，而被告避暑山庄公司也提到本案的演唱会为公益性质，不收取报酬。降拥卓玛在本案中是表演者，不是组织者，《著作权法（2010修正）》第37条规定，由组织者获取授权、支付报酬，原告向降拥卓玛提起诉讼请求没有法律依据。

法院认为：本案中，鱼台县龙虾协会系案涉演出的组织者，降拥卓玛是案涉歌曲的表演者。两被告主张本次演唱会为公益性演出，并非商业性质，是不以营利为目的免费表演。根据《著作权法（2010修正）》第22条第 1 款第 9 项的规定，其不应当承担侵权责任。但根据一审证据和双方陈述，案涉晚会的观众需要购买山庄皇家窖藏的酒，因此客观上起到了商业推广的作用，具有商业性质；且从鱼台县龙虾协会与逸骏公司签订的演唱会承包合同看，演出艺人降拥卓玛需要交纳个人所得税，也可以佐证其并非免费表演。在演出的组织者和表演者均未获得著作权人许可并支付报酬的情况下，表演了案涉歌曲，已经违反了《著作权法（2010 修正）》第 37 条的规定。避暑山庄公司的组织行为和降拥卓玛的表演行为相结合，共同侵犯了原告对案涉歌曲享有的作品表演权。

（三）教学科研使用

我国立法规定，为学校课堂教学或者科学研究，翻译、改编、汇编、播放或者少量复制已经发表的作品，供教学或者科研人员使用，但不得出版发行，[1] 或者通过网络向少数教学、科研人员提供少量已经发表的作品，[2] 属于"教学科研"的合理使用。在学校的课堂上，为了教学需要播放他人已经发表的音乐作品或视听作品，属于合理使用行为。

问题与思考

相声中的"学唱"这门技艺的著作权法困境

自相声诞生起，"学唱"一直是相声艺术家的核心表演技巧。许多相声段子中都包含了"学唱"的元素，甚至有些以"学唱"为核心的相声作品。相声本身就是一种发源于民间的口头文学，传播方式为口耳相传，各种有趣味的民谚民俗和大量的社会材料本身就是相声的来源之一。[3] 笔者认为相声中的"学唱"在本质上是一种模仿行为，它模仿了"原唱"的歌词和唱腔，并在模仿的过程中融入了相声艺术独特的表演技巧，以达到喜剧的效果。在相声表演中的"学唱"行为，如果没有权利人的同意或法律上的免责条款，都可能被视为侵

---

〔1〕《著作权法》第 24 条第 1 款第 6 项。

〔2〕《信息网络传播权保护条例》第 6 条第 3 项。

〔3〕 王巍：《传统相声艺术的著作权保护探析》，华中科技大学 2010 年硕士学位论文。

犯他人的著作权。著作权法遵循"先授权后使用"的原则，如果机械地要求相声演员在使用他人作品时必须获得权利人的同意并支付报酬，这将会使相声演员陷入大量的著作权权利争议中。然而，目前的法律制度似乎并不能为相声表演者提供一个更为安全的"避风港"。因此，在相声演员使用他人音乐作品时可能出现权利纠纷和侵权问题，造成相声演员合法权益难以保障、损害相声艺术传承等后果。在这种背景下，建议相声产业与相关机构进行沟通和协商，比如达成关于相声演员因"学唱"导致的著作权问题的协议，以防止因"学唱"行为侵犯他人的著作权。相声的发展离不开原创，频发的著作权权利争议，不仅是对权利人权利的损害，也必将影响相声行业进一步发展。因此，相声行业应大力提倡原创作品。同时，提倡作者对每一个相声作品进行著作权登记。著作权登记既是权利声明，又能有效避免作品权属不明、权利人无法联系等情况发生，是避免著作权争议的有效方式。[1]

---

〔1〕《相声演员"学唱"他人作品侵权吗？》，载 https://baijiahao.baidu.com/s?id=17862981681280 91562&wfr=spider&for=pc，最后访问日期：2023 年 12 月 26 日。

第四章　文化旅游版权

⌕ 本章导读

随着国民的精神需求日益增加，文化消费业态逐步兴盛，文化旅游也成为重要的消费热点。2023 年 7 月 13 日，财务司发布的《中华人民共和国文化和旅游部 2022 年文化和旅游发展统计公报》显示，2022 年，全国文化和旅游事业费 1202.89 亿元，比上年增加 70.01 亿元，增长 6.2%；全国人均文化和旅游事业费 85.20 元，比上年增加 5 元，增长 6.2%。[1]

文化旅游产业已经迈入以文化创意驱动为主导的新阶段，要实现文化创造性转化、创新性发展，需要文化创意赋能。[2]2006 年，联合国教科文组织重申了创意旅游这一概念，创意旅游不是旅游与创意的简单叠加，而是以文化为主要内容，以创意为主要理念，以目的地为基础的一种旅游形式。[3]文化旅游与版权的关系十分密切，文化旅游亟须版权的赋能和保护。

本章主要结合案例，介绍文化旅游版权的客体、主体以及实践中的主要侵权类型。最后，在问题和思考部分，对于民间文学艺术的版权法律问题进行探讨。

通过本章的学习，需要掌握以下内容：一是文化旅游版权的客体；二是文化旅游版权的主体；三是文化旅游作品的侵权形式及侵权抗辩事由。

---

〔1〕《中华人民共和国文化和旅游部 2022 年文化和旅游发展统计公报》，载 https：//zwgk.mct.gov.cn/zfxxgkml/tjxx/202307/t20230713_945922.html，最后访问日期：2023 年 12 月 3 日。

〔2〕 范周、谭雅静：《文化创意赋能文化旅游产业发展》，载《出版广角》2020 年第 6 期。

〔3〕 罗晓萌：《"互联网＋"创意旅游的知识产权保护》，载《法制与社会》2020 年第 4 期。

第一节　文化旅游版权客体

一、文化旅游概述

文化旅游不仅是一种商业性活动，也是一种旅游产业发展的形式。目前国内学术界对于"文化旅游"的概念界定尚未统一，有学者将"文化旅游"界定为一种旅游类型，即旅游者可以从中领略到旅游目的地及当地居民的历史、文化、建筑风貌、思想、观念和生活方式等。[1]也有学者认为，文化旅游是指旅游者主要以消费文化旅游产品，体验与享受旅游活动中的文化内涵，从而获得身心愉悦的一种旅游活动。[2]文化旅游融合了文化和旅游，文旅融合体现为"以文促旅，以旅彰文"的相互依存和相互促进关系，文化为旅游提供内容，旅游为文化提供渠道。[3]文化旅游作为一种与文化相关的旅游类型或者旅游活动，包含吃、住、行、游、购以及娱六个方面，但本书采取狭义的文化旅游概念，仅指旅游专业经营者提供的旅游产品或者服务，以"游"为核心。其具体形式包括文化景点旅游、文化旅游演艺、红色文化旅游、民俗旅游、主题公园旅游、旅游剧本杀等。

（一）文化景点旅游

文化赋予景点内涵，景点展示文化魅力。文化景点作为文化与景点的综合体，可以供旅游者欣赏文化美景、瞻仰名胜古迹、体验人文风俗。北京故宫、万里长城、江西滕王阁、陕西兵马俑等大批文化内涵丰富的文化景点愈发受到游客的青睐。文化景点之所以极具吸引力，重要的原因在于其经历了文化的沉淀和挖掘。充分挖掘文化景点之文化内涵，是中国文化旅游产业可持续发展的重要立足点。

---

[1]　贺小荣、陈雪洁：《中国文化旅游 70 年：发展历程、主要经验与未来方向》，载《南京社会科学》2019 年第 11 期。

[2]　任冠文：《文化旅游相关概念辨析》，载《旅游论坛》2009 年第 2 期。

[3]　傅才武：《论文化和旅游融合的内在逻辑》，载《武汉大学学报（哲学社会科学版）》2020 年第 2 期。

（二）文化旅游演艺

在文旅融合大趋势下，当今的文旅演艺几乎成为各大景区的"标配"，也成为城市打造文旅品牌的"首选"。2023年9月1日，《人民日报》第20版刊登文章《文旅融合促进舞台艺术转型》，就当今文化旅游的兴起与传统舞台艺术的深度融合提出了专业的指导意见。目前文化旅游演艺已成为旅游业发展的新形态，在两者有效融合的过程中，逐渐形成双向赋能、价值共创的促进关系。借助演艺能够提升文旅产品的艺术表现力，极大地提高市场吸引力，即在演艺有效融入旅游期间，彰显出文旅产品的文化性、艺术性与感染力。[1]业界一般把我国旅游演艺发展分为三个阶段。首先是城市剧场的驻场表演，最早可以追溯到20世纪80年代在西安问世的《仿唐乐舞》。其次是主题公园演出，以20世纪90年代深圳华侨城为代表。2004年第一部山水实景演出《印象·刘三姐》诞生，真正掀起全国旅游演艺发展高潮。最后还有节庆活动类旅游演艺，在旅游旺季或特定节日引入演出，如乌镇戏剧节、阿坝红原雅克音乐节。目前，"沉浸式演出"成为旅游演艺的新主流。[2]

（三）红色文化旅游

红色文化旅游也称为"红色旅游"，是指在中国共产党革命和建设时期形成的历史遗产的基础上展开的一种旅游活动。[3]红色文化和旅游产业融合高质量发展是健全现代文化产业体系的重要一环，发展红色旅游不仅是旅游产业优化升级的客观需要，同时对文化旅游融合高质量发展也具有重要意义。[4]从全国范围来看，红色文化旅游越来越受到重视，各地红色景区建设方兴未艾，迎来了红色文化旅游蓬勃发展的新契机。[5]"红色+"融合业态引领新消费，据统计，游客最喜爱的是"红色+影视"，其次喜爱的是"红色+体育运动项目"，

---

〔1〕 赵晴怡：《苏州舞台艺术在旅游载体中的作用》，载《剧影月报》2023年第2期。

〔2〕 周飞亚：《旅游演艺，让"诗"和"远方"在一起》，载微信公众号"人民日报文艺"https://mp.weixin.qq.com/s/PYLR4aaKVbz5Ov6ZMJ-Xlg，最后访问日期：2024年2月1日。

〔3〕 谭娜、万金城、程振强：《红色文化资源、旅游吸引与地区经济发展》，载《中国软科学》2022年第1期。

〔4〕 李响：《红色文化和旅游产业：文旅融合的困境与路径》，载《学术交流》2021年第7期。

〔5〕 王雄青、胡长生：《文旅融合背景下红色文化旅游高质量发展路径研究——基于江西的视角》，载《企业经济》2020年第11期。

受欢迎程度排在第三位的是"红色＋动漫／游戏"，这三项总占比为40%。[1]

（四）民俗旅游

民俗文化指的是一个国家或民族的劳动人民在长期的生产生活实践中自发创造并世代传承的生产生活文化，包括存在于民间的物质文化、社会文化、精神文化等民众通识文化。民俗文化和旅游的关系十分密切，民俗文化在当代旅游业当中发挥越来越重要的作用。我国著名的民俗文化旅游景区有景德镇古窑民俗博览区、重庆洪崖洞民俗风貌区、重庆秀山凤凰山花灯民俗旅游区等。

（五）主题公园旅游

近年来，上海迪士尼乐园、长隆水上乐园、方特梦幻王国等主题公园在我国迅速发展，为民众带来了独特的旅游新体验。一个主题公园有没有发展潜力、有没有吸引力，其蕴涵的文化内涵起着非常重要的作用。因此，必须将旅游业和文化紧密地糅合在一起，将文化作为旅游来经营，赋予主题公园以丰富的文化内涵，从而创造出具有鲜明特色的旅游文化。

（六）旅游剧本杀

近年来，不少景区推出与实际场景相结合的剧本杀项目，以"旅游＋剧本杀"的方式为景区引流。例如，清明上河园景区结合热播电视剧，开发IP剧本杀《东京梦华录》；湖北知音号游轮出品了"迷之暗礁"游轮剧本杀；四川街子古镇开发两天一夜的《青天鉴》剧本杀。[2]与桌游室里坐在一起围绕剧本进行推理的传统形式相比，旅游剧本杀能够为游客提供身临其境的升级体验，丰富了景区沉浸式业态，受到了很多游客的欢迎。旅游剧本杀在剧本杀游戏的基础上，进一步拓展提升了游客的体验，其剧本往往结合旅游景区的历史文化背景和实际场景创作而成。相比于传统的桌面剧本杀，旅游剧本杀不仅要推理剧情、梳理线索，更能让游客产生强烈的沉浸感和代入感，从而为游客带来更优质独特的体验。

---

〔1〕 胡芳：《塑造景区经典IP 让红色文化更年轻》，载《中国文化报》2022年7月25日，第003版。

〔2〕 参见《文旅剧本杀，吸引Z世代"沉浸式体验"传统文化》，载 https://baijiahao.baidu.com/s?id=1764875608991017868&wfr=spider&for=pc，最后访问日期：2024年2月29日。

二、文化旅游类作品的版权属性

不同的文化旅游形式所涉及作品类型各有不同。我国《著作权法》要求作品的构成要件包括：①须为人类的智力成果；②须能够以一定形式表现；③须是文学、艺术或科学领域内的成果；④须具有独创性。[1]界定文化旅游形式中的作品类型，应回归著作权法等相关法律的规定。

（一）文化旅游中的文字作品

根据《著作权法实施条例》第4条第1项规定，文字作品，是指小说、诗词、散文、论文等以文字形式表现的作品。在文化旅游中，文字类作品出现得非常多，例如景区宣传文案、特色景点文字介绍、旅行社通过文字表达详细介绍旅游景点的行程安排、大型实景演出的剧本、游客游记等。这些文字类作品如果满足独创性要求，那么就是著作权法意义上的文字作品。很多文化景点的吸引力可能就是其文字作品，比如没有王勃的《滕王阁序》，可能滕王阁也没有那么令人神往。

但文化旅游景区也有很多文字不是文字作品，如景区那些仅仅是导览、生活指示的文字就不是作品。现在景区的很多网红打卡牌内容（如我在××景区很想你、想你的风还是吹到了××景区），这些文字不具有独创性，可以被使用到任何景区，因此也不是作品。

【理论探讨】

文化景区的景点名称是不是文字作品？

在著作权法中，作品的独创性是受到保护的前提。独创性是指作品必须是作者独立创作完成，而不是抄袭或复制他人的作品。

景区的景点名称通常是由景区的经营者或设计者命名的，这些名称往往是基于景点的特色、历史背景或文化内涵等因素来确定的。然而，由于命名本身是一种普遍存在的行为，而且景点名称往往需要在短时间内被广大游客所接受和记住，因此很多景点名称可能会存在相似或重复的情况，例如桂林的七星公园、西湖的断桥残雪、承德避暑山庄的二道马，等等。在这种情况下，很难说一个景点名称具有独创性，即使某个景点名称具有

---

[1]《著作权法》第3条。

一定的独特性，由于其表达方式较为简单，往往也难以满足著作权法对于独创性的要求。此外，景点名称作为一种标识，其目的在于标识和区分不同的景点，而不是为了表达某种文学、艺术或科学领域的智力成果。

因此，从著作权法的角度来看，景区的景点名称往往不具有独创性，也就不构成著作权法意义上的文字作品。

【理论探讨】

创意旅游线路设计方案是不是著作权法中的作品？

创意旅游线路是把旅游起点到终点往返经历的旅游区域、交通工具、食宿条件、旅游景点、旅游内容、旅游时间、服务项目联系起来所安排的旅游活动过程。[1]而创意旅游线路设计方案就是记录旅游路线的一种文字类产品。那么，它是不是著作权法保护的客体呢？

旅游线路设计方案通常以文字、图片等形式呈现，用来清晰地表达出创作者的意图和计划。旅游线路设计方案是创作者经过思考和创造的成果，它不仅仅是景点的简单排列和串联，而是需要综合考虑游客的需求、时间安排、交通方式等多个因素，为游客提供一次愉悦的旅行体验，具有独特性和创新性。根据《著作权法实施条例》，文字作品是指以文字形式表现的作品，包括小说、散文、诗词等文学体裁的作品。[2]创作者的创意使得旅游线路设计方案具备了成为文字作品的条件。另外，方案是以文字、图表等形式呈现的，符合文字作品的定义。大部分学者也认可上述观点，如沈璐认为旅游线路是借由示意图、文字、图片、标语叙述等形式载体，倾注了设计者大量的智力投入而形成的旅游产品，具有较强的独创性，同样也是线路设计者独立创作所完成的劳动作品。因此通过对旅游线路的构成要素的解析，旅游线路设计方案应当属于文字作品。[3]

但也有少数学者认为旅游资源来自于公共领域，也应当属于大众共享的产物，所以旅游线路设计方案不应受到著作权法的保护。这无疑导致了

---

〔1〕 龚绍方主编：《旅游规划与开发》，郑州大学出版社 2007 年版，第 15 页。

〔2〕《著作权法实施条例》第 4 条第 1 项。

〔3〕 沈璐：《我国旅游线路的著作权保护研究》，华南理工大学 2015 年硕士学位论文。

现实中旅游路线同质化严重、旅行社"搭便车"的现象频出，从而打击旅行社创意旅游线路设计和开发的动力，不利于旅游业的健康蓬勃发展。

【理论探讨】

旅游线路的简短口号是文字作品吗？

简捷的标语口号具有易记、高度概括旅游线路精髓以及吸引游览者目光的特点，传递着旅游目的地与众不同的特质，从而形成旅游线路的独特卖点。例如七彩云南生态旅；魅力丽江二人游"漫游丽江，恋上有你的时代"；人间净土、世外桃源就是云南的香格里拉。然而，这些简洁的标语口号是否是文字作品呢？

首先，这些标语口号具有高度的概括性。它们以简短的语言形式，准确地表达了旅游线路的主题和特色，使人们能够快速地了解和认识旅游线路的精髓。这种概括性的表达方式，体现了标语口号的创意性和文学性。

其次，这些标语口号具有吸引力和感染力。它们通过富有情感和想象力的语言，激发人们对于旅游线路的兴趣和好奇心，促使人们产生旅游的冲动并付诸行动。这种吸引力和感染力，正是文字作品所追求的艺术效果。另外，创作者在创造简洁标语时，想要把主题表现得更好一些，使其富有吸引力、感染力和创新性，就要具有戛纳国际创意广告节要求参赛广告必须具备的高度原创性、高度震撼性、高度个性化和高度简练化的特点。[1]

最后，这些标语口号是旅游线路的重要组成部分。它们不仅代表了旅游线路的特色和品牌形象，还是旅游目的地宣传和推广的重要手段。这种代表性和宣传作用，也体现了标语口号的文字作品性质。

但并不是所有的旅游线路的简短口号都是文字作品，比如只有几个字组成的口号，再如旅游线路名称只写了"香港纯玩＋谢瑞麟（送澳门）"，这种由几个字组成，没有加入创作者的独创性想法，只是纯粹表达去香港玩就送澳门游，体现不出任何旅游的特色。所以旅游线路的简短口号是否是文字作品需要具体情况具体分析。

---

[1] 杨建平：《谈旅游宣传口号创作的艺术性》，载《辽宁科技学院学报》2019年第5期。

（二）文化旅游中的摄影作品

我国《著作权法实施条例》第4条第10项规定：摄影作品，是指借助器械在感光材料或者其他介质上记录客观物体形象的艺术作品。这些文化旅游中的摄影作品主要包括旅游宣传手册、宣传照、旅拍等，都是摄影师借助摄影设备进行拍摄，然后通过剪辑或者修改形成的摄影作品。这些摄影作品是摄影者在拍摄过程中根据所拍摄的对象的不同特性，选取了不同的场景、角度、光线和拍摄手法，体现了摄影者的智力和劳动成果，并且具有独创性。

【理论探讨】

游客在景区拍的照片是否属于摄影作品？

在旅游过程中游客会使用自己的手机或相机进行照片拍摄，那么游客拍摄所得到的照片属于摄影作品吗？我国《著作权法》将"摄影作品"作为著作权中"作品"的一类，是可以受到著作权法保护的。但是我国在"摄影作品"的使用概念上并没有明确点明"照片"，所以并不是所有的照片都是摄影作品，在文化旅游中游客拍摄的照片是否属于摄影作品要进行具体判断。

《著作权法》中要求作品的构成要件为：①须为人类的智力成果；②须能够以一定形式表现；③须是文学、艺术或科学领域内的成果；④须具有独创性。[1]其中独创性是作品区别于其他劳动者成果的关键要件，并且要符合独创性的外在表达才能成为著作权法意义上的作品。文化旅游中游客拍摄的照片是游客在看到好的风景或者留作纪念时进行拍摄的，分为重现型、抓拍型和主题创作型，其符合文学、艺术领域内的智力劳动成果，但是否具有独创性存在争议，因为独创性的"独"和"创"两个条件是摄影作品必不可少的，拍摄的照片是一种由游客独立完成的表达，但表达达不到一定创造高度，也可能使游客拍摄的照片不属于摄影作品。那么这个创造高度，也就是创造程度怎么来判断？

第一种是重现型，是指游客对旅游景区的山川河流等自然景物或者雕刻等作品进行拍照，游客无法改变拍摄对象或景色，所以要选取拍照角度，因

―――――――――

[1]《著作权法》第3条。

为它决定了照片画面的效果，如果角度独特并融入了游客的个性选择和想法，最终是可以达到独创性的，这样的照片就是摄影作品。广东省高级人民法院知识产权审判庭印发的《涉图片类著作权纠纷案件若干问题的解答》中也指出：不能简单因为相关拍摄对象属于公共建筑或自然景象，就认定不具有独创性；若相关摄影图片由摄影者独立完成，且摄影者对拍摄选定对象的构图、取景或拍摄方式等做出个性化选择并形成一定独特视觉效果，也可作为摄影作品受到著作权法的保护。但如果游客只是随意拍摄并未找角度，也没有进行思考、个性化选择，拍出来的照片是不属于摄影作品的。

第二种是抓拍型，这类游客拍照时需要把握时机。游客在看到令人惊喜或难以一见的短暂现象时进行快速拍照，抓准时机按下快门，定格物体或景象于瞬息之间，并且这需要所有的物体都在合适的位置，从而拍出来一张富有创造性的照片，达到了独创性要求，属于摄影作品。而如果游客在游玩时只是随意快速抓拍，很难达到创造性要求，更不具有独创性，不构成摄影作品。

第三种是主题创作型，这类游客需要根据景点和自身需求进行一个主题拍照，如江西红色文化井冈山有游客穿着红军服装到景区进行打卡拍照；杭州西湖有游客装扮为白娘子进行拍照，等等。这些都需要游客自己穿着特定服装，寻找适合景点，然后摆出各种动作、姿势、表情来进行摆拍，这些过程需要游客自己进行巧妙构思。这种拍照游客是有创作意识的，并且具有独创性。即使不同的人在同一个地方、穿同样的衣服、做同样的动作，也会有明显的差异，不可能完全一致，因此这类型照片是摄影作品。另外，游客只是穿富有特色的衣服，而没有融合景色特点、自己的个性需求和独特想法进行拍照，是不具有独创性的，不属于摄影作品。

【典型案例】

郑云峰与上海展宇网络图片设计有限公司著作权侵权纠纷案（二审）[1]

时间：2006 年

上诉人（一审被告）：上海展宇网络图片设计有限公司

---

[1] 上海市高级人民法院（2006）沪高民三（知）终字第 90 号民事判决书。

被上诉人（一审原告）： 郑云峰

原被告主张： 一审原告发现一审被告在网站上未经原告许可发布和出售原告拥有著作权的四幅摄影作品，构成侵权。而被告认为原告不享有四幅摄影作品的著作权，因为四幅摄影作品与公证保全的图片存在差异。纠纷争议点在被上诉人是否享有四幅摄影作品的著作权。

一审法院认为： 被上诉人提交的涉案四幅摄影作品的底片与公证保全中的图片内容基本一致。虽然图片与底片相比存在如上诉人所说的差异，但这些差异既可能是因图片系从网上下载且色彩是黑白造成的，也可能是图片经过后期修改形成的，故上诉人以图片与底片存在差异否认被上诉人对涉案四幅作品享有著作权的依据不足，不予采信。在上诉人未提供相反证据的情况下，确认被上诉人系涉案四幅摄影作品的著作权人。

二审法院认为： 经查，系争四幅摄影作品中两张是有关三峡景色的，一张是有关长江源头的，一张是有关石窟雕塑的。被上诉人系中国摄影家协会会员，2003年，由其负责摄影的《永远的三峡》一书荣获第六届国家图书奖，其个人还被授予2003年度中国摄影传媒大奖，被上诉人是一位有一定水平的摄影师，以及从系争摄影作品的拍摄难度等情节来看，四幅摄影作品具有著作权法上的作品的独创性，可以确定四幅摄影作品著作权法上的作品意义。

【理论探讨】

未经拍摄对象许可的摄影成果能否受到著作权法的保护？

很多景区，尤其是博物馆、美术馆等作品云集的地方，可能会在作品前面放置"禁止拍照、录像"的牌子，那么，如果游客忽略该指示牌，创作的摄影成果受著作权法保护吗？

2007年，龙门石窟管理局在《大河报》发布了宣传龙门石窟的商业广告，然而该广告中的4张照片是张晓理创作的。双方沟通无果，张晓理将两被告（龙门石窟管理局和《大河报》）起诉到法院，请求法院确认著作权侵权事实，两被告赔礼道歉并赔偿20万元。后事情出现反转，龙门石窟管理局反诉张晓理，认为张晓理违反《文物拍摄管理暂行办法》（2016年宣布废止）的规定，未经同意拍摄侵权照片，要求张晓理销毁侵权照片，并赔偿损失 2.4 万元。此案一审和二审法院均认定：①拍摄行为没有违反《文物拍摄管理暂行办法》，反诉不成立；②张晓理对其拍摄的照片享有著作权。

那么，我们不禁要问，如果拍摄者真的违反了相关禁止性规定（法定或约定），进行了拍摄行为，摄影成果不受著作权法保护吗？

根据著作权法相关规定，摄影作品是指借助器械在感光材料或者其他介质上记录客观物体形象的艺术作品。著作权法相关规定对于被拍摄对象并没有做出禁止性规定，因此，只要符合独创性要求，即使未经拍摄对象（管理者或权利人）许可，也可以构成著作权法上的作品。但是，作品的发表、传播是要被限制，甚至禁止的。构成侵权的也要承担相应的法律责任。

（三）文化旅游中的视听作品

视听作品是指由一系列有伴音或无伴音的画面组成，并借助适当的装置或者以其他方式传播的作品。没有伴音的连续画面（如无声电影）可被认定为视听作品，而无连续画面有声音的，不能称为视听作品。[1] 所以对视听作品的理解不能把它简单作为只有"视"和"听"，而是"在'视'上加'听'"。《著作权法》将视听作品分为了两类：一类是电影作品和电视剧作品，另一类是其他视听作品。[2]

在文化旅游中视听作品主要有旅游景点综合宣传视频、单个景点介绍视频、游客录制创意视频等。尤其是旅游宣传视频，是每一个文化旅游景区所必备的。旅游宣传视频在制作过程中需要制作者对景点的特色、历史背景、文化内涵等方面进行深入了解和分析，通过创意性的构思和表现手法，将景点的魅力展现出来。这种创作过程包含了作者的独特审美观点和创意，体现了独创性的要求。此外，旅游宣传视频可以被固定下来并被复制和传播。旅游宣传视频既达到著作权法上的作品的创造性的高度，也符合著作权法上的视听作品的要求，可以

---

[1] 王迁:《知识产权法教程》，中国人民大学出版社 2021 年版，第 123 页。

[2] 《著作权法》第 17 条。

受到《著作权法》的保护。

（四）文化旅游中美术、建筑作品

《著作权法实施条例》第4条第8项规定，美术作品是指绘画、书法、雕塑等以线条、色彩或者其他方式构成的有审美意义的平面或者立体的造型艺术作品。美术作品是通过视觉感官欣赏的，而不是像文字、戏剧或音乐作品那样用于阅读或表演。《著作权法实施条例》第4条第9项规定，建筑作品是指以建筑物或者构筑物形式表现的有审美意义的作品。我国《著作权法》将"图形作品、模型作品"与"建筑作品"作为两个不同的类别加以规定，因此，我国著作权法意义上的建筑作品并不包括平面建筑设计图和建筑模型，只能指三维的建筑物或构筑物。

【典型案例】

武汉新建业广告装饰有限公司与东风本田汽车有限公司等著作权权属、侵权纠纷[1]

时间：2021年3月22日

上诉人（一审原告）：武汉新建业广告装饰有限公司（以下简称新建业公司）

被上诉人（一审被告）：北京国机隆盛汽车有限公司（以下简称国机公司）、北京德成置地房地产开发有限公司（以下简称德成公司）、东风本田汽车有限公司（以下简称本田公司）

原告主张：新建业公司明确在本案中主张的作品包括本田汽车4S店的CAD图和效果图两部分，认为根据我国著作权法及国际公约，建筑作品产生过程中的任何载体呈现的作品均为建筑作品，即建筑物设计图、模型和建筑构筑物均为建筑作品，故涉案CAD图纸和效果图纸均为建筑作品。

被告主张：国机公司、本田公司均不认可本田汽车4S店的CAD图和效果图构成建筑作品；国机公司认为，根据《著作权法实施条例》规定，建筑设计图、建筑模型和建筑物分别对应不同的作品类型，建筑作品仅限

---

〔1〕 参见北京知识产权法院（2019）京73民终2758号民事判决书。

于建筑物、构筑物本身，而新建业公司并未实际建设建筑物，故不能主张建筑作品著作权。即便 CAD 图和效果图构成作品，其作品类型应分别对应图形作品、美术作品。

一审法院认定： 涉案 CAD 图和效果图不属于建筑作品。在法律依据层面，根据《著作权法实施条例》第 4 条第 9 项，"建筑作品，是指以建筑物或者构筑物形式表现的有审美意义的作品"，从该规定的文义看，建筑作品并不包括建筑物的设计图，而仅指建筑物本身。此外，在国际公约层面，《伯尔尼公约》第 2 条第 1 款在列举作品类型时，将"建筑作品"和"与建筑有关的设计图、草图及造型作品"分别列入不同的作品类型，亦表明建筑作品指建筑物本身而不包括建筑设计图。因此，在我国当前的著作权法规范体系中，可以作为建筑作品受著作权法保护的应系建筑物本身或其外部附加装饰具有美感的独创性设计。涉案 CAD 图的最终创作目的并非是为了让人们观赏这些图本身，而是使人们可以根据该图纸并结合当地地质条件进行相应调整后建设本田汽车 4S 店，应系图形作品。涉案效果图是采用电子绘图方式，以线条、色彩等方式构成，体现了本田汽车 4S 店这一建筑物外观美感的艺术作品，应为美术作品。二审法院予以认可。

文化旅游中的美术、建筑作品丰富多样，这些作品通常包括壁画、雕塑、古建筑等。参观美术展是文化创意旅游的一个环节，中国的传统绘画，如山水画、花鸟画等，以其独特的笔墨技巧和审美观念，展现了中国文化的独特魅力；欧洲的油画则以其丰富的色彩和光影效果，表现出对现实世界的深入探索。各地的民间美术作品也是文化旅游中的一大亮点。建筑作品更是有着很多典型，例如故宫代表了中国古代建筑的最高水平。很多地方的建筑作品已然成为当地旅游文化的代名词，例如提起东方明珠，人们便会想到上海。

【理论探讨】

旅游景区题字是文字作品还是美术作品？

旅游景区中有很多题字，尤其是每个景区的名称，比如，八达岭长城景区内，"不到长城非好汉"是毛主席的题字；"八达岭"是启功先生的题字；"故宫博物院"是郭沫若的题字；"秦始皇兵马俑博物馆"是叶剑英元帅的题字。景区也有一些相对比较长篇幅的题字，那么，这些题字是文字作品还是美术作品？

景区名字很多是由其坐落位置或者历史流传下来的，名字本身不具有独创性，不是文字作品。但景区题字是一种对文字的艺术表达形式，是书法作品，也是美术作品。

有一些题字是作者创作出来的，那么，这些题字既是文字作品，同时也是书法美术作品。比如，"不到长城非好汉"是毛主席在其《清平乐·六盘山》中的一句，表现了革命者的决心和勇气，根据著作权法关于作品的规定，这一句诗是文字作品。对于这句话，毛主席进行了多次书法创作，在万里长城上也有着毛主席题字的"不到长城非好汉"石碑，毛主席"不到长城非好汉"题字是书法美术作品。

除了这些题字，我们在博物馆参观的时候，还能看到很多书稿的原稿（手稿），手稿集文字与书法表达于一体，那么，这些手稿是文字作品还是书法美术作品？司法实践表明，文学作品手稿可能既是文字作品，又是书法美术作品。

【典型案例】

茅盾手稿拍出千万惹纠纷—沈韦宁等与南京经典拍卖有限公司、

张某著作权权属、侵权纠纷案[1]

时间： 2018 年 1 月 16 日

原告（上诉人）： 沈韦宁、沈迈衡和沈丹燕

被告（被上诉人）： 南京经典拍卖有限公司、张晖

原告主张： 茅盾先生是中国现代文坛泰斗级人物，作为《人民文学》的第一任主编，在文学创作之外，其书法造诣亦极其深厚。在茅盾先生逝世 33 年后，他用毛笔书写的近万字手稿《谈最近的短篇小说》亮相南京

---

[1] 参见南京市中级人民法院（2017）苏 01 民终 8048 号民事判决书。

一家拍卖公司的拍卖会。2016 年 7 月，茅盾先生的孙子沈韦宁、沈迈衡和孙女沈丹燕认为该拍卖公司与手稿持有人张晖侵犯了相关著作权，向江苏省南京市六合区人民法院提起诉讼，

原告要求被告停止侵害涉案手稿作为美术作品的展览权、发表权、复制权、发行权、信息网络传播权，以及作为文字作品的复制权、发行权、信息网络传播权的行为，并要求两被告在媒体公开道歉、赔偿损失。

被告辩称： 茅盾先生的手稿非遗失物，且张晖系案涉手稿合法持有人，另拍卖公司已经尽到并依法履行审查义务，并不存在恶意串通、虚假拍卖等情形，未造成拍品（茅盾先生的手稿）价值流失，反而通过预展、拍卖行为增加了案涉手稿的市价。案涉手稿并非美术作品，应不受著作权法保护。沈韦宁、沈迈衡、沈丹燕以行使著作权为由要求禁止预展等合理拍卖行为，将造成艺术市场及拍卖市场非正常发展。

法院认为： 本案所涉手稿是茅盾先生创作的一篇近万字的评论文章，该篇文章的文字表达具有独创性的内容，应当作为文字作品予以保护。同时，该手稿是茅盾先生用毛笔书写，其文字风格瘦硬清雅、俊逸舒朗，展现了瘦金体楷书书体的魅力，具备了美术作品的特征，应受到我国著作权法保护。

作者评析： 本案中，双方对于手稿是否为美术作品展开了激烈的辩论。茅盾先生的手稿是否为美术作品，对于本案会产生什么影响？一是拍卖公司没有侵害文字作品的权利。判断文字作品侵权的前提是"以文字形式表现"，本案中，经典拍卖公司无论是制作宣传图册还是上传电子照片，均是以图片的形式呈现。因此，没有侵害文字作品的复制权、信息网络传播权等权利内容。二是拍卖公司侵害了手稿作为美术作品的复制权、展览权和信息网络传播权。经典拍卖公司在未经手稿著作权人许可的情况下，将涉案手稿 28 页的全部内容"翻拍"为高清电子照片，形成美术作品的电子复制件，侵害了上诉人的复制权。经典拍卖公司将手稿电子照片的数据信息上传至互联网，供公众任意浏览、复制、下载、打印、传播，侵害了上诉人的信息网络传播权。经典拍卖公司在互联网上陈列展示涉案手稿的电子照片，前后持续 3 年半之久，侵害了上诉人的展览权。

【理论探讨】

烟花表演可否构成著作权法定义的作品？

烟花作为中国传统历史不可或缺的一种表演，寄托了中国人民对美好生活的向往之情，同时也能够展示烟花设计者高超的烟花操控技术和艺术情感。迪士尼乐园每晚的烟花秀已经成了吸引游客的一个重要看点。当烟花升空后，因爆炸会产生各类造型和精美图案，但烟花表演所产生的图案与效果能否成为著作权法保护的对象，值得我们去探讨。

《著作权法实施条例》第2条明确了作品的概念，即文学、艺术和科学领域内具有独创性并能以某种有形形式复制的智力成果。从《著作权法实施条例》和第三次修正的《著作权法》对作品的定义来看，两者均规定了若要获得著作权法保护，需满足以下四个要件：一是该作品本身应属于文学、艺术和科学领域；二是该作品须具有独创性；三是该作品可以某种有形形式复制或固定；四是该作品应属于人类生产的智力成果。下面我们就从这四个方面就烟花表演是否构成作品进行讨论。

首先，艺术领域的创作表达，最基本的要求是观众可以通过视觉、听觉或视听结合的方式感知作者的情感表达，获得艺术上的满足和审美体验。烟花爆炸瞬间产生的光彩、韵律、造型等震撼人心的表演，能够唤起观众的审美激情和共鸣。其次，大型烟花表演都会与社会时事热点或者节日庆祝紧密联系，例如在"中国共产党百年华诞——橘子洲烟花表演"中，观众在表演中感受到完全不同于简单烟花绽放效果的表达，是设计师根据表演主题分析、制作，从而反映主题，符合独创性的要求。再次，现行《著作权法》对作品定义进行的修改，舍弃了以往"有形形式"的限制，放宽了对表达载体的限制，烟花是通过火药射向天空爆炸而形成的具体图案，故烟花也是通过一定形式表现出来的。最后，烟花表演是经过设计师对表演主题进行分析、理解，并对烟花形状、造型、色彩、声音效果等因素根据主题不同而进行设计编排的，能够体现设计师的情感表达，属于智力成果范畴。

综上所述，笔者认为烟花表演完全符合著作权法中关于作品的定性，属于著作权法中的作品范畴。

（五）文化旅游中音乐、戏剧、曲艺、舞蹈、杂技艺术作品

随着文旅演艺的蓬勃发展，旅游与娱乐紧密联系起来。音乐、戏剧、曲艺、舞蹈等艺术作品在文化旅游中扮演着重要的角色。在民俗旅游中，游客可以欣赏到当地的传统音乐和民间歌舞；喜欢相声、评书、二人转等戏曲的游客，也可以一饱耳福；红色旅游中，可以去看一场芭蕾舞剧《红色娘子军》、京剧《沙家浜》；大型实景演出更是将音乐、舞蹈、戏剧等艺术形式进行了完美组合，游客听着音乐，欣赏着舞蹈，还能读懂一出好剧。这些艺术形式中符合了著作权法作品构成要件的，就是著作权法保护的作品。

【理论探讨】

公共空间表演的著作权法保护

在我国，公共空间表演历史悠久，可追溯至汉代的"百戏"，包括摔交、扛鼎等各种角力竞赛，跳丸、走索等杂技艺术，吞刀、吐火、分身易形等幻术，以及驯兽表演和各种化装歌舞，发展至今又演化出很多新的形式，比如乌镇戏剧节、阿那亚戏剧节、祥云小镇户外艺术季等。对公共空间表演进行著作权法保护，最大的难点在于判断该表演是否构成著作权法意义上的作品。

以勿仑公司就作品《寻找牡丹亭》诉苏州高新旅游公司与苏州鼎泰公司案为例来看，公共空间表演是受著作权法保护的。对于传统文化艺术表演形式的组合是否构成著作权法上的作品认定，关键在于其组合方式以及所构造的艺术形象是否区别于公有领域的文化艺术成果，是否体现出了能被社会公众所感知的独创性表达。法院认为，本案并无证据证明提线偶师脚踩高跷操控昆曲演员木偶的表演形象在勿仑公司发表涉案作品时已经是公有领域的表演艺术造型。就本案而言，法院将表演形式的组合和表演中使用的人物、道具造型设计混同，用"表演形象"这一概念替代，作为美术作品进行保护，扩大了美术作品的保护范围。

认定公共空间表演可以构成作品，受到著作权法保护，是对当下公共空间表演行业保护困境的一个积极回应，对于相关企业的运营管理具有一定的指导意义。

（六）文化旅游中的地图、示意图等图形作品

旅游地图是旅游者和旅游地之间的一座桥梁，也是旅游者深入认识、了解旅游地的重要工具之一。旅游地图作为旅游者与景区产生交互的媒介，是主观与客观、技术与艺术相结合的综合性交叉学科的产物。旅游地图设计不仅包含旅游路线、人文、历史等要素，而且包含情感类精神要素，以此传达给受众某地域的形象、文化内涵等要素信息。

在文化旅游中常见的地图包括官方旅游导航地图、手绘地图等，由于地图自身特点，地图中的很多部分不受著作权法保护，例如表现地理、地形的基本数据，表现方向、经纬线、标尺的信息，表现水平位置以及陆地、水域的颜色和通常绘法，表现城市、铁路、公路的图例，表现山脉、河流、湖泊、城市以及居民点等所在的客观位置等。但是，对同一地理信息的筛选、取舍以及如何表达则受著作权法保护。

【典型案例】

北京长地万方科技有限公司诉深圳市凯立德计算机系统技术有限公司、北京中微恒业商贸中心侵犯著作权案[1]

时间： 2008 年 2 月 28 日

原告： 北京长地万方科技有限公司

被告： 深圳市凯立德计算机系统技术有限公司、北京中微恒业商贸中心

原告主张： 原告北京长地万方科技有限公司是中国地图出版社出版的《"道道通"导航电子地图》（以下简称《道图》）第一、二、三版的著作权人。2007 年 1 月，原告发现，凯立德公司通过广东省地图出版社于 2006 年 9 月出版的《凯立德全国导航电子地图（335 城市）》（以下简称《335 图》）大量剽窃了原告在先出版的《道图》（第一、二、三版）的内容；中微恒业中心销售了安装该等侵权地图的 "e 路行" GPS 卫星导航仪。原告认为两被告的侵权行为严重侵犯了原告依法对《道图》（第一、二、三版）拥有的著作权，给原告造成了重大的损失。

---

〔1〕 参见广东省高级人民法院（2008）粤高法民三终字第 290 号民事判决书。

被告辩称： 凯立德公司认为长地万方公司在本案中对导航电子地图中的地名、设施名等客观地理信息主张著作权，缺乏明确的法律依据。同时导航电子地图产品的信息点存在错误是很难避免的，原告通过极少数信息点表述上存在相类似的错别字和不规范标注来推断我公司抄袭，与事实不符。中微恒业中心则主张自己已经停止侵权并删除相关侵权内容。

法院认为： 就本案涉及的导航电子地图作品而言，虽然相关的道路信息、结点信息、行政区划、地物要素信息、道路名称信息等基本要素都是客观存在的信息点，属于公共信息资源，但对同一地理信息的筛选、取舍以及如何表达则受著作权法保护。针对导航电子地图中信息的采集和注记，国家目前尚没有明确的规范，故各企业根据自己的作业规范等制作完成的导航电子地图，均会体现出各企业的风格、特色。另外，相关信息的外业采集目前完全通过人工作业实现，不同的人对相同信息的感受并不相同，决定了不同的人对同一区域内众多信息的取舍、注记不尽相同。因此，不同企业之间制作的导航电子地图不可能存在大量基本信息之外的雷同，如在信息筛选取舍的数量、内容、表述方面完全相同，特别是在不规范、错误方面的雷同。由于原、被告是我国为数不多从事导航电子地图的企业，其产品的相关信息均在有关主管机关的网站进行公示，涉案作品均用于同一领域的导航产品，凯立德公司应能接触并了解长地万方公司的导航电子地图作品内容。故凯立德公司应提交证据证明《335图》系该公司独立创作，否则将依法承担侵权责任。

法院判定，《335图》与《道图》存在内容相同或近似，在凯立德公司提交证据不足以证明其存在合法来源的情况下，其行为显属抄袭，故本院认定凯立德公司构成侵权，依法承担侵权责任。中微恒业中心销售了装载有涉案侵权作品的导航仪，应承担停止侵权的责任。

旅游示意图为具有地理指示功能的示意图作品，是一种以标准测绘地图为基础创作，带有地理指示功能的图形作品。其独创性主要体现在作者通过所选取的客观地理要素以及线条、符号、文字注记、色彩等表达元素，进行构图、安排、组合所形成的整体图形。例如我们常见的景区导览图、旅游攻略线路图等。随着自媒体的发展，越来越多的旅游博主加入到文旅行业，他们分享着自己的自驾旅游线路图、手绘地图等作品。

【典型案例】

木兰网（深圳）互联网技术有限公司、夏冰寒等著作权权属、侵权纠纷案[1]

时间：2022 年 7 月 20 日
原告：四川不要偷我知识产权服务有限公司
被告：木兰网（深圳）互联网技术有限公司

原告主张：夏冰寒系涉案文章《阿里大环线路书：西藏三圣湖＋珠峰＋冈仁波齐＋班公错＋色林措》《川藏线老司机才知道的四大"江湖暗号"：川 A、RB、滚轮胎、打车》《最新西藏自驾地图，一目明了川藏线每日「行程安排、住宿地」规划》的著作权人，享有署名权等。原告从著作人夏冰寒受让取得涉案文字作品的改编权、信息网络传播权等著作财产权，后发现被告经营的网站未经权利人许可提供了原告主张权利的文字作品，使公众可以在其个人选定的时间和地点获得作品，同时未署名。原告认为，被告将涉案文章中的图片用其他图片替换，侵犯其保护作品完整权和改编权，被告应承担停止侵权、消除影响、赔偿损失等民事责任，要求被告赔礼道歉。

被告辩称：涉案文章中的具体地理信息是客观存在的，不属于著作权的保护范围，且其符合"避风港原则"，不构成侵权。

本案争议的焦点之一是关于涉案文章是否构成著作权法保护的作品。

法院认定：本案文章包括"文字＋摄影＋地图"，文字、摄影、图形部分均具有一定独创性，所涉地图是为旅游者提供地理指示功能的旅游示意图图形作品，文章地图通过所选取的客观地理要素以及增加线条、符号、文字标记、图片、色彩等表达元素进行构图、安排、组合形成整体图形，既包含具体的地理信息，又以空间的点、线、几何图形、注释、符号对地理要素进行了平面的展示、注释。虽然地图中的具体地理信息是客观存在的，但对于地理信息的筛选、取舍、排列以及表达方式，均体现了作者的

---

[1] 参见广东省深圳市中级人民法院（2022）粤 03 民终 13662 号民事判决书。

个性化选择。其在整体图形设计、效果、地理要素、行程安排等均具有独创性。作者按照旅游线路将其编排成自驾游线路，体现作者的思想，整体构成文字、图形作品结合而成的汇编作品。

第二节 文化旅游版权主体

一、自然人作者

当前是自媒体时代，也是分享的时代，人们旅游的目的不仅在于体验文化风俗，更在于记录和分享旅游过程中的所见所闻。人们在旅游时对旅游景观等进行拍照、视频记录，或者在旅行结束后分享的各种游记，导致出现大量的自然人作者。结合不同的创作情形，还存在合作作品、委托作品等形势下的自然人作者。我国《著作权法》第 11 条第 2 款规定，创作作品的自然人是作者。若无法律特别规定或者合同特别约定著作权归属的情形，自然人作者则基于创作行为原始取得著作权。

【典型案例】

周维海诉上海伊游信息科技有限公司等著作权侵权纠纷案[1]

时间： 2015 年 6 月 9 日
原告： 周维海
被告： 上海伊游信息科技有限公司

原告主张： 原告对涉案 37 幅关于江苏盐城相关旅游景点的摄影作品享有著作权，被告经营的耳游网系一家旅游资讯网站，为旅游者、旅行社提供语音导游、景点信息等服务，包括国内景点、国外景点、景点分类、旅游线路等栏目。2014 年 3 月 18 日，原告发现耳游网上在盐城相关旅游景点中有上述 37 幅摄影作品，遂以被告侵犯其著作权为由提起侵权诉讼。

---

[1] 上海市普陀区人民法院（2014）普民三（知）初字第 427 号民事判决书。

原告认为：其独立创作了 37 幅涉案摄影作品，并将上述作品发表在个人博客上，其从未授权任何人使用上述涉案作品。被告未经许可，擅自将上述摄影作品使用在其经营的耳游网上（网址为：www.earsgo.com），未署作者姓名，亦未支付报酬。原告认为，被告的行为已侵犯了原告的著作权。

被告辩称： 原告提供胶卷底片可以翻拍，数码照片可以随处拷贝，博客上发表的涉案作品亦不能证明原告对涉案作品享有著作权，不认可原告享有涉案作品的著作权。

法院认定： 摄影作品的著作权属于作者享有。本案中，根据原告提供的涉案作品胶卷底片、数码电子文档、公证书等一系列证据，可以认定涉案作品的作者系原告，其对涉案作品所享有的著作权受我国法律保护。

（一）合作作者

《著作权法》第 14 条第 1 款规定，两人以上合作创作的作品，著作权由合作作者共同享有。没有参加创作的人，不能成为合作作者。曹新明教授认为，合作作品就是两个以上的人根据合作协议创作的作品，而按照合作协议的约定履行义务，并将其贡献融入合作作品的当事人，即为合作作者。[1] 要成立合作作者，须两人以上作者有共同创作作品的合意，合作作者知道各自创作的部分将与他人创作的部分整合为一个整体。需要注意，只有那些实际参与创作活动，对最终的作品作出了独创性贡献的人才能成为作者。[2] 因此，仅仅为创作者提供资料、素材、创作意见的人并非合作作者，其进行的仅仅是创作的辅助工作，并非具有独创性的创作。

【典型案例】

王利勇与奉化市旅游局等著作权纠纷案[3]

时间：2001 年
原告：王利勇

---

〔1〕 曹新明：《合作作品法律规定的完善》，载《中国法学》2012 年第 3 期。
〔2〕 王迁：《著作权法》，中国人民大学出版社 2023 年版，第 285 页。
〔3〕 浙江省高级人民法院（2001）浙经二终字第 98 号民事判决书。

被告： 奉化市旅游局

原告主张： 1998年下半年至2000年初，原告拍摄了有关奉化溪口风光的照片若干，拍摄后，原告选定其中的72幅照片制作反转片一套。在原告拍摄上述照片过程中，被告曾为原告进出景点等方面提供方便，其工作人员邬良平也曾陪同过原告拍摄。2000年3月，被告以出版《溪口之旅》彩报需要使用原告若干作品为由，由其工作人员邬良平出面从原告处取得载有作品的MO碟，并称被告答应《溪口之旅》上使用原告作品的使用费为20000元。《溪口之旅》彩报上的14幅图片系原告摄影作品。被告复制原告的作品后，未经原告同意又将其印制成画册《中国溪口》，用于到日本的旅游宣传和"弥勒文化节"，其中到日本旅游宣传用了8幅照片，"弥勒文化节"用了7幅照片。后被告又通过宁波市旅游局委托博兰公司制作了宣传图片"镜景传神，魅力无穷——溪口风光荟萃"。图片上16幅照片均为原告摄制。另外被告又将原告的7幅照片提供给原宁波农经旅行社（现已注销），由后者用于2000年8月省农经洽谈会；将3幅照片提供给水库管理局，用于后者的旅游宣传。原告认为：被告未经原告的同意擅自使用了原告的摄影作品，侵犯了原告所享有的著作权。

被告辩称： 1998年下半年，经与原告协商后，双方决定共同合作，1998年至2000年长达一年多的拍摄过程中，奉化市旅游局恪守信用，积极配合原告完成拍摄工作。如为原告提供了为期一年多的景区门票，专门派人陪同原告，为其提供拍摄景点介绍、导向及其他辅助工作等。事实证明，本案所涉的奉化溪口风光照是奉化市旅游局与原告的合作结晶，如果没有奉化市旅游局的配合，本案争议的照片是不可能完成的。

二审法院认为： 本案讼争之摄影作品，均系原告独立创作完成，被告虽然对原告的创作提供了一定的帮助，但并未与原告达成共同的创作合意，也未参与上述作品的创造性劳动，更未创作出摄影作品，因此本案讼争之摄影作品并非原告与被告合作创作的作品，而是原告独立完成的作品，作品的著作权应由原告享有。原告将载有其72幅摄影作品的MO碟交予被告的工作人员邬良平，并接受了其出具的被告答应在《溪口之旅》上使用MO碟中作品的20000元使用费的收条，证明原告与被告达成了著作权许可使用合同。被告在《溪口之旅》中使用了原告的作品后，应依约支付使用费 20000 元。被告在《溪口之旅》以外的宣传品上未经原告的同意，使用了原告的摄影作品 38 幅，侵犯了原告所享有的著作权，应当承担相应的侵权民事责任，应停止侵权行为，赔礼道歉，并赔偿原告相应的经济损失。被告提出的"本案所涉的奉化溪口风光照是被告与原告合作结晶"的主张，本院不予支持。

（二）委托作品著作权人

用于介绍、宣传文化旅游景点的旅游宣传册、宣传画等作品通常由相关主体委托特定的自然人进行创作。《著作权法》第 19 条规定，受委托创作的作品，著作权的归属由委托人和受托人通过合同约定。合同未作明确约定或者没有订立合同的，著作权属于受托人。因为创作作品的自然人才是作者，因此无论双方是否约定委托作品的著作权归属，受托人都是委托作品的作者。[1] 委托人可以和受托人签订委托合同并约定委托人为著作权人，从而取得委托作品的著作权。但值得注意的是，委托人通过委托合同取得的著作权应仅限于著作财产权，署名权等著作人身权应由作者享有。[2]

【典型案例】

张义潜诉临潼县[3]华清池管理处署名纠纷案[4]

时间：1989 年 7 月 31 日
原告：张义潜
被告：临潼县华清池管理处

原告主张：1986 年 1 月 27 日，被告与陕西省艺术研究所（简称省艺研所）签订了壁画创作协议书，后又续签了两份补充协议。协议签订后，省艺研所指派原告创作。原告经过 8 个月工作，完成了壁画创作任务，并由史国霖、王权协助放大为 9.15×3.6 平方米画稿。被告组织有关部门人

---

〔1〕 王迁：《著作权法》，中国人民大学出版社 2023 年版，第 283 页。
〔2〕 根据《著作权法》第 10 条的规定，著作权人只能转让全部或者部分的著作财产权，著作人身权不可转让。
〔3〕 今西安市临潼区。
〔4〕 陕西省高级人民法院 1989 年 7 月 31 日民事调解书，载《最高人民法院公报》1989 年第 4 期。

员和专家，对该画稿进行了审定。经审定后，被告决定采用。在将壁画稿送长安县（今西安市长安区）大理石装饰工艺美术厂制作过程中，原告经省艺研所许可，但未征求被告的意见，在壁画右端署了"丙寅秋张义潜作于骊山，史国霖、王权协助制作"19 个字。在署名的旁边，还有原告的印章、衔章各 1 枚和史国霖、王权的印章。在壁画下端有画名章 1 枚。1987 年 1 月，大型壁画《杨玉环奉诏温泉宫》在华清池落成。之后，被告对壁画上的署名提出异议，并召集省艺研所、原告等协商，但未取得一致意见。1987 年 9 月 10 日，被告将壁画上的署名及三枚印章铲除，仅留下原告的名章和画名章各 1 枚。之后，三方就署名问题多次协商，未达成协议。原告认为，署名是作者的权利，不容他人干涉，被告擅自将作者署名铲除的行为侵犯了其版权。

被告辩称： 壁画属其委托省艺研所按其要求绘制的，并非张义潜的自由创作。

法院认定： 被告与省艺研所签订的壁画创作合同，是一种委托关系，其壁画属委托作品，因此，双方都享有法律赋予的权利并承担相应的义务。原告作为大型壁画的创作者，依照当时《中华人民共和国民法通则》第 94 条的规定，拥有版权，其署名权受法律保护。史国霖、王权不是该壁画的版权所有人，他们只是在壁画的放大过程中付出了劳动，理应受到社会的承认，但这种劳动不属于创作，无权作为版权所有者署名。被告作为壁画使用单位，对该壁画在其议定范围内的正当使用权利，应受法律保护。但是，被告擅自将作者署名铲除是不妥的。壁画稿经被告审定成为双方所确认的作品，被告、原告和省艺研所都有维护作品完整性的责任。三方未经互相协商而在署名问题上的不适当做法，都是违反原协议的行为。

作者评析： 最终本案双方达成了调解协议，修护壁画，重新将张义潜署名加上，张义潜承担 300 元的修护费。这是一种对于著作权法的尊重。

二、法人作者

一般情况下，创作作品的自然人是作者，但在特殊情况下"法人或者非法人组织视为作者"，即称为"法人作者"。[1]构成法人作品不仅应由法人主持并承担责任，还应体现法人意志，法人的意志具体体现在作品的形式、内容、主题等各方面。法人作者享有作品的全部著作权，包括著作人身权和著作财产权。真正创作出作品的自然人丧失了作者的法律地位，对作品不享有包括署名权在内的任何著作权。

文化旅游单位在打造原创视听作品或者美术、音乐、戏剧、曲艺、舞蹈、杂技等作品时，如果从创意到选材均代表了单位的意志，并由单位承担相关责任，那么可将单位视为法人作者，对作品享有包括著作人身权与著作财产权在内的完整的著作权。红色文化旅游中的舞剧等大多都属于法人作品。以芭蕾舞剧《红色娘子军》为例，芭蕾舞剧团以芭蕾舞这种艺术表现形式演绎了"现代中国革命中的妇女解放和成长"这一主题，芭蕾舞剧《红色娘子军》的创作全过程体现了芭蕾舞剧团的意志。苏力老师在其文章中表示，只要社会功能良好，也就没有什么理由拒绝把芭蕾舞剧的著作权完整赋予演出该剧的芭蕾舞剧团。[2]这意味着芭蕾舞剧《红色娘子军》可以被认定为法人作品，由演出该剧的芭蕾舞剧团享有包括署名权在内的全部著作权。

【典型案例】

上海沪剧院诉扬子江音像出版社著作权纠纷案

1960 年 1 月，沪剧《芦荡火种》首次公演，该剧的演出说明书上注有"集体创作、文牧执笔"。1964 年，上海文化出版社出版沪剧《芦荡火种》剧本，封面上注有"集体创作、文牧执笔"字样。文牧是上海沪剧院（以下简称沪剧院）的编导人员，1995 年去世，其妻筱某和 6 个子女系文牧的法定继承人。1999 年，在沪剧院诉扬子江音像出版社等出版、发行沪剧《芦荡火种》VCD 侵犯著作权一案中，上海市第一中级人民法院认定沪剧《芦荡火种》剧本系职务作品，著作权属于沪剧院。对此，"法人作品说"的支持者从学理分析认为《芦荡火种》本应属于法人作品。一是在

---

〔1〕《著作权法》第 11 条第 3 款规定："由法人或者非法人组织主持，代表法人或者非法人组织意志创作，并由法人或者非法人组织承担责任的作品，法人或者非法人组织视为作者。"

〔2〕苏力：《昔日"琼花"，今日"秋菊"——关于芭蕾舞剧〈红色娘子军〉产权争议的一个法理分析》，载《学术月刊》2018 年第 7 期。

创作意志方面，"按照自己的意志创作"在20世纪50年代是难以实现的。按照当时的创作体制，该剧本的创作必然应当经过上级审批。二是在法律责任方面，沪剧剧本《芦荡火种》的法律责任不应当由文牧承担，而只可能由单位来承担责任。三是关于剧本的署名以及实际创作人员问题，剧本《芦荡火种》一直是以"集体创作、文牧执笔"的方式予以署名。这种署名方式应当理解为"文牧进行了事实上的创作，但法律上的权利由集体（上海沪剧院）享有"，由此确认上海沪剧院为该剧本的著作权人。

三、职务作品著作权人

（一）一般职务作品著作权人

根据《著作权法》第18条第1款规定，一般职务作品是指自然人为完成法人或者非法人组织工作任务所创作的作品。一般而言，职务作品的著作权由作者享有，但法人或非法人组织有权在其业务范围内优先使用。在其作品完成后一定期限内，未经单位同意，作者不得许可第三人以与单位使用的相同方式使用该作品。

《著作权法实施条例》第11条第1款规定，《著作权法》中关于职务作品的规定中的"工作任务"，是指公民在该法人或者该组织中应当履行的职责。在文化旅游具体实践中，一般职务作品有很多类型。具体而言，旅行社工作的导游基于自己对景点的了解，做出的具有独创性讲解的口述作品就属于一般职务作品；景区专职对外宣传的工作人员将各景点的宣传介绍语汇总精练制成的宣传册也属于一般职务作品；文化旅游中负责宣传工作的职员在微信公众号等网络平台用于宣传而制作的音乐作品、拍摄景点现场用于宣传的摄影作品和视听作品也可以被归为一般职务作品。在这种情况下，作品著作权归作者所有。

（二）特殊职务作品的著作权归属与行使

特殊职务作品的构成要件包括：一是主要是利用法人或者非法人组织的物质技术条件创作；二是由法人或者非法人组织承担责任；三是属于工程设计图、产品设计图、地图、计算机软件等职务作品。特殊职务作品著作权归单位所有，作者只享有署名权。主要物质技术条件，在《著作权法实施条例》第11条第2

款中有明确规定，是指法人或者该组织为公民完成创作专门提供的资金、设备或者资料。主要是利用单位专门提供的物质技术条件，并非仅指利用了单位特意为创作提供的条件，还强调作者利用的由单位所提供的物质技术条件与作品的创作直接相关，无法从其他地方轻易获得。

在文化旅游中的特殊职务作品即景点建筑工程设计图、景区地图等特殊职务作品。在实践中，工程设计图、产品设计图、地图、示意图等职务作品的创作仅靠一两个人的努力是很难完成的，需要由法人或者非法人组织提供物质技术条件，而创作出作品的相关责任，也需要由法人或者非法人组织向社会负责。

【典型案例】

孙照筠诉中国电影博物馆著作权权属、侵权纠纷上诉案[1]

时间： 2012 年 5 月 4 日

原告： 孙照筠

被告： 中国电影博物馆

原告主张： 孙照筠是中国电影博物馆的职员，具体负责宣传工作，包括拍摄一些大型庆典活动等的照片。2005 年 12 月至 2006 年 12 月期间，在中国电影博物馆开馆庆典、纪念中国电影诞生 100 周年展览、领导人视察等活动中，孙照筠在其工作中利用中国电影博物馆的摄影器材，拍摄了一些照片。2006 年 1 月 3 日、4 月 1 日、6 月 6 日，中国电影博物馆分别编辑发行了三期《中国电影博物馆馆刊》，在该三期馆刊中共使用了 84 张孙照筠拍摄的上述照片。孙照筠在中国电影博物馆工作期间，中国电影博物馆采取按月支付工资的方式，每月都向孙照筠支付了工资，但未就涉案使用的该 84 张照片单独支付报酬。原告认为，这些照片是他的摄影作品，具有著作权，博物馆未经他的许可使用了这些照片，侵犯了他的著作财产权，应当停止侵权并赔偿他 5 万元的经济损失。

被告辩称： 这些照片是时事新闻，不受著作权法保护，即使受到保护，

---

〔1〕 李自柱：《职务摄影作品的认定及单位优先使用的含义——孙照筠诉中国电影博物馆侵犯著作权纠纷案评析》，载《科技与法律》2012 年第 6 期。

也是博物馆的职务作品，博物馆享有著作权，可以在其业务范围内使用，无需征得孙照筠的许可或支付报酬。

法院认定：这些照片是孙照筠的摄影作品，具有独创性，受著作权法保护，而不是时事新闻。这些照片是孙照筠为完成博物馆的工作任务所创作的职务作品，但不属于著作权法规定的著作权由博物馆享有的例外情况，因此，这些照片的著作权属于孙照筠。博物馆在其出版的馆刊中使用这些照片属于在其业务范围内的优先使用权，无需征得孙照筠的许可，但也无需向孙照筠支付报酬，因为孙照筠在工作期间已经领取了工资，其创造性劳动的价值已得到体现。因此，博物馆未侵犯孙照筠的著作财产权，不应当赔偿孙照筠主张的经济损失。二审法院在涉案照片的署名权方面有所调整，认为博物馆应当在使用这些照片时注明孙照筠的姓名，否则侵犯了孙照筠的著作人身权。

作者评析：本案的争议焦点为：一是涉案的84张照片是属于《著作权法》所保护的摄影作品，还是不受保护的时事新闻；二是涉案的84张照片是属于孙照筠的个人作品，还是职务作品，如果是职务作品，又属于何种类型的职务作品；三是中国电影博物馆是否可以优先使用涉案的84张照片，如果可以，是否需要向孙照筠支付报酬。

关于焦点一，涉案的84张照片属于《著作权法》所保护的摄影作品，而不是时事新闻。因为这些照片不仅记录了客观事实，而且体现了孙照筠的创造性劳动和个性化选择，具有独创性和表达性，符合摄影作品的定义；关于焦点二，涉案的84张照片仅仅属于中国电影博物馆的一般职务作品，而不是中国电影博物馆的特殊职务作品。因为这些照片并不属于《著作权法》规定的著作权属于法人或非法人组织的特殊职务作品的类型，孙照筠和中国电影博物馆也未对孙照筠创作的职务作品的著作权作出属于中国电影博物馆的约定，故涉案84张照片属于孙照筠享有著作权的一般职务作品；关于焦点三，根据《著作权法》第18条规定，对于著作权属于作者的职务作品，作者所在的法人或者非法人组织有权在业务范围内优先使用，并不需要事先征得作者的许可。因此，中国电影博物馆未经孙照筠许可在其馆刊中使用该84张照片有合法依据。中国电影博物馆实行的是计时工资，孙照筠每月都从中国电影博物馆领取了工资，故孙照筠拍摄涉案84

张照片的独创性劳动的价值已经得以体现，中国电影博物馆使用涉案照片不应当再向孙照筠支付报酬。我国法院已经在司法实践中确认单位对一般职务作品享有长期的免费的法定使用权。

第三节　文化旅游版权侵权及救济

文化旅游发展势头迅猛，伴随产生的文化旅游类作品受到了游客和市场的青睐，但各种侵权行为频频发生。对文化旅游类作品的模仿、抄袭一旦成为文化旅游市场的常态，将导致文化旅游市场出现严重的同质化现象。

司法实践中，在认定是否构成著作权侵权的问题上，只要未经许可而使用了他人享有著作权的作品，又不属于权利的限制和例外，就可认定为侵权。[1]这对于文化旅游中侵权类型、侵权抗辩事由的研究具有重要意义。

一、侵权类型

（一）未经许可使用他人文字作品、摄影作品进行宣传推广

近年来，文化旅游业愈发受到重视与关注，人文景观与自然景观相结合的旅游形式愈发受到欢迎。人文旅游景观的展现离不开旅游宣传，旅游宣传多从视觉和听觉的角度生动呈现文化旅游的魅力，凸显出特定的旅游主题，从而达到营销的目的。文化旅游景点、旅游公司或旅游平台为了宣传景点、吸引游客，经常会制作一些包含图文、短视频的广告文或公众号推文。使用他人的文字作品、摄影作品用于宣传旅游服务，应当取得作品著作权人的许可，否则构成侵权。

【典型案例】

中旅途易旅游有限公司上海第一分公司与北京星途河轮国际

旅行社有限公司著作权权属、侵权纠纷案[2]

时间：2020 年 11 月 20 日

---

〔1〕 李明德、许超:《著作权法》，法律出版社 2009 年版，第 218 页。

〔2〕 上海市徐汇区人民法院（2020）沪 0104 民初 1527 号民事判决书。

原告：中旅途易旅游有限公司上海第一分公司

被告：北京星途河轮国际旅行社有限公司

　　原告主张：原告系综合性旅游集团中旅途易旅游有限公司上海第一分公司，是维京游轮品牌、微信公众号"维京游轮"的运营者。原告为宣传推广维京游轮的旅游服务，在微信公众号"维京游轮"上持续发布介绍旅游服务的文章、照片。为重点宣传针对中国消费者的欧洲内河游轮项目，原告陆续发布了《极尽浪漫，五国八城 | 2018 维京游轮多瑙河之旅等你报名》《五月起，像欧洲人一样享受生活》《带着爱，一起住进多瑙河上的家 | 感恩之旅即将启航》《杯酒人生，河谷盛宴 | 坐游轮漫游瓦豪河谷是怎样的体验？》等文章（以下统称权利文章），原告还配上了适合文章主题的 26 张照片（以下统称权利照片）。被告于 2017 年 3 月 29 日注册微信公众号"星途游轮"。该公众号于 2017 年 10 月 28 日发布《乘船游欧洲，那些如诗的河流是时候去看看了》一文，文末为星途旅游专营店的图文广告；于 2017 年 12 月 20 日发布《星途时刻 | 遗落在河谷中的"瓦豪之珠"》一文，文末的图文广告右上角标注"星途游轮"文字及标识；于 2018 年 3 月 16 日发布《春天的约"惠"，踩住欧洲醇美景致》一文，文末的图文广告左上角标注"星途游轮"文字及标识，广告主要介绍多瑙河东欧 5 国 12 日游；于 2018 年 4 月 18 日发布《真正的长大，是带父母完成一次愉快的旅行》一文，文末的图文广告主要介绍多瑙河东欧 5 国 12 日游；于 2018 年 5 月 17 日发布《想去欧洲玩，何必挤大巴？》一文，文末的图文广告左上角标注"星途游轮"文字及标识，广告有"星途游轮带您换一种方式游欧洲"的文字；于 2019 年 4 月 23 日发布《 | 星途慢游 | 循着最富诗意的河流，邂逅浪漫欧洲～》一文，文末的图文广告左上角标注"星途游轮"文字及标识；于 2019 年 5 月 6 日发布《带上妈妈，感恩这份沉淀在时光里的爱之旅》一文，显示阅读数为 137 次。被告发布的文章的主要内容均为介绍旅游行程、沿途景点、环境等，均配有与主题相关的若干风景、人物、美食等照片，其文章标题的下方均标注"星途游轮"以及发布时间。原告认为：被告在运营的微信公众号"星途游轮"上发表的文章以及作为配图使用的 26 张照片，分别抄袭了原告享有著作权的权利文章、照片，被告使

用时均删除原告使用的署名"维京游轮"后重新署名为"星途游轮"，被告上述行为侵害了原告就权利文章、照片享有的信息网络传播权、署名权。

被告辩称： 对权利文章构成文字作品不持异议，但原告对权利照片的素材、角度、光线的选择等均很普通，未体现独创性的选择、安排或处理，不能构成摄影作品；若法院认定权利照片构成摄影作品，由于原告未全部提供创作权利文章、照片的自然人与其约定著作权归属的文件，被告不认可原告系权利文章、照片的著作权人。

法院认定： 双方当事人对于权利文章属于著作权法规制的文字作品意见一致，本院认同双方当事人的上述意见，权利文章均为介绍旅游行程、沿途景点、环境等以文字形式表现的作品，符合著作权法关于文字作品的规定，应予保护。著作权法保护作品所需要达到的独创性并非是过高的、较难企及的标准，只要是创作者在创作的过程中有着自我的选择、取舍等智力劳动创作过程，能够体现出智力劳动付出，就可以初步认为达到了著作权法所要求的独创性。就涉案权利照片而言，均能体现出拍摄者对于拍摄人、物的取舍，拍摄角度、光线的选择，能够体现出拍摄者的智力劳动，应认定构成摄影作品予以保护。原告就权利照片提供了与拍摄者的相关合同，其中与拍摄者朱某某、张某、李某某分别签订的《著作权共有协议》均约定著作权由双方共同享有；其中与墨视广告（上海）有限公司签订的《维京游轮多瑙河航线拍摄合同》约定照片的所有媒介刊载版权归中旅途易旅游有限公司所有，墨视广告（上海）有限公司仅享有署名权，之后中旅途易旅游有限公司将所涉照片著作权转让给途易公司；根据上述合同约定，原告据此主张享有26张权利照片的信息网络传播权以及单独维权的权利，本院予以支持。同时上述合同证明了途易公司并非权利照片的作者，仅根据相关合同获得了相应的著作财产权。署名权是保护作者昭示与作品之间密切关系的权利，属于著作人身权的核心部分，不可转让或承继，故原告在本案中主张享有权利照片的署名权，本院不予支持。

（二）未经许可使用他人模型作品制作景观雕塑

著作权人对其作品依法享有复制权和演绎权。复制权是再现原作的权利，这种对原作的再现没有增加任何"创作"的内容；演绎权是在原作基础上创作出派生作品的权利,这种派生作品使用了原作品的基本内容,但同时因加入后一创作者的创作成分而使原作品的内容发生了改动。演绎者对其派生作品依法享有著作权,但演绎者行使著作权时应取得原作者的许可,不得损害原作者的著作权。

【典型案例】

中国科学院海洋研究所、郑守仪诉刘俊谦、莱州市万利达石业有限公司、烟台环境艺术管理办公室侵犯著作权纠纷案[1]

时间: 2012 年 7 月 26 日
原告: 中国科学院海洋研究所、郑守仪
被告: 刘俊谦、莱州市万利达石业有限公司、烟台环境艺术管理办公室

原告主张: 郑守仪是中国科学院院士、海洋研究所研究员,其先后制作了多个有孔虫模型,这些模型的著作权属于中国科学院海洋研究所,郑守仪享有署名权。2008 年,郑守仪发现烟台市滨海中路新落成的雕塑中有 10 个有孔虫雕塑与其有孔虫模型极其相似。上述雕塑是刘俊谦与万利达公司合作制造、烟台环境办购买放置的。原告认为:郑守仪系中科院院士,从事中国海域有孔虫分类和生态学研究逾半个世纪,凭借专业的科研手段和分类学专家的知识经验,雕琢了 230 多个有孔虫模型。2008 年 6 月,郑守仪发现烟台滨海中路新落成的雕塑中有 10 个有孔虫雕塑,与刘俊谦之前从郑守仪处借走的有孔虫模型中的 10 个极为相似,同时几乎全部雕塑歪曲了有孔虫美学的天然性,特别是大部分有孔虫雕塑的所谓"学名",乃是张冠李戴的错误引用,使有孔虫雕塑完全失去其科学意义。因刘俊谦与万利达公司未经许可,复制、歪曲、篡改他人作品谋取利益,烟台环境办购买未经合法授权的雕塑作品,上述行为构成侵权。两原告认为,刘俊谦设计、莱州市万利达石业有限公司制作、烟台环境艺术管理办公室使用的 10 座有孔虫雕塑侵犯了其对模型作品享有的著作权,请求法院判令停止侵权、赔偿损失、赔礼道歉。

---

[1] 山东省高级人民法院(2012)鲁民三终字第 33 号民事判决书。

被告刘俊谦辩称：①刘俊谦雕塑作品是基于自然界客观存在的生物经艺术加工创作完成，创作题材完全来源于公共领域。②刘俊谦独立创作完成涉案雕塑作品，依法享有著作权。另，原告郑守仪不是涉案雕塑作品的作者，不享有署名权。③刘俊谦所创作的是用于城市景观美化的雕塑艺术作品，与原告所制作的科学标本模型分属不同的领域，不具可比性。④刘俊谦不存在侵权问题，原告作为国家出资的科研单位和人员，也没有任何损失，其相关诉请不成立。

被告万利达公司辩称：该公司与刘俊谦是委托设计关系，由此产生的责任依法应由设计人刘俊谦承担，请求法院驳回原告对万利达公司的诉请。

被告烟台环境办辩称：其摆放涉案雕塑是美化城市环境的公益行为，如将雕塑拆除是对社会财富的浪费，请求法院审理本案时予以注意。

法院认定：本案的有孔虫模型系郑守仪在其专业领域研究过程中独立创作完成，体现了其对有孔虫特定生长阶段、色彩及表达方法的个性化选择及其观察能力、绘图能力和雕刻能力，是其智力劳动的成果，构成著作权法意义上的作品。刘俊谦未经许可、根据郑守仪作品设计的9个被控雕塑侵犯了原告海洋研究所、郑守仪对其相关有孔虫模型作品所享有的著作权。被控雕塑是在未经许可的情况下，对他人模型作品复制、修改的基础上设计制作而成，并与他人作品构成实质性相似，侵犯了海洋研究所对有孔虫模型作品所享有的复制权、修改权，侵犯了郑守仪的署名权。此外，被告刘俊谦将被控雕塑错误命名，使用了与郑守仪模型作品不一致的名称，割裂了郑守仪作品与其名称之间的对应关系，歪曲了郑守仪作品所反映的事物内容，违背了郑守仪创作的原意和思想感情，构成对海洋研究所享有的保护作品完整权的侵犯。

（三）对文学作品、影视作品二创侵权

对文学作品、影视作品进行二次创作是当前文化旅游的一种重要活动形式之一。但在进行二次创作时，应确保获得原著作权人的许可，否则就可能构成侵权。2023年11月5日，《武林外传》官方微博发布浙江横店影视城恶意侵权《武林外传》情况说明，引起较大社会关注。《武林外传》出品方、版权方北京联盟影业投资有限公司主张，横店影视城"明清民居博览城七侠镇影视主题街景区"在 2016 年开业,"七侠镇影视主题街景区"一比一还原了电视剧《武林外传》中的故事场景及建筑,大量使用《武林外传》的故事情节、人物设定等版权元素,打造衍生商铺,进行经营活动;借用《武林外传》的影响力及影音、图片等素材,进行关联性宣传,吸引了大批游客前往,并使人误以为景区与《武林外传》达成了授权合作。横店影视城还以《武林外传》播出十周年为契机举办"武林十年,遇见七侠镇"主题活动,在景区内组织大量表演及互动玩法,吸引游客消费,但"七侠镇影视主题街景区"及相关主题活动未取得过己方授权或许可,这种故意、恶意侵权的行为已侵犯己方作为《武林外传》著作权人的合法权益。

影视城利用热播电视剧、制作微电影,给游客体验拍摄也是非常火热的旅游项目。横店也因提供游客体验拍摄《甄嬛传》被热议。未取得《甄嬛传》视听作品著作权人、剧本著作权人的同意就翻拍电影,可能侵害视听作品的改编权、复制权以及保持作品完整权等。

【典型案例】

东阳正午阳光影视有限公司诉北京叁零壹文化传媒有限公司 等著作权侵权纠纷案[1]

时间:2022 年 8 月 22 日
原告:东阳正午阳光影视有限公司
被告:北京叁零壹文化传媒有限公司、梁巨贤、上海汉涛信息咨询有限公司

原告主张:《琅琊榜》小说系作家海晏(笔名)创作的长篇小说,深受广大读者熟知和喜爱,曾荣获 2016 年中国版权金奖作品、2017 年猫片胡润原创文学 IP 价值榜第五名等大奖。由原告参与制作的《琅琊榜》电视剧自首播以来亦获得大量社会好评,先后获得中国电视剧品质盛典品质大奖、飞天奖优秀电视剧等诸多荣誉,其较强的知名度和商业价值亦助推了《琅琊榜》小说的市场影响力。原告经授权,依法独占并享有《琅琊榜》小说关于改编摄制视听作品、开发舞台剧、话剧、游戏及一切相关内容衍生

---

[1] 上海市杨浦区人民法院(2021)沪 0110 民初 17435 号民事判决书。

品之著作权及维权的权利。经过原告长期开发和运营，《琅琊榜》小说已经被改编成影视、游戏、戏剧、音乐等多种文化产品形式，"琅琊榜"IP与《琅琊榜》小说、《琅琊榜》电视剧建立了稳定的对应关系，"琅琊榜"构成知名商品的特有名称并极具辨识度。被告北京叁零壹公司、梁巨贤未经授权，在"301沉浸式超级密室轰趴馆"店铺中销售名为"琅琊榜之权谋天下"的密室主题，并通过被告汉涛公司经营的大众点评、美团平台进行宣传和销售。原告认为：被告的密室主题使用了《琅琊榜》小说的主要背景故事、主要角色人物名称、人物关系、故事情节等，将涉案小说改编为互动沉浸式戏剧作品，严重侵害了原告就《琅琊榜》小说享有的改编权等著作权。

被告辩称： 涉案密室游戏本质是一种游戏，主要体现为游戏的玩法、机制和流程，并未创作出一个具有独创性的新作品；且只有在保留原作品基本表达的情况下通过改编作品创作新作品，才是著作权法意义上的改编行为，同时还需考虑原作品元素在新作品中的占比，而涉案密室主题在人物设定、情节设计、结构安排上与小说完全不同，不涉及小说的任何基本表达，也未反映小说的主要情节和内容，故不构成改编权侵权。

法院认定：《著作权法》规定，改编权是指改变作品，创作出具有独创性的新作品的权利。根据著作权法保护表达而不保护抽象思想的原则，只有在保留原作品基本表达的情况下对原作品进行演绎再创造，才是著作权法意义上的改编行为。但这并不意味着仅有完全抄袭或者照搬原作品的文字表达才能构成改编，如果新作品所使用的人物关系、故事安排、情节推进等具体到一定程度，足以构成原作品的独创性的表达的情况下，即便两者体现的文字内容表现形式不同，新作品亦构成对于原作品的改编。本案中，涉案密室游戏的故事情节与《琅琊榜》小说的核心故事主线都是赤焰军少帅林殊因火寒之毒而容貌大易，化身江左盟宗主梅长苏，扶持能帮助平反赤焰冤案的皇子登上皇位，最终冤案得以昭雪，该具体情节已不属于"皇宫内谋士辅佐皇子夺嫡"的思想范畴，而已上升到《琅琊榜》小说高度独创的核心情节，涉案密室游戏中各角色玩游戏"挣钱"、"积攒兵力"、寻找线索等均系围绕这一核心情节展开，故该情节可以作为表达受到著作权法的保护，涉案密室游戏主题构成对《琅琊榜》小说改编权的侵害。

（四）文化节使用他人设计的会徽侵权

2014年4月间，"鳌江镇首届钱仓清明文化节"活动由鳌江镇政府主办，钱仓社区、钱仓村委会承办。早在2014年3月12日，文化节合作方平阳县一朵花文化传媒有限公司法定代表人以昵称在猪八戒网上发布名为"某乡镇清明文化节图标logo设计"的徽标设计征集任务。同年3月15日，潘浩洁通过猪八戒网将自己原创的钱仓清明文化节徽标投给了对方，但最终未中标。2014年4月5日，"鳌江镇首届钱仓清明文化节"如期举行，潘浩洁发现，文化节使用了自己原创设计的徽标。2015年4月举行的"鳌江镇第二届钱仓清明文化节"仍然使用了涉案徽标。

法院认为，潘浩洁创作的徽标凝集了其创造性的智力劳动，具有独创性，属于图形作品。潘浩洁提供的证据能够证明其为涉案徽标的作者，故其对涉案作品依法享有著作权。被诉侵权徽标与潘浩洁创作的徽标虽然存在细微差别，但视觉艺术形象基本相同，可以认定两者构成实质性相似。同时活动举办方在选定徽标过程中实际接触了潘浩洁创作的徽标。现活动举办方及第三人钱影公司均未能提供证据证明被诉侵权徽标系其自行设计创作，故该院认定相关责任方未经潘浩洁许可，将其作品部分篡改后公开复制使用，侵害了潘浩洁的作品发表权、修改权、复制权。[1]

（五）网络服务提供者的间接侵权

网络服务提供者间接侵权是指网络服务提供者明知行为人存在利用其网络服务侵害他人著作权而未采取必要措施的行为。例如，游客及其他人在制作旅游攻略时，攻略中可能包含了他人拍摄的景区照片、景区的独创音乐歌曲、画家描绘景点景色的画作、他人录制的景区旅游视频以及景点表演戏剧的视频等。游客及其他人将这些侵犯他人著作权的旅游攻略上传至网络服务平台以谋取各种利益，被侵权人在发现这些侵权旅游攻略后联系相关平台，但这些旅游网站等其他网络平台并没有遵守通知—删除原则，这将构成对著作权的间接侵权。换言之，该旅游网站的运营者或者管理者，如果明知或者应知这些侵权行为的存在，却未采取合理措施阻止或者制止，或者从中获得利益，就会构成对著作

〔1〕 浙江省瑞安市人民法院（2016）浙0381民初2935号民事判决书。

权的间接侵权。

【典型案例】

张婵、广州网易计算机系统有限公司等侵害作品信息网络传播权纠纷民事一审民事判决书[1]

时间：2022 年 6 月 1 日

原告：张婵

被告：广州网易计算机系统有限公司（以下简称网易公司）、马蒙

  原告主张：原告张婵是一名摄影师，拍摄了 11 张海岛小渔村的风景照，并在今日头条上首次发表。被告马蒙是一名自媒体运营者，未经原告许可，在网易平台上发布了与原告权利图片实质性相似的涉侵权图片，用于分享旅游信息。被告网易公司是网易平台的运营者，提供了信息存储空间和技术服务。原告认为被告马蒙发布涉侵权图片，使公众可以在其选定的时间和地点通过被告网站获得权利图片，侵犯了原告对涉案摄影作品享有的信息网络传播权。原告还认为被告网易公司是涉侵权图片发布的受益者，且未尽审核义务和监管责任，构成间接侵权。

  被告辩称：其在本案中属于网络服务提供者，未对涉侵权图片及所在文章的内容进行选择、编辑、修改、推荐等，也未因涉侵权图片而直接获利，不存在明知或应知用户存在著作权直接侵权行为而提供帮助等过错，不构成侵权，请求法院驳回原告的诉讼请求。

  法院认定：关于被告网易公司的行为，法院认为网易公司在本案中属于网络服务提供者，未对涉侵权图片及所在文章的内容进行选择、编辑、修改、推荐等，也未因涉侵权图片而直接获利，且原告未通知网易公司，网易公司表示涉侵权图片所在文章系在收到本案诉状后删除，不足以证明网易公司明知或应知用户存在著作权直接侵权行为而提供帮助等，不构成间接侵权。综上，法院判决被告马蒙停止侵权，赔偿原告损失，驳回原告对被告网易公司的诉讼请求。

---

[1] 广州互联网法院（2021）粤 0192 民初 24056 号民事判决书。

二、侵权抗辩事由

（一）合理使用

1. 对设置或者陈列在公共场所的艺术作品进行临摹、绘画、摄影、录像。《著作权法》第24条第1款第10项规定，对设置或者陈列在公共场所的艺术作品进行临摹、绘画、摄影、录像，可以不经著作权人许可，不向其支付报酬，但应当指明作者姓名、作品名称，并且不得影响该作品的正常使用，也不得不合理地损害著作权人的合法权益。故宫博物院、中国国家博物馆、颐和园、北京环球影城、上海迪士尼度假区等多家知名景区、场馆、主题公园陆续发布新规：未经批准，禁止商拍、自媒体直播等非参观活动。很多人表示理解，商业跟拍严重影响了上述场馆和园区的作品的正常使用，损害了著作权人的合法权利。

【理论探讨】

游客对景区展示的古物、建筑以及人物雕像等作品进行临摹、绘画、摄影、录像是否可以认为是合理使用？

首先，从目的和性质来看，如果游客的行为主要是出于个人学习、研究、欣赏等非商业性质的目的，则构成合理使用。那么，商业性使用就不是合理使用吗？最高人民法院关于对山东省高级人民法院《关于山东天笠广告有限责任公司与青岛海信通信有限公司侵犯著作权纠纷一案的请示报告》的复函中指出，《最高人民法院〈关于审理著作权民事纠纷案件适用法律若干问题的解释〉》第18条"合理的方式和范围"，应包括以营利为目的的"再行使用"。该回复明确了合理使用不排除营利性使用，这是符合立法本意的。虽然合理使用不排除商业性使用，但是不代表所有商业性使用均应予以豁免，在实际案件中，如果商业性使用影响了作品的正常使用，或者不合理地损害著作权人的合法权益，则仍构成侵权。

其次，需要分析对原作品产生的影响。如果游客的行为对原作品的市场价值或声誉造成实质性损害，那么则不可能被认为是合理使用。对于作品的正常使用，应不影响其可以预测的使用方式，充分考虑到著作权人对其作品进行商品化的权益，不侵占著作权人的商业使用空间。例如，如果游客的临摹、绘画或摄影作品与原作品极其相似，并且可能替代原作品的市场需求，并且投入到市场中去，这也不能认为是合理使用。

最后，署名是否在任何条件下都是必要的，关于署名的义务，最高人民法院指出，在一般情况下，社会公众只能依靠该室外艺术作品本身的标注来确认作者姓名和作品名称，而没有另行核实的义务。因此，如果公共场所的艺术作品本身有署名的，在使用成果应进行署名，否则可不署名。

【典型案例】

国家体育场有限责任公司诉熊猫烟花集团股份有限公司
等侵犯著作权纠纷案[1]

时间： 2011 年 6 月 20 日

原告： 国家体育场有限责任公司

被告： 熊猫烟花集团股份有限公司、浏阳市熊猫烟花有限公司、北京市熊猫烟花有限公司

原告主张： 北京 2008 年奥林匹克运动会主会场国家体育场又称"鸟巢"，于 2008 年 6 月 27 日竣工验收，原告是该建筑作品的著作权人。此外原告还是《国家体育场夜景图》图形作品和《国家体育场模型》模型作品的著作权人。2008 年 12 月以来，原告发现市场上开始出现由第一被告监制、第二被告生产、第三被告销售的"盛放鸟巢"烟花产品。上述烟花产品模仿了"鸟巢"的独特艺术特征，剽窃了原告的创作智慧，已构成对原告著作权的严重侵害。

被告辩称： 一是"盛放鸟巢"烟花外观为第二被告委托香港新兴广告有限公司进行设计完成的工业产品外观，有合法来源。其作为该设计委托方对该设计成果享有独立的民事权利。二是"盛放鸟巢"烟花产品没有侵犯国家体育场建筑作品、图形作品、模型作品著作权。首先，"盛放鸟巢"烟花是工业产品，不是著作权法意义上的作品，不存在对国家

---

〔1〕 北京市第一中级人民法院（2009）一中民初字第 4476 号民事判决书。

体育场建筑作品、图形作品、模型作品的剽窃或复制。其次,《著作权法(2010修正)》规定,"对设置或者陈列在室外公共场所的艺术作品进行临摹、绘画、摄影、录像"属于对作品的合理使用。即便"盛放鸟巢"烟花包装图案模仿了国家体育场,也是对该建筑作品的合理使用,不构成任何侵权行为。

法院认为: 对于烟花造型构成建筑作品侵权进行了肯定性判决,"盛放鸟巢"烟花产品外形呈椭圆形、中部镂空,且在整体造型、长宽比例、钢架结构、色调线条搭配、火炬等方面采用了与国家体育场外观相同或者近似的设计,较为全面地体现出国家体育场建筑作品所采用的钢桁架交织围绕碗状结构的独创性特征,构成了对国家体育场建筑作品的高度模仿,系对国家体育场建筑作品独创性智力成果的再现,与国家体育场构成实质性相似。对"盛放鸟巢"烟花产品的制造和销售构成对国家体育场建筑作品的复制和发行。但对于烟花外包装采用建筑作品图案是否构成合理使用,采取了回避的态度。

作者评析: 平面化建筑作品,构成合理使用。建筑的性质决定了其无法通过用于外包装的方式获取经济利益,平面化处理是建筑未获得本案中潜在经济收益的前提条件,因此,谁付出了这个劳动,谁享受权利。因此,该图片的著作权应该由平面化处理的人享受,当然也可享受随之带来的经济效益。从另一个角度来说,被告将鸟巢图案用于产品外包装,并不会影响鸟巢建筑作品的使用,没有对该建筑作品产生不良影响。因此,没有侵害建筑作品的著作权。相反,在土楼纪念章案件中,林某(土楼的所有权人之一,土楼建筑作品著作权主张人)未经许可,使用钟某平面化土楼设计的土楼纪念章图样制作纪念章,侵害了钟某的著作权。

2. 为介绍、评论某一作品或者说明某一问题。《著作权法》第24条第1款第2项规定,为介绍、评论某一作品或者说明某一问题,在作品中适当引用他人已经发表的作品,可以不经著作权人许可,不向其支付报酬,但应当指明作者姓名或者名称、作品名称,并且不得影响该作品的正常使用,也不得不合理地损害著作权人的合法权益。

【理论探讨】

在旅游攻略中，为了说明某个地名或者景点名字的由来，引用他人的已经发表的作品是否构成合理使用？

在旅游攻略制定时，为了更加突出景点特色，会适当引用他人作品来完善旅游攻略信息。比如在江西上饶、婺源、景德镇三个景区相结合制定的旅游攻略里面，涉及景点的名字，以及为了更具有吸引力，加入了对景区某个景点的历史由来介绍，这些引用是否为合理使用，需要对攻略中的引用部分进行分析。

首先，要对引用的目的进行判断，引用目的仅限于为介绍、评论某一作品或者说明某一问题。个人引用是为了用来介绍或者说明自己的旅游攻略中的景点由来，则属于合理使用。其次，被引用的内容在被诉侵权作品中所占的比例适当，不能用来作为旅游攻略的主要内容。引用实质是复制粘贴，如果引用的内容太多或者占比高，则不符合合理使用。最后，引用行为不影响被引用作品的正常使用，或者不损害其他权利人的合法权益。这是必须要具有的，如果旅游攻略中引用的部分影响了其他权利人的合法利益，将会被认为侵权，自然而然不能被认为是合理使用。另外在引用时是否标明了作者的名字和作品名称，也是非常重要的，一旦没有标明作者名字或作品名称，让游客认为是创作的，而不是引用的，也会被认为是侵权。比如有的学者认为，一是适当引用在实质上讲是一定程度的复制行为。二是适当引用具有合理性。三是适当引用要求引用的部分应该适度。[1]

【典型案例】

美好景象公司、滨湖投资公司侵害作品信息网络传播权纠纷[2]

时间： 2023 年 3 月 13 日

原告： 美好景象公司

---

[1] 张杰：《亟需完善我国〈著作权法〉中的适当引用制度》，载《中国编辑》2014 年第 6 期。

[2] 江苏省苏州市吴江区人民法院（2023）苏 0509 民初 1617 号民事判决书。

被告： 滨湖投资公司

原告主张： 原告作为一家专业图片公司，通过许可他人有偿使用其经营的摄影作品而获得合理收入。现原告发现，被告在其所属的网站中（侵权页面链接：http：//www.szwhjha.com/profile/news/zhuanti/703），使用原告享有著作权的摄影作品（图片号：cpmh-29048），该作品收录在原告的网站及供片目录《景象图片库》中。被告的上述使用行为并未获得原告的授权，也未向原告支付著作权使用费。原告认为，被告未经原告授权，擅自对原告拥有著作权的摄影作品作商业性使用，系侵权行为，应当承担相应的侵权责任。

被告辩称： 刊载案涉图片的《苏州湾旅游区祝您元宵节快乐，团圆幸福》一文发表于 2019 年 2 月 19 日，当天为己亥年元宵节，该文系为宣传和庆祝中华民族传统节日——元宵节，全文内容不涉及商业宣传，且与被告主营业务无关，并非对被告自身进行宣传营销。被告使用该图片并非商业性使用目的，系为宣传中华传统文化。该文对案涉图片的引用符合《信息网络传播权保护条例》第 6 条规定的"可以不经著作权人许可，不向其支付报酬"的合理使用的情形。

法院认定： 关于被告辩称其使用涉案图片的行为系合理使用的问题，根据相关法律可知，对作品的适当引用应当符合以下条件：一是被引用的作品须是已经发表的作品；二是引用目的仅限于为介绍、评论某一作品或者说明某一问题；三是被引用的内容在被诉侵权作品中所占的比例适当；四是引用行为不影响被引用作品的正常使用或者损害其他权利人的合法权益。本案中，涉案文章的主要内容包括两部分，一部分为围绕元宵节习俗展开评论的文字，此部分内容简短；另一部分为包含原告享有著作权的涉案图片在内的多幅图片，篇幅占比较大。涉案文章较为完整地使用了著作权人的作品，且因为该文章的传播，他人无需通过原告的许可，即可完全了解整幅图片的内容，甚至使用涉案图片。因此，被告使用涉案图片的行为影响了原告对涉案作品的正常使用，影响其通过自己使用或者许可他人使用作品的方式获取合法利益，不符合"适当引用"的构成要件。

⌕ 问题与思考

民间文学艺术的著作权法律问题

民间文学艺术，简称民间文艺，是在某一群体或众多个人之间创作产生并经长期演化而逐渐得以在民间社群或族群内被广泛传播的传统艺术，包括民间故事、民间诗歌、民歌民乐、民间舞蹈和戏剧等表现形式。中国拥有五千年的历史文明，56 个民族有着自己独特的生活习俗和文化传统，萌生了众多的民间文学艺术，民俗旅游也成为文化旅游的一种重要形式。

民间文学艺术与著作权法有密不可分的关系，但著作权法又很难对民间文学艺术提供全面的保护，因此，我国《著作权法》第 6 条也规定了民间文学艺术作品的著作权保护办法由国务院另行规定。但迄今为止，我国还没有针对民间文学艺术作品的专门立法。2014 年国家版权局曾发布《民间文学艺术作品著作权保护条例（征求意见稿）》，后来此项立法工作停滞。所以，对于民间文学艺术作品的保护，我国目前主要还是依靠著作权法来进行，辅之以《中华人民共和国非物质文化遗产法》。当前法律纠纷主要涉及不当使用民间文学艺术资源引发的特定社群权利保护问题、民间文学艺术作品之间的抄袭问题、改编民间文学艺术作品引发的著作权侵权问题。

以饶河县四排赫哲族乡政府诉郭颂等侵犯民间文学艺术作品著作权纠纷案[1]为例，《乌苏里船歌》是赫哲族民歌，属于我国著作权法保护的民间文学艺术作品，赫哲族人民依法应享有署名权等精神权利和获得报酬权等经济权利。1999 年 11 月 12 日，在"南宁国际民歌艺术节"晚会上，中央电视台称《乌苏里船歌》系汪云才、郭颂创作而非赫哲族民歌，侵害了原告的权利。此后，该晚会被录制成 VCD 向全国发行，影响进一步扩大。

原告主张在中央电视台播放《乌苏里船歌》数次，说明其为赫哲族民歌，并对其侵犯行为做出道歉并赔偿经济损失。

被告辩称以《想情郎》为代表的赫哲族民间传统曲调，只是一首古老的四句萧曲，没有歌词，而《乌苏里船歌》既有新创作的曲子又有歌词，是其与胡小石、汪云才借鉴西洋音乐的创作手法共同创作的。

---

[1] 北京市高级人民法院（2003）高民终字第 246 号民事判决书。

法院认为，经中国音乐著作权协会所作鉴定表明该音乐作品主部即中部主题曲调与《想情郎》《狩猎的哥哥回来了》的曲调基本相同。因此，应认定《乌苏里船歌》主曲调是郭颂等人在赫哲族民间音乐曲调《想情郎》的基础上，进行了艺术再创作，改编完成的作品。郭颂、中央电视台关于《乌苏里船歌》属原创作品的主张，不予采纳。

民间文学艺术作品的著作权受法律保护。对于民间文学艺术作品保护，在禁止歪曲和商业滥用的前提下，鼓励对其进行合理开发及利用，使其发扬光大，不断传承发展。但是利用民间文学艺术作品进行再创作，应当说明所创作的新作品的出处。涉案的赫哲族民间文学艺术作品是赫哲族成员共同创作并拥有的精神文化财富。它不归属于赫哲族某一成员，但又与每一个赫哲族成员的权益有关。该民族中的任何群体、任何成员都有维护本民族民间文学艺术作品不受侵害的权利。

第五章 艺术品版权

本章导读

知识经济盛行的背景下，随着社会文化的持续发展，艺术品已经变成了社会关注的焦点，其重要性不容忽视。在全球范围内，无论是艺术品的创作、竞拍、收藏还是艺术品交易，都形成了一个庞大的市场。根据 2018 年至 2021 年的公开数据显示，仅艺术品收藏市场的规模每年就超过了一千亿美元，而非收藏类艺术品包含的文化市场整体规模更是难以计算，年市场规模估计达到或超过了一万亿美元。[1] 这一市场的价值不断上升，吸引了不同社会阶层和收入水平人群的广泛参与，其受众的多样性，覆盖了社会的各个层面。

然而，艺术品在展览、出版、收藏以及流通的过程中频繁出现的版权侵权问题，成了限制其健康发展的一个重要因素。因此，加强艺术品知识产权的保护显得尤为关键。这不仅有利于维护文化艺术领域创作者的智慧成果，激发他们的创作热情，而且对于保障行业的健康成长、建立公平且有益的竞争环境，进而促进艺术界的繁荣发展也至关重要。

本章主要结合案例对艺术品进行分类阐述，并对各类艺术品进行详细的作品属性分析，探讨艺术品确权、著作权归属和侵权法律问题。

学习本章后，需掌握以下内容：一是艺术品版权客体；二是艺术品版权主体；三是艺术品领域的侵权形式及相关侵权抗辩事由。

---

〔1〕《李斌：数字化技术对知识产权的保护》，载 https://ml.mbd.baidu.com/r/1fPvvC2Cpd6?f=cp&u=dc9a761000ba15d9，最后访问日期：2024 年 3 月 12 日。

第一节　艺术品版权客体

一、艺术品概述

艺术品是指艺术家通过创意和独特表现形式来表达情感、思想或美感的物品，包括书法、绘画、雕塑、摄影、陶艺、建筑等各种形式。艺术品的价值通常不仅仅取决于其材料和制作工艺，更取决于艺术家的创意、表现力以及对观众的情感和思想的影响，是一种对美的追求和表达。这种美可以通过形式、色彩、线条等元素创造出具有观赏性的视觉效果，反映艺术家个人的风格和特色，通常具有独特性，并有一定的经济价值，可以启发人们的思考，体现艺术家愉悦、悲伤、愤怒等情感。

为了研究的体系化，本书将艺术品界定为一般艺术品、博物馆艺术品、实用艺术品以及民间文学艺术品几种类别。

二、艺术品作品属性分析

（一）一般艺术品作品属性分析

1. 书法、绘画、雕塑等常规艺术品作品属性分析。常规艺术品包括但不限于书法、绘画、雕塑、摄影作品等，其独创性和艺术表现形式是决定其是否受《著作权法》保护的关键因素。例如，一幅画作或雕塑作品，如果具有独特的创意和个人表达，就可能被视为著作权法意义上的作品，从而享有相应的法律保护。

以书法为例。书法是指用毛笔书写汉字的方法和规律，书法作品是作者利用可书写工具在一定载体上所呈现的能够凸显个人思想与情感，并富有美感的作品。但书法作品基于其本身内容固定、明确的特性，在创作上难免会产生一定的相似性。因此，书法作品是否具有独创性是最难判断的。

本书认为作品中只要能够体现出作者的选择与取舍，便可以削弱其侵权的可能性。从这个方面来说，书法作品的模仿、参考、临摹都与原作品有一定的区别而具有独创性，有别于著作权法上的"复制"。书法作品在我国著作权法中一般是作为美术作品进行保护，只要是具有审美性且是作者独创的书法作品都应该被认可为美术作品。

【典型案例】

张建辉、北京华章世纪教育咨询有限公司与厦门字强不息
文化传播有限公司著作权侵权及不正当竞争纠纷案[1]

时间： 2017 年 5 月 11 日
原告： 张建辉、北京华章世纪教育咨询有限公司（以下简称华章世纪公司）
被告： 厦门字强不息文化传播有限公司

  原告主张： 张建辉是中国硬笔书法协会成员，于 2013 年 10 月出版了《神笔练字小学生楷书基础篇》（以下简称神书）和《神宫格小学生同步练字教程》（以下简称小学生系列），并将涉案书籍著作权以排他许可方式授权给华章世纪公司。被告 2015 年 11 月 27 日在其经营的"最美中国字"网站中发布《最美中国字——第三期福建省教师培训落幕，四天轻松训练，书写"最美"中国字》一文，文中介绍该次培训由"Z 某某"主训，并配有参训人员合照等活动照片。该培训还提供字帖套装《小明的初练》销售，其中关于正确、错误的握笔姿势的文字介绍、相应口诀及配图，与前述神书及小学生系列图书中的相应内容相同。原告认为，涉案书法构成美术作品，受著作权法保护。被告侵害了其涉案书籍著作权。

  被告辩称： 涉案书法不具有独创性，不受著作权法保护。

  一审法院认定： 原告主张的"神笔体"汉字书法，系在较小的四方格内书写较为工整的汉字，从其笔画与结构特征上看，与公有领域的楷书极为相似，神书的标题中亦称其系"小学生楷书基础篇"。虽然张建辉就其"神笔体"中的单字经过了一定的设计，付出了一定的劳动，该"神笔体"汉字与其他人以楷书这一字体书写的同一汉字在线条及结构上会有一定区别，但其并不具有明显区别于公有领域字体的显著特征，难以构成具有独创性的美术作品。对于其中的书法作品认为没有构成具有独创性的美术作品。

  二审法院认定： 一方面，系争汉字书法是否具有一定的独创性，即除去固定的书写结构，汉字在笔画间架结构的搭配、线条粗细、弯度转折等

〔1〕 上海市浦东新区人民法院（2016）民初第 23611 号民事判决书、上海知识产权法院（2017）沪 73 民终 22 号民事判决书。

方面能否体现出不同于公有领域通用字形的视觉审美；另一方面，系争汉字书法是否由书写者独立创作完成。在该案中，系争图书中的"神笔体"书法（215个汉字）是张建辉独立创作书写完成的，与市面上其他硬笔书法字帖中的楷书字体或者办公软件字库中的楷体字体相比，存在明显的区别，字形整体具有劲健挺拔、瘦硬严谨的独特外观，具有一定的美感。因此，二审法院认为，系争"神笔体"书法作品具有一定的独创性，构成美术作品，应当获得著作权法的保护。书法是汉字的书写艺术，有着篆书、隶书、楷书、草书、行书等通用字体，一般用于传情达意，是一种具有使用价值的工具，如果某个单字书法造型能体现作者独特的个性和审美，则可以突破其实用价值而产生审美意义上的价值，具有一定的独创性，构成美术作品。而作为美术作品的汉字书法主要保护的是其线条及结构，但汉字的写法是固定的，表达方式有着很大的限制，所以能得到著作权法保护的书法作品必须在线条及结构的独创性方面有着一定的审美高度，明显区别公有领域字体的显著特征。一审法院已经注意到了张建辉的书法字体明显是经过一番设计的，但因对书法艺术不了解，错误地认为楷书是公有领域的。书法中的篆书、隶书、草书、行书等属于字体，而欧体、柳体、颜体是书体，字体是固定的，但书体是无穷无尽的。涉案作品中，"神笔体"的点横竖撇捺等均有着自己的独特性，如果楷书属于公有领域的话，那么我国著作权法中对书法作品的规定将毫无意义。

2. 纹身艺术品的作品属性分析。纹身是将带墨的针头穿透皮肤表层，以此在皮肤上创作图画或文字。这种艺术的制作流程分为三个主要阶段：规划、割线及打雾。在完成初步设计后，纹身艺术家采用穿刺皮肤的方法，利用颜料填充伤口，从而在皮肤上创造出持久的图案或文字。也就是说，纹身艺术品可以被理解为一种使用人体皮肤作为"画布"的永久性艺术形式，专业的纹身艺术家可以创作出各种不同类型的艺术作品。这些艺术作品包括几何设计、水彩风格、象征性图案或部落灵感的艺术作品等，体现一定的艺术价值。那么，作为艺术品的纹身能否成为我国著作权法保护的作品？

根据《著作权法》规定，一个作品必须具备独创性和可复制性，但并未对固定介质作出限定，即意味着只要是作者独立创作的，并以某种形式稳定地记录下来，能以有形形式复制，他人可以通过某种方式感知到的就可能是作品。

纹身作品可以分为两类，一是纹身师自己设计图案并进行纹身；二是纹身师根据他人设计好的图案为客人进行纹身。第一种纹身艺术品通常是由纹身艺术家根据个人的要求和风格创作的，除了将"忠""义"这样的字眼纹在四肢或躯干上，或在无名指指根纹简单的波浪线条、云朵等，这种与艺术无关、不具有独创性的简单字符或图案外，一般纹身设计具有最低的独创性就可以满足独创性的要求。[1]第二种纹身从表象看，根据现有图案制作纹身，似乎仅仅是对他人图案的复制，其实不然，著作权保护的是作品思想的表达，而非思想本身。作品独创性，实际上是思想表达的独创性，即作者创作出来的作品在表达上是新的或是原创的。他人设计好的图案，提供的仅仅是轮廓或样式，纹身师在纹身过程中，根据身体部位、皮肤的性质选择不同的线条和色调，这个选择的过程体现了纹身师对图案的理解，注入了其智力劳动。

纹身艺术与平面图案设计在美学表达上存在本质的区别，一个设计图案可能仅仅是平面美术作品的一种形式，而纹身艺术则通过运用不同的色彩对比、线条的粗细变化以及恰当的身体部位选择等手法，赋予作品更加鲜明的立体感和层次感。例如，将一只猛兽的图像绘制在纸上与将其纹在男性的胸部，两者所带来的视觉效果截然不同。可见，根据图案创作的纹身作品相比已经设计好的图案，其表达方式具有独创性，但仍属于演绎作品，受已设计的图案的版权的约束。[2]当然，如果设计图案完全是客户自己提供的，而纹身师仅仅使用专业设备将这一设计图案实现在客户指定的身体部位上，那么纹身师对原始作品的贡献可以说是有限的。仅仅因为纹身师的技术手法差异，客户的肤色、体型和肌肉结构等个体差异，使得最终的纹身效果与原作品相比出现了视觉上的变化。这类视觉上的变化，由于缺乏足够的创新性，可能不满足独创性的最低标准。

在将人体皮肤与传统的表达媒介（例如纸张）比较时，关于人体皮肤是否能作为一种具体的表达媒介，理论界存在很大的分歧。有些国外理论家持有观点，认为人体皮肤应被视作一种无形的表达媒介，主张虽然人体皮肤并不完全满足"无形"这一要素，但从人体解剖学的视角来看，由于皮肤正处在一个持

---

〔1〕 徐金耿：《论作为艺术品的纹身的版权法保护》，载《法制与经济》2020年第8期。
〔2〕 陈斌、张文婷：《试论纹身作品的著作权属性》，载《法制与社会》2007年第10期。

续的变化与新陈代谢的状态中，这种再生的特性赋予了皮肤一种无形的特质，使其不适用著作权法的保护。他们进一步论述，人体皮肤承担着对人体至关重要的实际功能，且这种实际功能超越了其审美价值。在纹身的使用上，尽管它作为创作者原创作品的"画布"，展现了美学功能，但更多地体现为"实用功能"。根据这一功能性标准，人体皮肤不具备经济价值，且纹身的主要目的通常与信仰、文化传统、身份认同以及个性表达相关，并非追求可复制性的经济价值。相反，另有观点认为人体皮肤确实是一种有形的表达媒介，并且符合著作权法保护的条件。尽管人类最终会面临死亡，皮肤也将分解，所有在人类皮肤上的纹身作品都反映了一种可预见的、不可避免的时效性。按照这种逻辑，人体皮肤上的纹身创作似乎不具有永久性，这似乎不符合著作权法保护的标准。然而，在著作权法的框架下，一个有形的介质并不要求其存在具有绝对的永久性，只需要在一定的时间段内可以被感知、复制或以其他方式进行传播，而非瞬息即逝，就足够了。尽管人体皮肤总是在不断地经历变化，但除非通过激光去除等手段，否则纹身通常不会消失，这表明即使在著作权法的严格标准下，人体皮肤也可以被视为一种有形的表达介质。[1]

美国纹身艺术家 S.Victor Whitmill 于 2003 年为拳击手迈克·泰森在左脸颊和太阳穴上设计了一个毛利风格的纹身，Whitmill 认为这个设计是他的原创作品，并对该纹身图案拥有版权，随后在电影《宿醉 2》中，Whitmill 发现演员艾德·赫尔姆斯扮演的角色斯图·普莱斯脸上的纹身与泰森的纹身极为相似。于是在 2011 年向密苏里州联邦法院提起侵权诉讼，指控华纳兄弟公司未经他的同意或知晓就使用了这个设计。他要求法院颁发禁令，阻止电影上映，直到解决此纠纷，并寻求赔偿未经授权的使用、复制或创作衍生作品所造成的不当得利。此案最终达成庭外和解。

总而言之，纹身艺术品具有一定程度的独创性，且作为身体的一部分，其固定在人的皮肤上，现有技术一般难以去除，可以在一定时期内被感知、再生产、传达。纹身样式也可以在人体、纸张、计算机软件等任意载体上呈现，无疑具有可复制性。因此，纹身艺术品可以成为著作权法保护的作品。关于纹身作品的著作权归类，虽然载体特殊，但并非转瞬即逝，可以视为"有形载体"，

---

[1] 张体锐：《纹身著作权保护问题研究》，载《知识产权》2016 年第 7 期。

在满足审美要求之后，可以构成著作权法上的"美术作品"。[1]

3. 短时艺术品作品属性分析。短时艺术品指的是那些在艺术领域内具有短暂存在特征、无法长期保存的艺术作品。根据成品是否能够以有形方式展示，可以将短时艺术品分为直接展示和留存展示两种类型。直接展示的短时艺术品是指可以被临时保存并直接展示的艺术形式，例如插花艺术、舞台布景等。而留存展示的短时艺术品则指那些无法直接保存，只能通过摄影、录制视频等方式记录下来，或者仅能进行现场观赏的艺术形式，比如灯光秀、音乐喷泉和烟圈表演等。

关于短时艺术品是否适用著作权法的问题，司法实践通常持肯定态度。符合独创性的插花作品、发型设计作品以及音乐喷泉作品，都被认为是符合著作权法保护的对象，只是各类作品在类型上略有差异。至于短时艺术品的可复制性或固定性问题，我国的法律并未对"可复制性"的内涵进行详细阐释。我国《著作权法》中规定的复制权涵盖了利用印刷、复印、拓印、录音、录像、翻录、翻拍等方式，将作品制作成一份或多份的权利，尽管罗列种种，但并未穷尽所有复制形式。在司法实践中，也未对可复制性提出过高的要求，只要求"作者的智力劳动成果能够以特定形式为他人所知晓和确定"。即使短时艺术品存在的时间很短暂，仍然可以通过录像、摄影等多种已知或未知方式进行复制，因此满足了"可复制性"的要求。

【典型案例】

张冬晛诉韩童鲜花花束著作权权属、侵权纠纷案[2]

时间：2017 年 3 月 7 日

原告：张冬晛

被告：韩童

原告主张：2015 年 5 月 13 日，被告给原告打电话预订鲜花花束，双方约定价格 300 元。同年 5 月 14 日原告将涉案花束交付给被告，被告支付账款。2015 年 8 月 20 日，被告在其微信朋友圈上传了涉案花束照片，

---

〔1〕 卢雅琦：《纹身作品权利冲突问题思考》，载《法制与社会》2020 年第 18 期。

〔2〕 山东省济南市中级人民法院（2017）鲁 01 民终 998 号民事判决书。

双方在同年 8 月 21、22 日于微信上进行了沟通协商，后被告删除涉案花束照片并向原告道歉。后因双方在沟通过程中发生纠纷，原告提起著作权侵权上诉，要求法院判令被告在微信朋友圈中消除影响，公开赔礼道歉并赔偿合理使用费 10 万元、医疗费 3300 元、精神损失费 5000 元。原告认为：其对涉案花束享有著作权，并在交付涉案花束给被告时，要求被告不得在公开场合发布传播，如果传播需要经原告授权或注明花束由原告设计。

被告辩称：否认原告上述内容。涉案花束造型线条与一般花束区别不大，造型简单，色彩搭配并无新意，没有任何个性、特色而言，不具有独创性，不构成作品。

一审法院认定：插花作品是以花草组合等方式构成的具有审美意义的立体的造型艺术作品，具有独创性的插花作品可以据此得到著作权法保护。涉案花束在色彩、搭配、植物线条上，未体现独创性的特点，不属于著作权法保护范围的作品。

二审法院认定："独创性"包含"独立完成"和"创作性"两个方面内容。原告在一审中提供了法式花艺师证、杂志采访页、网络报道截图、微博截图证明其为专业花艺师，业内享有一定的知名度，被告未提出相反证据，可推定认为涉案花束制作者为原告。且作品的创作性要求作品能够体现作者的个性表达，但不应对创作性提出过高的要求，也不应对作品的文学或艺术价值提出过高要求。原告对作品的创作性分别从色彩搭配与过渡、花材选择等方面做了阐释，而被告选购原告的花束用于婚礼，并发布朋友圈，说明其对涉案花束表示认可。因此，涉案花束在视觉上具备相应美感，有一定独创性，且能以有形形式予以复制，具有实用性，能够作为美术作品中的实用艺术品受到著作权法保护。

【典型案例】

何吉诉杭州天蚕文化传播有限公司著作权权属、侵权纠纷案[1]

时间：2011 年 9 月 30 日

---

[1] 浙江省杭州市中级人民法院（2011）浙杭知终字第 54 号民事判决书。

原告： 何吉

被告： 杭州天蚕文化传播有限公司

    原告主张： 2009 年初，原告构思以女子发型来演绎"西湖十景"，绘制了人物素描，并附有策划书，对模特的形体要求、头饰选择、搭配服装等简要说明。在原告的要求和指导下，发型师、服装设计师分别在模特身上进行了发型设计制作和服装设计制作。2009 年 4 月 22 日，"西湖十景"形象造型在杭州市运河文化广场向公众亮相，《青年时报》作了报道并刊载了十个形象造型的照片。照片上模特的服装大部分为日常生活着装，部分为礼服。原告提供的证据显示，"平湖秋月"造型中出现的白兔，最终展示形象造型中并无任何道具；"断桥残雪"发型，《青年时报》上的造型与比对材料上的造型，在桥洞、刘海、梅枝均有不同；"曲院荷风"发型，《青年时报》上的造型与比对材料上的荷花、荷叶、刘海、发髻、亭子上大为不同。被告曾向原告提供部分模特，并拍摄了其模特以"西湖十景"形象为造型的演出。被告公司网站上的一幅照片上显示有 4 个真人模特的形象造型。原告认为，被告公司网站上图片中模特的形象造型是以"西湖十景"发型为主的整体造型，包括发型、服装、道具等，整体相搭配，形成展示"西湖十景"的"流动的风景"。

    被告辩称： 其公司网站上图片中模特的造型是"淡妆浓抹总相宜"，与"西湖十景"形象造型不相同也不相似，并在二审中辩称"西湖十景形象秀"包括发型、头饰，不属于著作权法保护的客体，不构成美术作品。

    一审法院认定： 本案争议焦点是原告主张的"西湖十景"形象造型是否属于著作权法意义上的立体美术作品。原告主张的形象造型以夸张的发型搭配服饰，目的是以走秀形式展示"西湖十景"，具有审美意义，与一般实用造型不同，应当属于艺术领域，原告对"西湖十景"如何具化为形象造型的思考，对发型、头饰具体搭配，对布局进行个性化选择，由此形成的智力成果具有独创性；且该形象造型以有形的表达方式呈现，可以通过拍照、摄录等有形形式复制，具有可复制性。"西湖十景"形象造型属于立体美术作品。

    二审法院认定： 认同一审法院判决，原告"西湖十景"形象造型属于立体美术作品，受著作权法保护。

【典型案例】

北京中科水景科技有限公司与北京中科恒业中自技术有限公司、杭州西湖风景名胜区湖滨管理处侵害著作权纠纷案[1]

时间：2018 年 6 月 26 日
原告：北京中科水景科技有限公司
被告：北京中科恒业中自技术有限公司（以下简称中科恒业公司）、杭州西湖风景名胜区湖滨管理处（以下简称西湖湖滨管理处）

原告主张： 2013 年，原告中科水景科技有限公司完成青岛世界园艺博览会天水喷泉项目的设计及喷泉编曲工作，而杭州西湖音乐喷泉选用的音乐曲目《倾国倾城》《风居住的街道》所编排出的音乐喷泉表演效果与原告的音乐喷泉喷射效果完全一致，西湖音乐喷泉的水膜点阵布局及气动水膜装置也与原告设计的方案完全一致。

一审法院认定： 音乐喷泉作品所要保护的对象是喷泉在特定音乐配合下形成的喷射表演效果。《著作权法》虽无音乐喷泉作品或音乐喷泉编曲作品的类别，但这种作品本身确实具有独创性，应受到《著作权法》的保护。

二审法院认定： 由于涉案客体通过对喷泉水型、灯光及色彩的变化与音乐情感结合而进行的取舍、选择、安排，展现出的一种艺术美感表达，亦满足"可复制性"要求，符合作品的一般构成要件。尽管不同于常见的绘画、书法、雕塑等美术作品静态的、持久、固定的表达方式，但是，由于其客体是由灯光、色彩、音乐、水型等多种要素共同构成的动态立体造型表达，其美轮美奂的喷射效果呈现具有审美意义，构成美术作品。

（二）博物馆艺术品作品属性分析

博物馆藏品在社会发展中表现出不同的形式，它可以是文化遗存、自然标本、历史例证、信息载体等。博物馆藏品的概念与博物馆概念一样，随着社会

---

[1] 北京知识产权法院（2017）京 73 民终 1404 号民事判决书。

历史的发展而发生变化。1979 年颁布的《省、市、自治区博物馆工作条例》规定博物馆藏品是文物、标本；1986 年颁布的《博物馆藏品管理办法》要求博物馆藏品必须"具有历史的或艺术的或科学的价值"；为了履行社会教育与科研的使命，博物馆根据其独特的定位，积极收集代表自然界与人类社会的物质与精神文明进程的见证物。这些藏品，作为历史信息的储存器，拥有比文物更广泛的内涵。它们不仅是记录和映射人类及自然界演变历史的有形证据，也是博物馆基于收藏标准和履行特定工作程序收藏、管理的人类和人类环境的物证。这些藏品，作为具有文化意义的遗产，成为各民族珍贵的自然样本与历史见证，是人类自然和人类社会历史发展的真实例证。

在当今时代，博物馆藏品的范围十分广泛。为了便于研究讨论，可以将博物馆的资源划分为原生藏品资源和藏品衍生资源两大类。原生藏品资源进一步细分为文物藏品和一般藏品，而藏品衍生资源则包括出版物、文物复制品、文物创意产品及数字化内容等。

1. 博物馆原生藏品资源作品属性分析。

（1）一般藏品资源作品属性分析。博物馆所收藏的绘画作品、雕塑作品等往往是艺术家通过其独特的创作过程创作出来的，具有独创性和创作者个性，符合《著作权法》保护的基本要求。

（2）博物馆文物作品属性分析。文物的概念比较广泛，通常是指社会历史发展过程中遗留下来的由人类活动创造的具有历史、文化、科学、艺术价值的物质形态，是具有不可再生性的文化资源。根据收藏主体的不同，《中华人民共和国文物保护法》（以下简称《文物保护法》）将文物区分为馆藏文物与民间收藏文物。馆藏文物的"馆"包括了博物馆、纪念馆、档案馆等，而博物馆馆藏文物则是指收藏于博物馆等并属于《文物保护法》规定类型的文物。

关于文物藏品资源是否应受著作权法保护，学术界的分歧很大。一方面，有学者坚持认为，类似于一般藏品，虽然文物藏品往往已超出著作权保护期限，不享有著作财产权的保护，但其著作人身权仍旧应当被尊重和保护。另一方面，有观点反驳称，大部分文物藏品因年代悠久已成为公共领域的一部分，从而不适用于著作权法的保护范围。即便存在著作权保护的可能，文物藏品在实践中往往存在权利行使主体缺失问题，因此认为文物藏品不宜受著作权法保护。

就个人立场而言，本书认同文物藏品应当享受著作权法保护。从《著作权法》具体条文来看，第 5 条、第 22、23 条以及第 66 条明确了《著作权法》不保护的对象、著作权保护期限以及《著作权法》的溯及力等规定。关于权利主体缺失的问题，《著作权法实施条例》第 16 条规定，国家享有著作权的作品的使用，由国务院著作权行政管理部门管理。由此可以推出，有些文物的著作权可归国家所有，因此并没有出现所谓的权利主体缺失。

2. 博物馆藏品衍生资源作品属性分析。博物馆文物或作品经过二次创作产生的作品通常被称为"衍生作品"。博物馆衍生作品是基于博物馆藏品资源，通过创新性设计与开发而诞生的新型产品，其存在是在原有藏品资源基础上的一种延伸和创新。从对博物馆藏品资源性质的深入探讨来看，在进行衍生作品的开发过程中，特别是当开发涉及仍在著作权保护期限内的藏品时，必须首先确保获得必要的使用授权，以规避任何可能的法律风险。这些衍生作品，虽然源于原始作品，却融入了新颖的创意元素或提供了创新的视角，因而拥有其独到的艺术价值，并能够在文化传承与创新中起到桥梁的作用，实现文化的有效连接与传播。其包含多种艺术形式，如绘画、雕塑、数字艺术等，并随着科技的发展，许多衍生作品融合了先进的技术，如增强现实（AR）、虚拟现实（VR）等。

（1）博物馆出版物作品属性分析。博物馆出版物是博物馆衍生作品中最为普遍的一种，它们是在对博物馆资源进行研究以及传播相关文化信息的过程中形成的一系列印刷品。这些出版物主要包括书籍、期刊、研究报告和导览手册等，它们承担了传播文物知识、推动历史文化学术交流的重要角色。

博物馆出版物的独创性对其是否能够受到《著作权法》的保护具有关键影响。《著作权法》要求作品具有独创性，这是其保护的核心要求之一，意味着作品必须反映出作者的个性和独特创意。博物馆出版物通常涵盖了丰富的文化研究成果和展览内容等，这些内容是否具备足够的独创性是决定其是否受《著作权法》保护的关键因素。只有当博物馆出版物的内容达到了《著作权法》对独创性的要求，才有可能成为《著作权法》保护的客体。

通常情况下，出版物类衍生品可分为汇编作品和原创作品两种主要类型。作为汇编作品的出版物，尽管它们以原文物作品的信息资料为素材而生成，但在内容的选择和安排上展现了编者的独特表达。其中的图片选取、章节安排以及文字描述，都彰显了独创性。相较之下，以文物为主题的原创作品具有更高的独创性。因此，对于出版物类衍生品的著作权保护，情况较为明确，本文不再深入讨论。

（2）博物馆文物仿制品作品属性分析。就当前的法律和理论现状而言，对文物仿制品的概念尚未有一个统一的定义。然而，《文物复制拓印管理办法》对文物复制品做了明确定义，即依照文物的体量、形制、质地、纹饰、文字、图案等历史信息，基本采用原技艺方法和工作流程，制作与原文物相同的制品。由于古文物的历史久远且容易破损，在现代保护条件下往往不适宜展示，因此文物复制品常被用作展览和研究。由于文物复制品与原始文物相似度极高，是对文物的完美复制，在《著作权法》的独创性要求下，其创作空间受到严格限制。因此，文物复制品的独创性较低，难以达到构成作品的标准。

相对于复制品，文物仿制品的核心就在于相似而不同，具有较高的艺术价值，是往往不亚于原件的艺术精品。[1]通过对现有资料的梳理，可以将文物仿制品定义为，通过采用仿制技术或方法对文物全部或部分进行临摹、模仿制作而形成的文物仿制品、仿制件。文物仿制品不同于简单的复制品，并不追求与原物的一致性，它们反映了对文物再现形式的思考，并融入了创新的观点和材料运用，从而在一定程度上呈现出独创性。因此，文物仿制品应当受到《著作权法》的保护。

《著作权法》对作品的独创性有一定要求，即作品至少要与原作有一些差异，具备独特的个性特征。文物仿制品的个性特征主要表现在仿制者采用新的表现手法呈现文物时，融入了其独特的理解和思考。因此，对文物仿制品独创性的具体评判分为三步：首先，文物仿制品需要具备与原文物不同的独创性表达，以被认定为独立的作品；其次，这种独创性的标准只需要满足"可识别的变化"，而不要求达到相当高的标准；最后，并不是只要相对于原作有所改变（无论这种改变多么微小）就能达到高度的独创性，"新作品"相对于原作需要具备"可识别的变化"，其中包括"超过微小变化"的含义，并且，在仿制过程中不能恶意扭曲文物整体形象的表达。

著名画家常书鸿先生将毕生精力都用在了临摹敦煌壁画上，成为享誉全球的艺术家。那么，如果要探讨上述的文物临摹作品是否可以成为著作权法意义上的作品，首先需要先讨论其究竟是文物复制品还是文物仿制品。

---

〔1〕 刘妍：《博物馆文物衍生品的可版权性问题研究》，华中科技大学 2017 年硕士学位论文。

在书法和绘画的学习过程中，临摹是不可或缺的一环。通过临摹，学习者可以理解原作作者的技巧，并在此基础上加入自己的想法和见解，从而达到推陈出新的效果。郑成思教授认为，"临摹"和"复制"是完全不同的概念，因为临摹者具有主观能动性，与简单的机械复制不同，即使使用再高超的技艺，也无法与原作完全相同。因此，临摹手法创作的艺术品不能与普通的复制品、仿制品混为一谈。然而，由于临摹作品是对原作的效仿，因此在性质上存在一定程度的依附性和近似性，即使临摹作品具有自身的想法表达，仍受制于原作的结构和技法，存在相当大的近似性。但是，临摹作品在保留原作主要思想的基础上又有所创新，具有一定的艺术价值，可以在市场上进行交易，并具有传播性。按照上述标准，常书鸿先生临摹的敦煌壁画可视为文物仿制品而非文物复制品，具有独创性，因而受《著作权法》保护。

（3）博物馆文化创意品作品属性分析。博物馆文化创意品是博物馆结合馆藏品元素与市场需求开发的产品，具有文化、审美和实用功能。根据《著作权法》及相关理论研究，文化创意品与实用艺术品有着密切的关联。因此，可以参考实用艺术品的作品认定标准来确定文创产品的性质。尽管在实践中，对于实用艺术品的保护方法及独创性判断标准存在争议，但将实用艺术品纳入著作权保护范畴已成为《著作权法》发展的趋势之一。对于实用艺术品版权的详细讨论将在后文中展开，本部分不再详述。

（4）博物馆藏品数字化成果作品属性分析。在信息技术广泛应用的现代社会，博物馆为了更好地履行其收藏、展示以及传播文物文化价值的社会职能，数字化开发和管理博物馆资源成为必然趋势。数字化衍生品利用现代数字技术对博物馆文物进行数据采集、存储和加工，形成数字资源，包括文物数字化影像和修复模型等。博物馆引入数字建模技术时，通常首先进行影像化处理，即通过数码照片或视频等方式记录藏品，使其在计算机中成为平面或三维影像。在进行影像处理的时候以数码设备为主，数字化建模完成后，藏品以 1:1 比例高度还原并上传至网络。[1] 通过网络，人们能够在几分钟内获取到藏品的来源、价值等基础信息，以及质地属性、器物反光性等详细信息。近乎实物的数字藏品能够有效吸引人们的注意力，提供与进入博物馆对实体藏品进行观赏的不同

---

[1] 林峰:《博物馆数字化发展背景下著作权的相关问题探究》，载《法制博览》2023 年第 16 期。

体验。

对馆藏资源进行影像化处理是博物馆资源保护的重要手段之一，藏品数字化成果中数量最大的是图片，采集图片通常有拍照和扫描两种。立体藏品的图片通常被认为是摄影师在拍摄过程中融入了其自身的创造性元素，诸如角度的选择、光线的判断、背景的设计、空间的构图等，这些元素的融入使照片具有一定的原创性，符合《著作权法》中"具有独创性并能以一定形式表现的智力成果"的定义，因此摄影作品符合《著作权法》中关于作品的定义，按照摄影作品进行保护；平面藏品的图片属于对藏品的复制，不具有独创性，不构成著作权法意义上的摄影作品。虽然单个平面藏品图片不构成作品，但若干件平面藏品图片形成的汇编，也就是形成数据库，数据库是博物馆最基础的数字化作品，因编者在图片的选取、编排等方面具有创造性，可以作为"汇编作品"予以保护。扫描是近年来常用的一种数字化采集方式，特别是对书画、书信、手迹等平面纸质藏品。扫描一般以逼真为基本原则，能够客观地反映藏品的真实现状。而《著作权法》中"作品"的定义明确指出"作品"应具有独创性，那么扫描作品越是逼真，则越没有独创性，越不可能构成作品，这种缺乏独创性的数字化成果一般不构成摄影作品，不受《著作权法》保护。[1]三维成像以及模型构建，实质上是通过计算机程序的设定对藏品资源进行虚拟化的处理，我国对计算机软件的著作权保护，制定有专门的《计算机软件保护条例》进行规定。

（三）实用艺术品作品属性分析

实用艺术品是指实用功能与艺术美感兼备的艺术品，包括为实际使用而创作或创作后在实际中应用的艺术作品。[2]按照世界知识产权组织（WIPO）出版的《伯尼尔公约指南》中所述，实用艺术作品具体可以包括小装饰品和玩具、珠宝饰品、金银器具、家具、墙纸、装饰物、服装等。

近年来，随着社会发展水平的提高，实用艺术作品的保护问题日渐凸显，但《著作权法》历经三次修正仍未将实用艺术品单列为著作权保护的客

---

〔1〕 胡鸣：《从新修订〈著作权法〉的几点变化看博物馆藏品数字化版权管理》，载《文物鉴定与鉴赏》2022 年第 24 期。

〔2〕 丁金体、张琳琪：《陶瓷实用艺术品著作权保护的体系化思维刍议》，载《佛山陶瓷》2022 年第 10 期。

体，重要原因是其属于《著作权法》与《中华人民共和国专利法》的交叉地带。在《伯尔尼公约》中，实用艺术作品被明确规定为版权法的保护对象，并给予不少于 25 年的保护期限，但是各条约成员国可以自由选择版权法或外观设计专利法其一进行保护，也可以选择两个同时进行保护。而根据《保护工业产权巴黎公约》的规定，外观设计在所有成员国国家均应受到保护。我国于 2001 年加入的《与贸易有关的知识产权协议》（简称 TRIPS 协议），给予了工业品外观设计 10 年的保护期限。尽管《著作权法》中没有规定实用艺术作品这一权利客体，但司法实践中法官审理案件有相对的自由裁量权，一般将实用艺术作品作为美术作品的下属概念受著作权法保护。

作为实用艺术作品受到保护的仅仅是其艺术性。因此，实用艺术品要作为美术作品受《著作权法》保护，除需满足关于作品的一般构成要件及美术作品的特殊构成要件外，还应满足实用性与艺术性可以相互分离的条件，以及满足具有较高美感，至少使一般公众将其视为艺术品的要件。在司法实践中，我国的法院在审查实用艺术品的独创性时采用了较高的标准，要求这些作品应达到一定水准的艺术创作高度。这意味着，只有那些在设计上超越了纯粹的功能性，并表达了一定的艺术创造性的实用艺术品，才能够受到《著作权法》的保护。

总体来看，实用艺术品在我国可以成为《著作权法》的保护对象，但这种保护依赖于作品的独创性和艺术性水平。因此，每个案例都需要根据其具体情况来判断是否满足著作权法保护的标准。[1]

1. 艺术玩具的作品属性分析。根据我国的《著作权法》规定，作品必须是具有独创性和可复制性的智力成果。因此，要被视为作品的玩具必须是人类经过脑力劳动创造的产物。自然界的物体，如草木沙石，虽然可以成为玩具，但它们并不是玩具作品，因为它们本身并非人类创造。玩具作品具有可复制性，即它们的外在表达可以被客观感知。另外，玩具作品还应具有一定的独创性，独创性内涵的判断是一个复杂的问题。简言之，独创性体现了作者的个性特征，例如由动漫形象开发的立体玩具本质上是平面美术作品的立体复制品，不属于

---

〔1〕《实用艺术品的版权保护探讨》，载 http：//www.guoshuang/aw.com/news/488.htm/，最后访问日期：2024 年 7 月 2 日。

独立的、具有独创性的玩具作品。而根据实物缩小比例制作的飞机、汽车等模型也不算玩具作品，因为它们只是简单地模仿和复制，并未体现作者的个性表达。在市场上，原创玩具商品在投入市场之前必须经过玩具设计的环节，这是不可或缺的。玩具设计是一种有目的、有计划的创造性活动，其最终成果就是玩具作品。

【典型案例】

北京陈幸福玩具设计中心诉上海声像出版社等侵犯著作权纠纷案[1]

时间：2007 年 6 月 20 日

原告：北京陈幸福玩具设计中心

被告：上海声像出版社、普天同庆文化传媒（北京）有限公司（以下简称普天同庆公司）

原告主张：2004 年 12 月，原告设计完成了"陈幸福兔"系列作品，依法享有著作权。被告未经原告许可，在其出版的《拾荒小孩》CD 包装盒、CD 盘面及宣传册中多处使用陈幸福兔作品，并在 Tom 网站宣传该 CD 时，在宣传网页上以"勇敢兔选为吉祥物"为内容，使用了陈幸福兔图片。原告认为，被告侵害其陈幸福兔的著作权，要求被告停止发行、销售《拾荒小孩》CD。

一被告辩称：陈幸福兔不具有独创性，不是著作权法意义上的作品。即使陈幸福兔属于著作权法意义上的作品，原告也没有证据证明其为著作权人。被告上海声像出版社的出版行为有合法授权，已尽到合理注意义务，主观上没有过错。二被告未答辩。

法院认定：我国《著作权法》包括各种形式创作的文学、艺术和自然科学、社会科学、工程技术等作品。在本案中，原告陈幸福玩具设计中心设计的涉案陈幸福兔玩具并非真实兔形象的简单复制，而是通过变形、夸张等艺术手法进行创作，具有艺术性，达到了一定的创作高度，属于我国《著作权法》所称的美术作品中的实用艺术作品。因此，本院认定涉案陈

---

[1] 北京市第二中级人民法院（2007）二中民初字第 85 号民事判决书。

幸福兔玩具依法应受我国《著作权法》保护。当事人提供的涉及著作权的底稿、原件、合法出版物、著作权登记证书、认证机构出具的证明、取得权利的合同等，可以作为证据。在本案中，原告陈幸福玩具设计中心提交了涉案陈幸福兔玩具的设计图、介绍文章以及说明书，因此，本院确认原告陈幸福玩具设计中心是涉案陈幸福兔的作者，依法享有著作权。

作者评析： 该院的观点是将实用艺术作品归为了美术作品的下位概念，以美术作品的形式加以保护。不过，并非所有玩具都能构成作品。玩具若缺乏独创性，仅是对自然界物体或日常用品的简单模仿，将不被法律认定为作品。缺乏艺术性的功能性模型，或者是简单的复制品，通常不在美术作品的法律保护范围内。例如，乐高公司曾在一案中主张其积木块构成作品，但法院认为其未被赋予足够的美学独特性，因而不符合《著作权法》对美术作品的独创性要求，不能被法律保护。

【典型案例】

乐高公司与广东小白龙动漫玩具实业有限公司等侵害著作权纠纷申请案[1]

时间： 2013 年 11 月 29 日

原告： 乐高公司

被告： 广东小白龙动漫玩具实业有限公司（原名广东小白龙玩具实业有限公司）（以下简称小白龙公司）、北京华远西单购物中心有限公司（以下简称西单购物中心）

原告主张： 原告乐高公司是依据丹麦法律成立的公司，几十年来一直设计、制造和销售生产以"LEGO"和"乐高"为注册商标的塑料积木系列玩具并销售至中国。二被告西单购物中心销售一被告小白龙公司生产的玩具，玩具外形复制了原告生产的乐高积木块，该生产、销售行为均未得到原告的许可。原告认为，其对该乐高积木块享有著作权，要求被告停止生产和销售小白龙公司的玩具。

一被告辩称： ①著作权保护的实用艺术品应具有实用性、艺术性和独

---

[1] 最高人民法院（2013）民申字第 1269 号民事裁定书。

创性，其中艺术性指该作品应该具有审美意义，能以某种有一定艺术感的形象给受众以美感。乐高的玩具积木块多数难以在相关受众中形成一定印象，不具备艺术性和独创性，少数积木块虽能形成某种形象，但都是对日常生活用品的简单模仿，不具有审美意义，不属于实用艺术品范畴。因此，乐高的玩具积木块不具备实用艺术品的构成要素，不是《著作权法》所保护的作品范畴。②小白龙公司所生产的积木块玩具主要是从积高（英国）集团引进并由该公司授权生产的，并不存在仿冒乐高积木块的事实。③乐高公司主张的玩具积木块与小白龙公司的玩具积木块并不近似。

二被告辩称： 乐高公司与小白龙公司是否真实存在著作权争议与西单购物中心无关。

再审法院认定： 本案被诉侵权行为发生于2007年，应适用《著作权法（2001修正）》和《著作权法实施条例（2002）》的规定。根据《著作权法实施条例（2002）》第4条第8项的规定，美术作品是指绘画、书法、雕塑等以线条、色彩或者其他方式构成的有审美意义的平面或者立体的造型艺术作品。独创性和可复制性是作品的两个基本属性，各方当事人对于本案请求保护客体的可复制性问题并无争议，故核心问题在于涉案玩具积木块能否满足《著作权法》对美术作品的独创性要求。作品的独创性是指作品由作者独立完成并表现了作者独特的个性和思想。独创性是一个需要根据具体事实加以判断的问题，不存在适用于所有作品的统一标准。实际上，不同种类作品对独创性的要求不尽相同。对于美术作品而言，其独创性要求体现作者在美学领域的独特创造力和观念。因此，对于那些既有欣赏价值又有实用价值的客体而言，其是否可以作为美术作品保护，取决于作者在美学方面付出的智力劳动所体现的独特个性和创造力，那些不属于美学领域的智力劳动则与独创性无关。涉案乐高积木为帆船的桅杆形状，但基本忠实于帆船桅杆的通常设计，并未赋予涉案乐高积木足够美学方面的独特性，因此该涉案乐高积木块不符合《著作权法》中关于美术作品的独创性要求。

2. 艺术家具作品属性分析。家具作为生活环境中不可或缺的元素，承载着人们的居住需求和生活情感。它不仅是居室布置的实用工具，更是一种对生活方式和审美趣味的表达。家具的含义不仅体现在实际使用功能上，更体现在对个体和社会文化的塑造与传承。家具既是实用的居住工具，又是艺术的表达媒介，更是文化传承的载体。在家具的设计与选择中，人们既能满足生活的基本需求，又能通过家具的审美和文化价值，体验到居住空间的独特魅力。

家具若构成作品，通常表现出独特的审美价值和设计创意。这类家具在形状、材质、工艺上展现出设计者的独到见解，追求艺术美感。例如，左尚明舍公司设计的"唐韵衣帽间家具"通过板材花色纹路、金属配件搭配等元素，成功将实用性与艺术性相融合，呈现出高度的审美价值。这样的家具不仅满足功能需求，更成为一种艺术品，具备了《著作权法》保护的条件。

【典型案例】

左尚明舍家居用品（上海）有限公司诉北京中融恒盛木业有限公司、
南京梦阳家具销售中心侵害著作权纠纷案[1]

时间：2018 年 12 月 29 日

原告：左尚明舍家居用品（上海）有限公司

被告：北京中融恒盛木业有限公司（以下简称中融恒盛公司）、南京梦阳家具销售中心（以下简称梦阳家具中心）

原告主张：2009 年 1 月，左尚明舍公司设计了一款名为"唐韵衣帽间家具"的家具图，并在同年 7 月委托上海傲世摄影设计有限公司对其制作的系列家具拍摄照片，先后在和家网、搜房网进行企业及产品介绍与宣传，同时展示了其生产的"唐韵衣帽间家具"产品照片。2013 年 12 月 10 日，左尚明舍公司申请对"唐韵衣帽间组合柜"立体图案进行著作权登记。梦阳家具中心门店销售的品牌"越界"的"唐韵红木衣帽间"与"唐韵衣帽间组合柜"完全一致。将左尚明舍公司的"唐韵衣帽间家具"与被诉侵权产品"唐韵红木衣帽间"进行比对，二者相似之处在于：整体均呈 L 形，衣柜门板布局相似，配件装饰相同，板材花色纹路、整体造型相似，等等，上述相似部分主要体现在艺术方面；不同之处主要在于 L 形拐角角度和柜

---

〔1〕 最高人民法院（2018）最高法民申 6061 号民事裁定书。

体内部空间分隔，体现于实用功能方面，且对整体视觉效果并无影响，不会使二者产生明显差异。原告认为，"唐韵衣帽间组合柜"属于实用艺术作品，中融恒盛公司侵犯了其对该作品的复制权、发行权。梦阳家具中心侵犯了左尚明舍公司对该作品的发行权。

被告辩称：不认同原告观点。

法院认定：《著作权法实施条例》第 2 条规定："著作权法所称作品，是指文学、艺术和科学领域内具有独创性并能以某种有形形式复制的智力成果。"《著作权法实施条例》第 4 条第 8 项规定："美术作品，是指绘画、书法、雕塑等以线条、色彩或者其他方式构成的有审美意义的平面或者立体的造型艺术作品。"

左尚明舍公司的"唐韵衣帽间家具"具备可复制性的特点。左尚明舍公司向一审法院提交的设计图稿、版权登记证书、产品照片、销售合同、宣传报道等证据已经形成完整的证据链，足以证明该公司已于 2009 年独立完成"唐韵衣帽间家具"。从板材花色设计方面看，左尚明舍公司"唐韵衣帽间家具"的板材花色系由其自行设计完成，并非采用木材本身的纹路，而是提取传统中式家具的颜色与元素用抽象手法重新设计，将传统中式与现代风格融合，在颜色的选择、搭配、纹理走向及深浅变化上均体现了其独特的艺术造型或艺术图案；从配件设计方面看，"唐韵衣帽间家具"使用纯手工黄铜配件，包括正面柜门、抽屉把手及抽屉四周镶有黄铜角花，采用波浪的斜边及镂空的设计。在家具上是否使用角花镶边，角花选用的图案，镶边的具体位置，均体现了左尚明舍公司的取舍、选择、设计、布局等创造性劳动；从中式家具风格看，"唐韵衣帽间家具"右边采用了中式——对称设计，给人以和谐的美感。因此，"唐韵衣帽间家具"具有审美意义，具备美术作品的艺术创作高度。"唐韵衣帽间家具"之实用功能主要在于柜体内部置物空间设计，使其具备放置、陈列衣物等功能，以及柜体 L 形拐角设计，使其能够匹配具体家居环境进行使用。该家具的艺术美感主要体现在板材花色纹路、金属配件搭配、中式对称等设计上，通过在中式风格的基础上加入现代元素，产生古典与现代双重审美效果。改动"唐韵衣帽间家具"的板材花色纹路、金属配件搭配、中式对称等造型设计，其作为衣帽间家具放置、陈列衣物的实用功能并不会受到影响。因此，"唐韵衣帽间家具"的实用功能与艺术美感能够进行分离并独立存在。故左尚明舍公司的"唐韵衣帽间家具"属于受《著作权法》保护的美术作品。中融恒盛公司的被诉侵权产品与左尚明舍公司的"唐韵衣帽间家具"作品构成实质性相似，侵害了左尚明舍公司对涉案作品的著作权。

普通家具若仅注重实用性而缺乏独特的艺术设计，则不太可能构成作品。例如，一般的简易椅子或桌子，虽然具备实用功能，但它们通常缺乏艺术性的设计和创新，更侧重于实用性。这类家具在审美上较为普遍，无法达到《著作权法》对于作品独创性和审美要求的标准，因此很难被视为艺术作品而受到法律保护。

【典型案例】

杜汉杰、李建平著作权权属、侵权纠纷案[1]

时间：2022 年 6 月 29 日
原告：杜汉杰
被告：李建平

原告主张：原告于 2017 年 10 月自主创作完成黄铜大理石衣帽架的美术作品，于 2017 年 11 月首次发表。原告发现被告未经其许可，在淘宝电商平台开设店铺，公开宣传并销售涉案黄铜大理石衣帽架。原告认为被告侵害其涉案产品的著作权，造成极大商业损失。

被告辩称：涉案产品不符合实用艺术品的构成要件，不能将其作为《著作权法》中美术作品进行保护。

一审法院认定：涉案产品不构成《著作权法》所保护的作品范畴。著作权法意义上的作品至少需要具备可复制性和独创性两个基本特征。其中的独创性是指独立完成并具有一定的创作性，这种创作性虽然对创新程度要求不高，但必须具备能够体现作者独特智力判断的个性化特征，并达到足以与公有领域的表达方式区分开来的创作高度。对于美术作品而言，其

---

〔1〕 广东省佛山市中级人民法院（2022）粤 06 民终 7881 号民事判决书。

独创性要求体现作者在美学领域的独特创造力和观念。就本案而言，原告主张的作品是否能以作品予以保护，取决于原告在美学方面付出的智力劳动所体现的独特个性和创造力。从原告主张的衣帽架作品的设计来看，它并未赋予其足够的美学方面的独特性，不符合《著作权法》关于美术作品的独创性要求；且原告的衣帽架作品与在先衣帽架产品进行对比，仅是将一条主杠变为三条杆，挂钩位置由不可移动变为可移动，均未能体现《著作权法》所要求的独创性。二审法院支持了一审法院的认定。

3. 艺术服装作品属性分析。服装设计是实用性和艺术性相结合的一种艺术形式，属于工艺美术范畴，为了解决人们富有个性化创造性的需求，具有一般实用艺术的共性。

服装造型设计之前要设计草图，也就是服装效果图，利用二维平面展示服装的造型、颜色和面料，体现设计师的美学修养和专业能力，符合美术作品定义。

服装设计平面图以平面图形的方式表达设计者所构想的服装具体的各部分详细比例、服装内结构设计或特别装饰搭配及选用面料等，准确体现服装内部结构、常规尺寸、设计细节及缝制指导意见等，类似于《著作权法实施条例》第4条第12项规定的图形作品范畴，即"图形作品，是指为施工、生产绘制的工程设计图、产品设计图，以及反映地理现象、说明事物原理或者结构的地图、示意图等作品"。

服装样板也称裁片纸样，是由领、袖、袋等分离的纸块组成的平面服装。样板是对设计平面图的进一步表达和演绎，将服装的结构说明演进成了与成衣更接近的平面图块。有观点认为，样板仍局限于忠实地表达设计平面图本身，不能视为制版师独立构思的产物，未达到《著作权法》对作品独创性的最低要求，因此不属于我国《著作权法》所称的作品范畴。本书认为，服装样板是结构设计的继续，是设计平面图基础上更接近成衣的表达形式，也是成衣能否实现设计效果的关键步骤。虽然其表达形式仍然是"平面到平面"，但是也充分体现了制版师个人的安排、设计和组合，是创造性劳动所产生的新智力成果，应该视为《著作权法》的图形作品进行保护。

样衣是在纸样打版工作完成后制作的第一件服装，一般使用与最后制作成衣时具有相同特性的面料制作，是对服装效果的首次立体展示。展示服装是成熟的服装样本，是服装设计成果的最终体现。服装样衣和展示服装作为设计师智力创作成果的立体表达，从形式上实现了"平面到立体"的突破，具有高度的艺术性和审美价值，构成国际公约规定的"实用艺术作品"，同时也是我国《著作权法》规定的模型作品。我国《著作权法实施条例》第4条第13项规定，模型作品，是指为展示、试验或者观测等用途，根据物体的形状和结构，按照一定比例制成的立体作品。按照该项法律条文的表述，物体是模型产生的前提，而服装样衣和展示服装是在服装成品出现之前产生，并不符合我国《著作权法实施条例》对模型作品的定义。世界知识产权组织编写的《著作权与邻接权法律术语汇编》对"model"的解释是：艺术性作品或商品特殊外观的物质形式的结构设计。模型可以为艺术性作品的制作或工业品的生产提供样式，即先产生"model"，再根据"model"的样式，制作作品或产品。本书认为，著作权法意义上的模型实质是物品的原型。相较于模型而言，服装样衣和展示服装表述为服装原型更为准确，也属于《著作权法》的保护范围。

综上，设计草图、设计平面图、服装样板、服装样衣和展示服装均应纳入《著作权法》的作品范畴。上述作品的产生有两个特点，一是前者是后者产生的基础，二是后者是前者的演绎而非复制。也就是说，这五种智力成果经历了独创性的演进过程，后者是在尊重原作品独创性的基础上，通过增加新的独创性表达所创作出的新作品。

【典型案例】

广东大哥大集团有限公司与三六一度（中国）有限公司侵害著作权及不正当竞争纠纷上诉案[1]

时间： 2014年7月29日
原告： 广东大哥大集团有限公司
被告： 三六一度（中国）有限公司（以下简称三六一度公司）

原告主张： 原告是一家专业从事服饰设计、生产、销售的企业，2012

---

[1] 福建省高级人民法院（2014）闽民终字第680号民事判决书。

年，原告被选为海阳 2012 年亚洲沙滩运动会正装制服的赞助商，包括工作人员制服、官员唐装、礼仪服装及驾驶员服装。三六一度公司是一家专业生产运动鞋服的企业，2011 年 3 月 7 日，三六一度公司与第三届亚洲沙滩运动会组织委员会签订《海阳 2012 年亚洲沙滩运动会体育服装高级合作伙伴赞助协议》，为"亚沙会"提供运动服饰。原告在 2012 年 4 月发现被告在其公司官网及微博上使用了原告设计、开发、制作的"亚沙会"正装、礼服设计效果图及发布会服装展示之相关图片。被告所使用的图片、文字均为转载引用"亚沙会"官网有关服装发布会的现场照片及文字报道。原告认为，被告侵犯了其对涉案正装服饰的设计图及服饰本身的著作权，而非侵犯其所拍摄的图片的著作权

被告辩称： 三六一度公司没有生产礼服，其行为不构成著作权侵权；且大哥大公司所设计"亚沙会"正装效果图不属于设计图，不是《著作权法》保护的范围。此外，服装设计作品只有包含较高的独创性和艺术鉴赏性才能受《著作权法》保护，而原告所赞助的服装只是"亚沙会"体育工作人员的实用品，并非专为参加大型展览或比赛而设计的具有较高艺术价值的艺术品。

二审法院认定： 服装俗称衣服，是指用面料等各种软性材料制作的，用于人们日常穿着的生活用品。服装设计过程中一般包括服装设计效果图、服装结构图、服装样板、样衣（成衣）等产物。《著作权法》所称作品，是指文学、艺术和科学领域内具有独创性并能以某种有形形式复制的智力成果。涉案礼服效果图是由原告独立创作，体现《著作权法》要求的最低限度的创造性，且涉案服装的造型、色彩及图案表现了设计者独特的构思，是专为体育赛事而设计完成的礼仪服装，没有进行大批量生产，并非以实用为主要目的，应当受《著作权法》保护。但是，本案中，虽然被告以发送现场发布会的文字图片的形式，将原告在"亚沙会"官方服装发布会上展示的服装效果图及服装，发布在其官方网站论坛及官方微博上，且在文字表述部分未注明服装效果图及服装的著作权人为原告。但是，被告的此种行为不过是使用了现场发布会的照片而不是原告的作品本身，故该行为不属于《著作权法》所规范的使用行为。

作者评析： 在我国《著作权法》的范围内，成品服装如果具有一定的

艺术性应该受到保护。艺术服装是指为了特定目的而设计制作的服装，例如服装设计比赛、舞台表演、时装秀、宴会等，它们采用了极具艺术性和夸张性的表达方式。这些服装通常具有独特的造型设计，适用于特定的场合表演或展示，因此受众范围较为有限。举例来说，在 2021 年中央广播电视总台春节联欢晚会的时装秀《山水霓裳》中所展示的服装，虽然在美感上极具特色，但不适合日常穿着，节目中何穗所穿的凤冠华服重量达到了 40kg。这些艺术服装虽然具备一定的实用功能，但主要价值在于其艺术功能，每件服装都有着独特的设计和寓意。艺术服装能够将实用功能与美感分离开来，其美感源于设计师独特的理解，体现了设计师个性化的选择与艺术造诣。这些艺术服装的设计部分是设计者独立创作的，达到了一定的艺术高度。因此，艺术服装有可能构成实用艺术作品，适用于《著作权法》中关于美术作品的规定。然而，实用服装和日常生活服装的设计通常不被视为作品。实用服装的受众范围更广，包括医生、护士、炼钢工人、交警、消防员、环卫工人和建设工人等职业。这些服装主要以实用功能为导向，很少强调艺术性，并且难以满足《著作权法》对"独创性"的要求，因此这类服装设计很难被认定为作品。日常生活服装指人们在日常生活中所穿着的服装，使用范围广，虽然具有一定的美感，但是美感部分仍包含在较为常见的普通的服装结构、样式之中，且与实用性融为一体，无法分离，因此也难以认定为实用艺术作品。[1]

【典型案例】

广州谷泥贸易有限公司、黄海鑫著作权权属纠纷案[2]

时间：2022 年 3 月 18 日
原告：广州谷泥贸易有限公司
被告：黄海鑫

---

[1]　杨双迪：《著作权法视野下我国服装设计的保护》，载《江苏工程职业技术学院学报》2023 年第 1 期。
[2]　广东省汕尾市中级人民法院（2022）粤 15 民初 13 号民事判决书。

原告主张：2017 年 7 月 15 日，原告创作"西服（0125 款号：313）"，于 2017 年 8 月 1 日首次发表，2020 年 9 月 22 日进行登记。被告与案外人聊天记录中涉及"LA313 款""313 款""西服"等字样。原告认为，其是涉案服装的著作权人，作品类别为美术作品。被告作为服装加工生产商，未经其同意，在知悉其作品的前提下，擅自生产和销售涉案西服，侵犯其著作权。

被告辩称：未侵害原告著作权。

法院认定：《著作权法》所称作品，是指文学、艺术和科学领域内具有独创性并能以某种有形形式复制的智力成果。《著作权法实施条例》第 4 条第 8 项规定，美术作品，是指绘画、书法、雕塑等以线条、色彩或者其他方式构成的有审美意义的平面或者立体的造型艺术作品。在美术作品的实际认定中，一般认为只要创作者将其对美学的独特观点在物质载体上以可视的方式表现出来，符合最低限度的创造性要求，就能构成美术作品。虽然我国《著作权法》未将实用艺术品明确列为保护客体，但若其立体造型符合美术作品的要求，可作为美术作品受到《著作权法》保护。本案中，涉案西服具有艺术美感的部分主要在于用斜破缝开袋设计及使用浅灰色布料缝制，其艺术美感不符合美术作品最低限度的创造性要求，不足以使公众将其视为一件艺术品，因而不属于实用艺术品的范畴，不构成著作权法意义上的美术作品。

（四）民间艺术品作品属性分析

民间艺术品是民间文学艺术的物质性表达，包括图画、油画、雕刻、雕塑、陶器、镶嵌器具、木质品、金属器具、珠宝首饰、编织藤篮、刺绣品和缝制品、纺织品、地毯和服装等民间艺术制品、乐器及建筑形态，通常反映了某个地区的文化特色和历史传统。通过现有《著作权法》保护民间艺术品，有以下几点不足：

第一，很多的民间艺术品不受《著作权法》保护，比如乐器，没有独创性的纺织品、缝制品、服装，藤篮等。当然，具有独创性的民间艺术品属于《著作权法》中的作品。

第二，民间艺术品的产生时间悠久，而《著作权法》规定的保护期限相对较短，对于一些民间艺术品，特别是已经进入公有领域的作品，较短的保护期限可能无法满足其长期传承和保护的需求。

第三，民间艺术品的作者身份不明。《著作权法》过于关注个人创作者的权益，而对于民间艺术品的权利主体却界定不清，牵涉创作者、传承者和社群等多方面，导致保护的不明确性，同时也忽视了民间艺术品的集体性和传统性，因而导致对整个社群的权益保护不足。民间艺术品的创作是一个持续漫长的过程，在不断传承的过程中，会经历革新、完善和创新，使作品逐渐具有某一特定区域的特色，这也是它们与一般作品不同之处。通常一般的作品会有明确的作者，当发生纠纷时能够较容易地进行判断，但在司法实践中，由于无法确定作者，民间艺术品的案件处理则会相对困难。民间艺术品版权归属认定问题在学术界与实务界都存在较大争议，这一点可以从现有理论的多样性和复杂性中看出来。目前，关于民间艺术品版权归属在学术界主要有三种观点，即"个体论""集体论"和"个体与集体二元共生论"。"个体论"强调个体在作品生成、演变和发展中的地位和作用，但忽略了集体（团体）在这一过程中的作用。有时，个体在民间文学艺术的发展中所做的贡献很难界定，甚至无法确认具体个体的作用和贡献，这直接导致作品权利人的空缺，使民间艺术品的保护期超过了我国《著作权法》规定的 50 年最长保护期限，最终流入公有领域，失去了《著作权法》的保护。当前较为普遍的观点是"集体论"，即将特定团体（群体）视为民间艺术品的权利人。持这一观点的人认为，那些对于特定艺术品传承有一定贡献的族群或社群，根据惯例规则可被认定为权利主体。

第四，民间文学艺术表达的保护和《著作权法》的保护目的不一致，《著作权法》在保护传统文化价值方面存在不足，不能充分保护民间艺术品所承载的传统文化、历史和民俗等方面的价值。

在我国学术界，对于民间文学艺术表达保护的问题，张玉敏教授指出，"保护民间文学艺术主要的、基本的制度要么是特殊权利保护，要么是版权保护。"但不论是直接适用《著作权法》还是创设特别权利，都很难摆脱基于著作权制度本身所带来的一些困境。综上，本书认为应将民间艺术品纳入民间艺术表达专门立法中进行保护。

【典型案例】

郭宪与国家邮政局刘某某侵犯美术作品署名权、修改权、保护作品
完整权、使用权及获得报酬权纠纷案[1]

时间： 2000 年 12 月 13 日
原告： 郭宪
被告： 国家邮政局

  原告主张： 2000 年初，原告发现被告未经原告许可，抄袭盗用原告于 1997 年 3 月出版的著作《中国民俗吉祥剪纸》一书中的五幅剪纸作品，用在被告独家专营的 2000 年《中国邮政贺年（有奖）明信片》装帧及奖品钥匙链上，并篡改作品名称、图形和寓意。原告认为，被告侵犯其五幅剪纸作品的署名权、修改权、保护作品完整权、使用权和获得报酬权。

  被告辩称： 该剪纸作品具有民间性，属于民间作品范畴，剪纸也是世代相传，都是在前人作品基础上的增删修改而成，形成地方风格，无法界定原作者，也因剪纸的题材、设计、手法具有相对固定的模式和套路，难以拥有独创性。故涉案剪纸不适用《著作权法》保护。

  法院认定： 原告运用我国民间传统的剪纸技艺，是将其对生活、艺术及民间美学的理解，通过其创作的剪纸图案表达出来，每一幅剪纸都是原告独立创作完成，具备《著作权法》独创性要求，其可复制性也是毋庸置疑的。由于涉案剪纸作品是以线、色彩构成的具有审美意义的平面造型艺术作品，故应受到《著作权法》规定的美术作品保护。

  对于被告主张的涉案剪纸作品属于民间作品范畴而不受《著作权法》保护，法院认为，《著作权法》规定的民间文学艺术作品，应为民间世代相传的、长期演变、没有特定作者，通过民间流传而逐渐形成的带有鲜明地域色彩、反映某一社会群体文学艺术特性的作品，如民歌、民谣、蜡染等。本案的剪纸作品是原告运用民间剪纸技艺，自己独立创作完成的，不属于世代相传、没有特定作者的作品，应受《著作权法》保护。

---

〔1〕 北京市第一中级人民法院（2000）一中知初字第 48 号民事判决书。

第二节 艺术品版权主体

在艺术品领域中，所有权人和著作权人两分是一个比较突出的特征。由于艺术品具有收藏价值高的特点，因此收藏家们乐于购买艺术品，艺术品的所有权可以在购买、赠与或继承等情况下发生转移。与普通商品不同的是，艺术品通常体现了艺术家独特的创作思想，因此人们对艺术品著作权归属的关注度也高于普通商品。

艺术品的著作权人通常是指艺术品的创作者，他们依法享有对艺术品的著作权，著作权包括了作者对其作品的发表权、署名权、修改权等权利。艺术品的所有权人是指拥有该艺术品的物权主体，即对艺术品的占有、使用、收益和处分等受到法律保护的权利人，这个权利通常是通过购买、继承或其他合法手段获得的。艺术品的所有权人可以在法律范围内行使他们的物权，包括出售、转让、展示、保管和决定艺术品的用途等权利。虽然艺术品的所有权人拥有对该艺术品的物权，但该艺术品的著作权仍然属于创作者。例如一位收藏家从一位画家手中购买画家自己创作的一幅画，那么这幅画的物权就归属于收藏家，画家无法凭借作者身份要求收藏家返还这幅画；但这幅画的著作权仍然属于画家，收藏家也无法凭借这幅画的所有者身份声称这幅画是其创作的。需要注意的是，如果艺术品属于美术、摄影作品，那么根据《著作权法》第 20 条第 2 款规定："作者将未发表的美术、摄影作品的原件所有权转让给他人，受让人展览该原件不构成对作者发表权的侵犯。"即如果收藏家将他购买的这幅画进行展览，画家也无权就收藏家侵犯了他的展览权而对收藏家提起诉讼，即使这幅画并未公开发表过。

一、自然人作者

《著作权法》第 11 条第 2 款规定，创作作品的自然人是作者。因此，从事了艺术品创作的自然人艺术家当然属于该艺术品的著作权人，保护其作品不仅是对其个人创作才能和劳动的认可，也是对其精神成果的保护。在艺术品版权保护中，自然人作者享有署名权、修改权、发表权等一系列权利，这些权利是对其作品的控制和保护，以确保其在经济和道德层面得到应有的尊重和回报。需要注意的是，创作作品的行为是典型的事实行为，而非法律行为。[1]因此，只要创作者是自然人，无论其是否具有行为能力都可以视为作者，并享有其作品的著作权。

通常情况下，一般艺术品和实用艺术品的著作权主体都是自然人，即创作者本人。对于一般艺术品，例如绘画、雕塑、摄影作品等，著作权通常归属于创作这些作品的艺术家或创作者，这些作品是艺术家通过自己的创意和创作劳动而产生的，因此《著作权法》通常认为原创作者是其著作权的享有人。对于实用艺术品，例如家具、陶瓷、服装等，它们除了具有艺术性外，还有着实际的使用功能，不过在司法实践中，可能会将实用艺术品中的艺术元素（比如特定设计、图案等）和功能性元素（比如物品的实际用途）区分开来。故而在讨论著作权归属时，我们只需要考虑实用艺术品中的艺术性的部分，因此实用艺术品的著作权仍属于设计师、创作者或工匠，因为他们创造了该物品的特定外观或设计，使其具有独特的艺术性。

二、法人、非法人组织作者

除了自然人外，我国《著作权法》还承认法人、非法人组织为作者。《著作权法》第11条第3款规定：由法人或者非法人组织主持，代表法人或者非法人组织意志创作，并由法人或者非法人组织承担责任的作品，法人或者非法人组织视为作者。但有学者认为，艺术品的创作通常拥有较大的发挥空间，单位即使提出要求也难以具体到创作艺术品的细节，因此艺术品不能被认定为以法人、非法人组织为作者的作品。[2]

虽然一般的艺术品的确不能被认定为法人作品，但此处需要考虑一种特殊情况，即博物馆仿制品。一方面，为了保护原件免受时间、环境或人为因素损坏的威胁，博物馆可以通过制作仿制品，减少对原件的频繁展示和接触，延长其寿命，并降低损坏风险。另一方面，制作仿制品可以帮助保留文化遗产，在文物遭到盗窃、战争或灾难等不可预测的破坏时，仿制品能够留下记录并传承文物的文化价值，即使原件不再存在，其历史和意义也能够得到保存和传承。

---

〔1〕 王迁：《著作权法》，中国人民大学出版社2023年版，第267页。

〔2〕 王迁：《著作权法》，中国人民大学出版社2023年版，第268页。

因此，博物馆可能会邀请专业的艺术家来对馆藏文物进行仿制，在这种情况下，博物馆会要求艺术家一比一还原原件，仿制品的创作会受到严格限制，必须接受博物馆的指示，在此种情况下，博物馆仿制品就充分代表了博物馆意志。同时，文物仿制品由博物馆承担责任，博物馆作为文物的保护者和展示者，有责任确保仿制品的制作符合专业标准和著作权规范。因此博物馆仿制品可以看作法人作品。

三、特殊作品的著作权归属

（一）一般职务作品

我国《著作权法》第18条第1款规定：自然人为完成法人或者非法人组织工作任务所创作的作品是职务作品。根据《著作权法实施条例》的相关规定，上述"工作任务"，指公民在该法人或者非法人组织中应当履行的职责。比如，公司财务在上班期间"摸鱼"画的一幅画就不是职务作品，因为财务人员的本职工作不是画画。某奢侈品公司任职的设计师设计出一套礼服，如果这位设计师是在某个奢侈品公司担任设计师，并且在公司工作期间创作了某项作品，这个作品通常会被认为是职务作品。

一般职务作品的著作权由员工享有，单位只享有在作品完成后两年内的优先使用权，未经单位同意，作者不得许可第三人与单位使用相同的作品。[1]

（二）特殊职务作品

根据我国《著作权法》第18条第2款第1项规定，主要是利用法人或者非法人组织的物质技术条件创作，并由法人或者非法人组织承担责任的工程设计图、产品设计图、地图、示意图、计算机软件等属于特殊职务作品，作者享有署名权，著作权的其他权利由法人或者非法人组织享有，法人或者非法人组织可以给予作者奖励。《著作权法实施条例》第11条第2款对"物质技术条件"作以下解释：《著作权法》关于职务作品的规定中的"物质技术条件"，是指该法人或者该组织为公民完成创作专门提供的资金、设备或者资料。这强调了作者利用单位提供的物质技术条件与作品创作直接相关，且无法从其他地方轻易获得，[2]例如设计师使用单位的纸笔画设计图就不构

---

〔1〕 王迁：《著作权法》，中国人民大学出版社2023年版，第281页。

〔2〕 王迁：《著作权法》，中国人民大学出版社2023年版，第278页。

成主要使用了单位的物质技术条件，因为这些东西随处可得，换一家公司也能够享有。

属于特殊职务作品的艺术品在我们的生活中也十分常见，如前文提到的博物馆衍生品。首先，博物馆衍生品的设计图可以归为产品设计图；其次，博物馆衍生品的制作灵感通常来自于博物馆的藏品，在设计过程中需要参考博物馆藏品独特的设计理念，甚至需要博物馆聘请专家来研究工艺技术、复原藏品画面，属于利用了法人或非法人组织提供的物质技术条件，且这些物质技术条件无法从其他地方轻易获得；最后，博物馆衍生品的成品生产也需要博物馆联系工厂制作或自行采买制作原料，并且由博物馆承担主要责任。因此博物馆衍生品应当属于特殊职务作品，除署名权外的著作权均由博物馆享有。

（三）委托作品著作权归属

在艺术品版权主体中，涉及委托作品的情况有很多种。委托作品的著作权归属通常是根据双方的合同约定来确定的，我国《著作权法》第19条规定，受委托创作的作品，著作权的归属由委托人和受托人通过合同约定。合同未作明确约定或者没有订立合同的，著作权属于受托人。

【典型案例】

李星杰等诉海南方圆水世界有限公司等著作权纠纷案[1]

时间： 2001年12月29日

原告： 李星杰

被告： 海南方园水世界有限公司

原告主张： 方园公司推出水世界"美人鱼"节目后，为了加强促销宣传，口头约请李星杰为该节目拍摄广告宣传镜头，李星杰应邀利用自己的摄影设备，在方园公司的水世界表演区选取表演节目中具有代表性的瞬间，拍摄了多个镜头。原告认为，被告未经著作权人许可，就大量商业性使用其作品，是明显的侵权行为，被告的行为既违反了劳动合同，又侵犯了其

---

〔1〕 参见海南省高级人民法院（2001）琼经终字第70号民事判决书。

署名权、修改权以及保护作品完整权。

被告辩称：本案是劳动合同争议，双方口头约定了报酬为人民币500元，并已由廖红光交给原告；原告不享有本案争议作品的使用权，被告公司使用时也只作门票，不存在侵犯其发表权问题。

法院认定：被告与原告因口头协议在双方之间形成了委托创作关系，而不是劳动法上的劳动合同关系，原告依照约定所创作的摄影作品属于委托作品，由于双方未约定委托作品著作权的归属，依照我国《著作权法》规定，著作权属于原告所有。被告使用原告所创作的摄影作品应当取得其许可，否则构成侵权。本案中被告未经原告许可，未支付报酬、未署名，在其营业活动中大量使用原告创作的摄影作品，侵犯了原告对其摄影作品所享有的发表权、署名权和获得报酬权，应当承担侵权的法律责任。被告在使用原告的摄影作品时，对有的镜头画面作了不同程度的变形处理，改变了画面造型的同一性，侵犯了原告对该摄影作品的修改权。

【理论探讨】

博物馆能否成为文物藏品的著作权人？

案例引入：文博园兵马俑纠纷案[1]
被侵权人：秦始皇帝陵博物院
侵权人：安徽文博园

案情概述：2017年2月8日，一组被网友称为有史以来最大规模的仿制兵马俑群图像在网络上迅速传播。这个"兵马俑群"位于安徽省安庆市太湖县境内的4A级旅游景区"五千年文博园"内。据该园导游介绍，为了使游客能够体验秦朝文化风情，这个"兵马俑群"是按照西安临潼兵马俑一号坑1∶1复制而成的。

---

[1] 澎湃新闻：《秦陵着手起诉安徽和欧洲"山寨兵马俑"，要求停展并赔偿》，载 https://www.thepaper.cn/newsDetail_forward_1620123，最后访问日期：2024年1月4日。

被侵权人主张：首先，该行为是对世界遗产的不尊重，也违反了《保护世界文化和自然遗产公约》以及《世界文化遗产保护管理办法》的相关规定，侵害了兵马俑整体形象的特有性，破坏了兵马俑作为世界文化遗产的完整性。其次，安徽文博园的行为侵害了所有权人对"兵马俑遗址"的修改权、复制权以及保护作品完整权。最后，《文物保护法》第9条第2款规定："基本建设、旅游发展必须遵守文物保护工作的方针，其活动不得对文物造成损害。"安徽文博园擅自复制上千兵马俑，其复制的兵马俑形象粗制滥造，丑态百出，是对文物形象和无形价值的损害。

侵权人辩称："兵马俑群"是请西安一家做陶俑的公司制作的，该园区还修建了秦始皇站在城墙上挥手的雕像，"秦始皇"两侧的"城墙"上各有"一统江山""兼并天下"字样，这些是安徽文博园独创的；并且陶俑的摆放、人物形象也与西安兵马俑不一样，安徽文博园没有意向去侵犯知识产权。

业内人士认为：在解决"山寨"兵马俑纠纷过程中，《著作权法》体系所面临的主要法律难题之一涉及著作权保护期限。根据我国《著作权法》规定，包括复制权和展览权在内的著作财产权的保护期限为作者终身及其死后50年，截至作者死后第50年的12月31日。然而，兵马俑的历史早已超越了《著作权法》规定的保护期限。因此，试图依靠《著作权法》规范"山寨"兵马俑的行为很难得到法律支持。实际上，这也是文物、古建筑等文化遗产在寻求《著作权法》保护时所面临的主要困境之一。

案例分析：以上案例反映的问题如下——文物藏品能否受到《著作权法》保护？

与一般藏品不同，文物藏品大多年代久远早已进入公有领域，文物藏品能否受到《著作权法》保护，著作权应该保护其哪些权利等问题在理论中一直存在争议。

本书认为：首先，文物藏品应当受到著作权法保护。从法律规定来说，尽管文物藏品的著作财产权已过《著作权法》保护期限，但作者的著作人身权不受时间和追溯力的限制，因此在不侵犯作者人身权利的前提下，公众可以自由使用这些藏品。[1]从文物藏品的价值来说，文物藏品凝聚着数千年的文化传承，保护文物藏品是为了保存和传承珍贵的历史文化遗产，以促进对人类文明发展的理解和尊重。

其次，若文物藏品可以受到著作权法的保护，具有著作人身权，那么权利的行使主体是否可以是博物馆？

虽然我国《著作权法》没有对文物藏品的权利主体进行规定，实践中文物藏品的保护也往往会面临权利行使主体缺失的问题。但是如前文所述，文物藏品是值得保护的，因此，本书将探讨博物馆作为文物藏品权利的行使主体的可能性。

从理论层面来看，博物馆作为传播文化的公共服务机构，具有社会责任，而著作权则是对作者权利的保护。虽然在表面上看两者存在矛盾，但实际上著作权以保护作者权益为起点，最终是为了促进文化发展。因此，博物馆作为文化传承与服务的机构与著作权保护并不冲突。另外，随着法律法规的不断调整，博物馆逐渐朝经营性服务机构的方向发展。《民法典》第253条也显示，博物馆在从事民事性质的活动时，国有博物馆有权对其支配的博物馆资源行使占有、使用等私权性质的权利。因此，从博物馆自身运营来说，其公益性质和私权性质并不冲突。

从实践层面来看，《民法典》和《博物馆条例》的领域规定进行调整，确认了博物馆在物权领域具备占有和使用等私权属性的权利，表明博物馆可作为私权主体存在。此外，早在1986年，《国家版权局涉及博物馆所收藏作品的版权问题》中曾提及博物馆在特定情况下可能享有著作权，虽然此答复已废止，但暗示了博物馆可以作为著作权的权利主体。再者，2007年WIPO发布的《博物馆知识产权管理指南》明确了多种保护博物馆知识产权的方式，承认了博物馆在著作权方面的地位。以故宫博物院为例，故宫博物院在1996年注册了多项服务商标，并成立法律处专门处理知识产权问题，制定相关规则规范知识产权管理。此外，近年来越来越多的博物馆也频繁参与到知识产权纠纷案件中并获得法院支持，为博物馆知识产权权利主张提供了审判先例。这些事实表明，在实践活动中，已经有了认可博

[1] 弓晨:《博物馆藏品及衍生品的著作权保护探析》,载《中国民族博览》2021年第12期。

物馆作为著作权的主体资格的趋势。因此，有必要从法律规定上明确博物馆作为著作权权利主体的身份。[1]

综上所述，当文物藏品资源在衍生开发中遭受形象歪曲等侵权行为时，对保护作品完整权而言，博物馆作为最接近侵权的主体，由它来保护文物藏品最合理高效。但需要注意的是，在著作人身权中，发表权、署名权不归博物馆控制，而为了保护文物藏品，保护我国传统文化，除国家要求以外，任何单位包括博物馆也不能行使修改权。

第三节　艺术品版权侵权及救济

一、侵权具体形式

（一）雕塑艺术品抄袭他人雕塑作品

雕塑作为一种呈立体表现形式的美术作品，受知识产权的保护，即著作权保护。近年来，有关雕塑作品的著作权纠纷时有发生。雕塑著作权侵权的判定标准关键在于"两作品是否实质相似"，即作品特征对比，如情节手法、主题思想等是否相同或相似。对于作品间是否构成"实质性相似"的认定，因认定过程受限于对作品表达认知的差异，且并无客观标准依据，故始终是司法实践中的难点。

【典型案例】

湖北美院退休教师抄袭学生雕塑作品案[2]

时间：2023 年

原告：陈亮

被告：黄勇

---

〔1〕 张萌哲：《博物馆资源著作权保护相关问题研究》，西北大学 2019 年硕士学位论文。

〔2〕 湖北省武汉市洪山区人民法院（2023）鄂 0111 知民初 1299 号民事判决书。

原告主张：该雕像是其在校期间的课堂习作，指导老师是黄邦雄教授，并不是黄勇，黄勇不是雕塑系的老师，他只是把原稿赠与黄勇。但是之后黄勇未经允许拿去学校系部的一个雕塑展布展，署名为黄勇。原告认为把这个雕像署名或售卖，都严重侵犯了其权益。此外，原告还提供了几张教学档案照片，力求证实自己具有该作品版权。

被告辩称：自己为陈亮的《等大女人体》雕塑作品创作提供过意见，并且后来自己对雕塑作品进行了二次创作，产出作品《春》。

法院认定：虽然《等大女人体》雕塑是陈亮在校期间，通过学校提供的统一教学资源完成的课堂作业，但依然是其智力劳动成果，具有一定艺术美感，属于受《著作权法》保护的美术作品。教师黄勇辩称对陈亮的雕塑作品提供了创意指导，但法院认为黄勇没有参加创作，仅为创作提供咨询意见、物质条件等辅助性工作，不能视为合作作者，并且黄勇不是陈亮该课程的指导老师，现有证据不足以认定其对陈亮的创作过程提供了足以影响作品观点表达的创意指导，不享有相应署名权。

对于教师黄勇辩称自己对陈亮雕塑做出了二次创作，法院认为，《著作权法》所保护的作品是具有创作者独创性的劳动成果，二次创作的成果要构成作品，需在原作品基础上进行某种实质性的改变或者润色，才能得到《著作权法》的保护。即使黄勇认为其对陈亮的雕塑作品作了细微的细节变化处理，属于其高度艺术技巧和审美品位的体现，但并不符合法律意义上对于独创性最低限度的要求，无法体现出新的独创性表达。故黄勇的《春》构成抄袭陈亮的《等大女人体》雕塑。

（二）陶瓷艺术品使用他人广告创意画面

近年来，随着陶瓷艺术品市场的蓬勃发展，其相关的版权问题也引起热议。在制作陶瓷作品的过程中，不当使用他人广告创意画面制作陶瓷艺术品可能涉及版权问题。一般来说，如果某人创造了某一广告创意画面，并拥有该创意的版权，那么他有权决定是否允许他人使用这一创意。在没有得到版权人的许可之前，擅自使用他人的广告创意画面制作陶瓷艺术品可能会构成版权侵权。因此，为了确保合法性以及避免不必要的麻烦，在使用他人的广告创意画面之前，应当先获得版权持有人的明确许可。

【典型案例】

杰夫·昆斯雕塑作品侵权纠纷案

原告：法国服装品牌 NafNaf

被告：杰夫·昆斯

案情概述：屡次陷入作品原创性争议的美国当代艺术家再度被判抄袭。《冬季事件》是杰夫·昆斯 1988 年的陶瓷作品，以女人卧在雪地，一只小猪依偎身旁为主要特色。原告 1985 年的广告，也是以女人卧在雪地，一只小猪依偎身旁为主要特色。但二者也有多处差异。首先，二者作品的性质不同，昆斯做的是一件雕塑，而非一幅黑白照片。其次，昆斯作品中女人前额架墨镜，上身有网状装饰，小猪颈部缠绕花环，雕塑中还有两只小企鹅点缀。但是，对广告创作者弗兰克·达维多维奇来说，当他 2014 年在昆斯回顾展上第一次见到昆斯的《冬季事件》时就立刻发现了两件作品存在明显的雷同。2015 年 1 月达维多维奇以侵犯版权为由将昆斯告上法庭。

被告辩称：昆斯拥有艺术创作的自由，作品只能视为模仿，何况在过去 30 年间，雕塑已走遍全球却没有引起达维多维奇的异议。不过法庭对这些辩解予以驳回。

法院认定：雕塑与广告具有相同的"极可辨识的布景"，甚至女子左侧面颊上几缕发丝都与广告中处于同样位置，女子的表情也如出一辙，因此昆斯的作品构成侵权。

（三）未经授权，博物馆出版的图书、展览的作品中使用他人摄影作品

随着生活水平的提高，人们对参观博物馆提出了更高要求。传统且单一地通过展柜欣赏展品已不能满足现代人的需求，越来越多的消费者更希望在博物馆获得更新的体验。故宫博物院、美国大都会艺术博物馆等世界著名博物馆无不将拓宽博物馆展品种类、服务升级等作为推广博物馆文化、满足观众需求的重要途径。但在这一过程中，侵权事件也频频发生。《著作权法》第 24 条第 1 款第 8 项规定，图书馆、档案馆、纪念馆、博物馆、美术馆、文化馆等为陈列或者保存版本的需要，复制本馆收藏的作品，可以不经著作权人许可，不向其

支付报酬，但应当指明作者姓名或者名称、作品名称，并且不得影响该作品的正常使用，也不得不合理地损害著作权人的合法权益。由此可见法律虽对博物馆等组织使用他人作品作了相对宽泛的规定，但也要以不侵犯著作权人的合法权益为前提。

【典型案例】

任之恭诉陕西省美术博物馆著作权侵权纠纷案[1]

时间： 2017 年 6 月 19 日

原告： 任之恭

被告： 陕西省美术博物馆

原告主张： 被告于 2016 年 8 月 6 日至 9 月 3 日举办"云开华藏——陕西省美术博物馆馆藏王子云作品及文献展"，并制成电子版在其网站上发布，同时印制相关图书一套。在展览的图片、印制的图书"图像卷"中各有 18 张照片，系原告在 20 世纪 70 年代及 90 年代拍摄。原告主张：美术馆未经许可署名，擅自使用其作品侵害了其著作权，故诉至法院，请求判令美术馆立即停止侵权并赔礼道歉。庭审中，任之恭提交了拍照时的记录及信件、与涉案照片同期拍摄的其他照片，以期证明其为涉案照片的著作权人。

被告辩称： 展览开展时，王蔷作为王子云子女的代表对此次展览表示认可，捐赠人将其持有父亲遗留的照片捐赠给美术馆时，未约定捐赠图片的署名人，美术馆合法拥有照片的展览、出版等权利；美术馆代表国家对王子云的历史文献资料进行"抢救式"的收藏行为，没有过错。《王子云评传》中的全部图片提供人系王倩，与原告无关。

法院认定： 原告持有 2 张王子云肖像照的底片，可以认定其系该 2 张照片的著作权人，其余 16 张，原告无底片，不能认定其为著作权人；《王子云评传》中的照片由谁提供，与前述 2 张照片由谁拍摄之间没有必然的关系，被告以《王子云评传》照片的提供者为王倩来否认原告的权利人身

---

[1] 参见西安市中级人民法院（2017）陕 01 民初 52 号一审民事判决书。

份没有依据。被告未经许可，在展览及其编著的《云开华藏》书中使用了原告拍摄的2张照片，且未署名，未尽到应尽的审查义务，侵犯原告享有的著作权。

作者评析： 摄影作品是指借助器械在感光材料或其他介质上记录客观物体形象的艺术作品，如人物照片、风景照片等。著作权的取得方式主要有注册取得和自动取得两种。我国《著作权法》在著作权取得上采取了自动取得制度。该法规定，中国公民、法人或者其他组织的作品，不论是否发表，依照本法享有著作权。著作权人是对作品享有权利的人，包括原始主体和继受主体。著作权的原始主体是创造作品的人，也即作者基于其创作行为享有著作权。著作权的继受主体是指通过受让、继承、受赠和其他方式从著作权原始主体手中取得著作权的人。我国《著作权法》规定，如无相反证明，在作品上署名的公民、法人或者其他组织为作者。司法实践中，若无相反证据，作品署名和著作权登记证书可以作为认定著作权人的初步证据。当然，可以证明作者实际创造了作品的材料也可作为证据证明著作权人的身份，如文学作品的手稿等。对于摄影作品，认定著作权人最直接的证据是作品上的署名及著作权登记证书。一般而言，集结出版的摄影作品、展览的摄影作品均有作者的署名。随着技术的发展，在网络及印刷品上，越来越多的摄影师以摄影作品加作者水印的方式来对其作品进行署名。此外，也有摄影师选择对自己的摄影作品进行著作权登记，以此证明自己的作者身份。在没有署名及著作权登记证书的情况下，如何认定摄影作品的作者成为司法实践中的一个难点。类似于文学作品的手稿，摄影作品的底片可作为创造过程的证明，在没有相反证据的情况下，可认定底片所有者为摄影作品的著作权人。本案中，任之恭提交了其中2张照片的底片及18张照片拍照记录和信件，作为证明其是照片权利人的证据。根据任之恭提供的2张照片的底片，可以认定其系该2张照片的著作权人；对于剩余16张照片，因任之恭未能提供证据，因而无法证明其是著作权人。

（四）艺术品冒名侵权

艺术品冒名侵权行为，是指假冒他人署名制作、出售艺术作品的行为。假冒的名字不仅指他人的本名，也可以是为相关公众所知悉的艺名、笔名、化名等。冒名行为的主体以自然人为主，但也可以是法人或其他组织，包括出版社、拍卖公司等。从冒名的目的看，冒名行为主要包括两种情况：第一种是为谋取非法经济利益，被冒名者通常是在文学、艺术、科学领域取得一定成就且享有较高知名度的人，这是现实生活中的主要情形；第二种是为了诋毁、诽谤他人，使他人名誉受损甚至受到法律上的制裁，被冒名者一般为普通公民（非作者），这种情况现实中比较少见，故不具有典型性。

根据具体案例可见，当侵权人对艺术作品实施冒名侵权行为时可能涉及侵犯著作权人的姓名权或是著作权，如果盗用的是真实的名字可能会侵犯他人的姓名权，如果是盗用他人作品作者的名字属于侵犯他人的著作权。

【典型案例】

吴冠中诉上海朵云轩、香港永成古玩有限公司出售假冒其署名的美术作品纠纷案[1]

时间：1996 年 3 月 11 日

原告：吴冠中

被告：上海朵云轩、香港永成古玩拍卖有限公司

原告主张：被告于 1993 年 10 月 27 日在香港拍卖出售了一幅画《毛泽东肖像》。拍卖前，原告曾通过有关单位转告上海朵云轩这幅画系假冒原告署名的伪作。但是上海朵云轩在接到通知和书面函件后仍与拍卖有限公司联合拍卖，甚至出具专家鉴定意见称这是吴冠中的作品，致使该伪作被他人以港币 52.8 万元购去。两被告的行为侵犯了原告的著作权，使其声誉和真作的出售均受到了不应有的损害。为此，请求法院判令被告停止侵害。

法院认定：本案讼争的画《毛泽东肖像》是一幅假冒吴冠中署名的美术作品。两被告拍卖书画的行为是一种包括征集书画、刊印发行《图录》，以及实际竞拍清账的一系列行为。拍卖是一种特殊形式的买卖，拍卖书画

---

[1]　上海市高级人民法院（1995）沪高民终（知）字第 48 号民事判决书。

是一种出售美术作品的行为。两被告在获知原告对该画提出异议，且无确凿证据证明该作品系原告所作，落款非原告本人署名的情况下，仍将该画投入竞拍出售，获取利益，违反了《著作权法（1990年）》第46条第7项的规定，属于出售假冒他人署名的美术作品的侵犯著作权行为。吴冠中诉称两被告出售假冒其署名的美术作品，侵犯其著作权，有事实依据和法律依据，应予支持。据此，该院作出判决：两被告联合拍卖假冒吴冠中署名的《毛泽东肖像》画的行为，侵犯了原告吴冠中的著作权，应当停止侵害。

（五）产品容器侵权实用艺术品

如前所述，如果产品容器（酒瓶、花瓶等）的实用性和艺术性可以分离，并且其艺术性达到《著作权法》的作品标准，那么就构成实用艺术品，司法实践中多以美术作品来对这类实用艺术品进行保护。但由于产品容器本身具备的实用功能，导致实践中仍然有很多生产厂家有意或无意地使用他人享有著作权的实用艺术造型容器，结果构成侵权。

【典型案例】

雅斯·埃内西有限公司与广东卡拉尔酒业有限公司等侵害作品复制权纠纷、

侵害作品发行权纠纷、侵害作品信息网络传播权纠纷案[1]

时间：2020年6月16日

上诉人（原审原告）：雅斯·埃内西有限公司

被上诉人（原审被告）：广东卡拉尔酒业有限公司、梅州中法拔兰地有限公司、广州李氏兄弟贸易有限公司等

　　上诉人主张：首先，本案争议标的"Paradis瓶子"的设计师阿涅斯·帝埃里已明确作出声明，"Paradis瓶子"系其接受上诉人指派为其产品专门设计的，并声明相关知识产权均由原告享有。上诉人早在商业上使用"Paradis瓶子"并获得多个奖项，享有极高知名度，四被上诉人作为酒类经营者，接触"Paradis瓶子"可能性很大。被诉产品样式与涉案

---

〔1〕 参见广东省高级人民法院（2019）粤民终1665号民事判决书。

"Paradis 瓶子"高度近似，构成著作权侵权。其次，本案中四被上诉人侵权恶意明显，分工合作，通过不同渠道销售，已经构成侵权体系。

被上诉人辩称：一审法院关于现有证据不足以证明上诉人享有涉案作品著作权的结论正确。上诉人享有涉案"Paradis 瓶子"外观设计专利不必然表明其对该产品同时享有著作权，涉案"Paradis 瓶子"不属于美术作品，因此被上诉人对自己享有外观设计专利的酒瓶委托灌装、销售和宣传的行为合法，不构成著作权侵权。

本案争议焦点为：①涉案"Paradis 瓶子"是否构成美术作品；②上诉人对涉案"Paradis 瓶子"是否享有著作权；③被诉行为是否构成侵权。

法院认定，首先，关于涉案"Paradis 瓶子"是否构成受我国《著作权法》保护的美术作品的问题，由于实用功能属于思想范畴不应受《著作权法》保护，作为实用艺术作品受到保护的仅仅在于其艺术性。因此，实用艺术品要作为美术作品受《著作权法》保护，除需满足关于作品的一般构成要件及美术作品的特殊构成条件外，还应满足实用性与艺术性可以相互分离的条件，以及满足具有较高美感，至少使一般公众将其视为艺术品的要件。所谓实用性与艺术性可以相互分离，是指具备实用功能的实用性与体现艺术美感的艺术性在物理上或观念上可相互分离。本案中，涉案"Paradis 瓶子"系上诉方委托设计师阿涅斯·帝埃里所独创的以线条、色彩等方式构成的造型艺术作品。综上所述，涉案"Paradis 瓶子"构成受我国《著作权法》保护的美术作品。

其次，涉案作品由阿涅斯·帝埃里所创作，这一事实不仅在一审时就为双方当事人所确认，而且，上诉方早在 2001 年申请获得的相关外观设计专利证书上也有明确记载。因此，本案证据足以认定上诉方对涉案"Paradis 瓶子"美术作品享有著作权。

最后，关于被诉行为是否构成著作权侵权的问题。本案中，上诉方早于 2001 年 5 月就将涉案"Paradis 瓶子"作品使用在百乐廷干邑白兰地产品上，在我国台湾地区首发，并在全球范围内销售，具有较高市场知名度和美誉度。本案中，诸被上诉人均确认部分被上诉人实施了共同复制被诉"尊尼蓝牌－卡爵 XO 白兰地"酒瓶并提供给拔兰地公司灌装、对外销售的行为；被诉产品标识上明确记载"经销商李氏公司、灌装商拔兰地公司"。因此，诸被上诉人对于被诉行为的发生主观上具有共同意思联络，客观上采取了分工合作，共同侵害了原告涉案"Paradis 瓶子"美术作品的复制权、发行权和信息网络传播权。

【理论探讨】

摧毁艺术品原件的行为是否构成对著作权人作品完整权的侵犯？

很多艺术品就一份原件，即使同一个艺术家就同一个主题创作，那也是不同的艺术作品。因此，摧毁艺术品原件势必会影响著作权人权利的实现。我国《著作权法》没有作出禁止毁损艺术作品原件的相关规定。理论界主要对于摧毁艺术品原件是否侵害著作权人的保持作品完整权展开讨论。保持作品完整权，即保护作品不受歪曲、篡改的权利。因此，如果摧毁作品原件没有损害作品的声誉，也没有实质性地改变作者在作品中传达的思想、感情，那么就没有侵害作品的著作权。所以，这也是为什么美国认定部分毁损构成侵权比认定全部毁损构成侵权更为容易，因为残缺的艺术品更容易形成对艺术家的负面影响，也改变了作者在作品中传达的思想、感情。但我国法院曾做出过相反判决，在程桂华诉世界知识出版社一案中，世界知识出版社弄丢了程桂华创作的唯一书稿（手写稿），法院认定，唯一性原件的丢失使得著作权人基于该原件的一切著作权可能无法实现，据此支持了原告关于赔偿的诉讼请求。所以，摧毁艺术品原件是否侵害著作权人的权利，还有待法律进一步规定。本书认为，不能过于绝对，否则会导致艺术品原件持有人处在不安定状态。比如，除非著作权人明确表明不能摧毁，否则以原件持有人的物权优先。

【典型案例】

湖北晴川饭店壁画侵权纠纷案[1]

时间：2003 年 11 月 26 日

原告：蔡迪安、伍振权、李宗海、田少鹏

---

[1] 湖北省武汉市中级人民法院（2002）武知初字第 72 号民事判决书、湖北省高级人民法院（2003）鄂民三终字第 18 号民事判决书。

被告： 湖北晴川饭店有限公司

案情概述： 1982年4月15日，被告工程指挥部与湖北省美术院签订协议，委托四位原告画家创作壁画，壁画完成后被告工程指挥部按协议约定支付了9180元稿酬和相关费用。1997年，该画被收入《中国现代美术全集》壁画卷，被评价为"中国壁画复兴的代表作品之一"。但就在当年六七月间，被告对饭店进行整体翻修时，拆毁了这幅壁画。四位原告画家痛心不已。2002年7月，他们以著作权受侵害为由，将湖北晴川饭店有限公司告上法庭。

一审法院认定： 由于当初签订的委托创作合同未对《赤壁之战》壁画著作权的归属作出明确约定，根据《著作权法》的规定，著作权应归受托人所有，受托人湖北省美术院出具的证明显示，该壁画的创作者蔡迪安等4人拥有著作权。但蔡迪安等创作完成这幅壁画后，将作品原件交付给委托人原晴川饭店工程指挥部，对方支付相关报酬后取得了该作品的所有权。晴川饭店于1995年合资组建后，《赤壁之战》壁画作品原件的财产所有权转归晴川公司所有。

中级人民法院认为，美术作品原件财产所有权与该作品的著作权是可分离的两种不同权利，四画家享有该壁画的著作权，晴川公司则享有该壁画原件的所有权和展览权。晴川公司拆毁《赤壁之战》壁画，是对自己的有形财产进行处理，并未侵犯画家们对该壁画的著作权，故判决驳回了画家们的索赔请求。

二审法院认定： 湖北省高级人民法院支持了一审判决。

二、艺术品侵权抗辩事由——合理使用

（一）公共场所艺术作品的合理使用

我国《著作权法(2010修正)》在第22条第1款第10项中规定此项合理使用情形所适用的对象为"设置或者陈列在室外公共场所的艺术作品"，即规定适用艺术作品，但并非所有的艺术作品都能够满足适用条件，法律对此施加了放置行为与地点的规定。现行《著作权法》则在第24条第1款第10项中对

此限定条件进行了一定程度的修改——删除了"室外"的规定，扩大了放置地点的范围。[1]

【典型案例】

山东天笠广告有限责任公司与青岛海信通信有限公司著作权纠纷案[2]

时间：2004 年

原告：山东天笠广告有限责任公司

被告：青岛海信通信有限公司

原告主张："五月的风"雕塑作品位于青岛市五四广场，是原告山东天笠广告有限责任公司接受他人委托创作的委托作品，原告为著作权人。被告青岛海信通信有限公司未经许可，擅自将"五月的风"的图案设置在其所生产的海信 C2101 型手机显示屏中，侵害了其著作权。

法院认定：《著作权法》保护著作权人的权利，但同时设定了合理使用制度，对著作权人的权利进行了限制。根据《最高人民法院关于审理著作权民事纠纷案件适用法律若干问题的解释》第 18 条的规定，对设置或者陈列在室外社会公众活动处所的雕塑、绘画、书法等艺术作品，进行临摹、绘画、摄影、录像的，可以对其成果以合理的方式和范围再行使用，不构成侵权。因本案中"五月的风"雕塑不仅是设置在室外社会公众活动处所，而且位于青岛市五四广场，已成为青岛市的标志性雕塑作品。本案被告在其生产的手机中虽然使用了"五月的风"雕塑图像，但是被告是将该图像用作手机的几种壁纸中的一种使用，且壁纸图像整体反映的是五四广场风光，"五月的风"雕塑图像只是其中一部分内容。该使用方式对手机的价值不会产生影响，且被告使用该雕塑图像未造成对原告作品的歪曲、丑化，亦未影响原告作品的正常使用，因此，被告对原告作品的使用属于法定的合理使用范畴，被告的使用可以不经著作权人许可，不向其支付报酬。故被告的行为不构成侵权，原告的主张不能成立，法院不予支持。

---

〔1〕 陈琪：《公共场所艺术作品的合理使用制度研究》，华东政法大学 2022 年硕士学位论文。

〔2〕 山东省高级人民法院（2003）鲁民三终字第 68 号民事判决书。

（二）博物馆等为陈列或保存版本需要的合理使用

根据《著作权法》第 24 条第 1 款第 8 项规定，图书馆、档案馆、纪念馆、博物馆、美术馆、文化馆等为陈列或者保存版本的需要，复制本馆收藏的作品，可以不经著作权人许可，不向其支付报酬，但应当指明作者姓名、作品名称，并且不得侵犯著作权人依照本法享有的其他权利。然而，随着高新技术以及博物馆自身发展，加之社会的客观需求等，博物馆在版权例外方面正在面临更大的挑战。如出于公益目的在线展出藏品、提供藏品的名录查询功能、藏品的虚拟展览等行为可能涉及侵权问题，适用现行立法并不能得以很好地解决。因此，从博物馆版权例外的正当性角度来看，拓展博物馆版权例外的范围是合理且必要的。但拓展范围首先应符合博物馆功能和作用并且应符合文化和知识开放、提升学术传播能力的发展趋势。

首先，博物馆的主要目的是向社会公众提供教育和欣赏的机会，同时也用于学习和知识共享。它们通常是向公众开放的永久性机构，并且遵循道德和专业标准来进行运营和交流，是收藏、保护并向公众展示人类活动和自然环境的见证物，并经登记管理机关依法登记的非营利组织。由此可见，只有不断发展完善博物馆功能才能满足人民日益增长的精神文化需求，从而提高人民科学文化素质和思想道德水平。[1]

其次，伴随着我国"一带一路"建设和互联网发展需求，国家不断为互联网提供开放创新的有力机制，开放获取、开放知识和开放创新等政策为全人类共享智慧提供了新的可能与成果。基于此，法律对于每一类列举的权利限制和例外不宜设置过多局限性，而宜采用更加多样且宽泛的表达。[2]

∘ 问题与思考

艺术品追续权制度

追续权制度源于法国，其基本含义是：艺术作品原件被再次转售时，艺术作品原件的买家支付的金额高于该原件首次出售的金额，艺术作品的原件创作

---

〔1〕 高雅文：《我国博物馆版权例外制度的法律思考》，载《中国版权》2018 年 2 期。

〔2〕 薛虹：《论开放的版权限制与例外》，载《中国版权》2012 年第 6 期。

者可以从增值金额中获取追续权利金。目前国际上已经有 80 多个国家先后设立了追续权制度。我国仅在《〈著作权法〉（草案送审稿）》第 14 条中拟创设追续权制度，但对该制度并未作出详尽的规定。[1] 关于我国是否应当进一步设定追续权制度，有反对者认为追续权制度存在一定的弊端。追续权在法理上违背发行权一次用尽原则，有可能妨碍商品的自由流通，作者只享受作品增值收益，却不承担贬值损失，导致新的利益失衡，况且追续权并非国际社会普遍采用的制度，在实践上不具备可操作性，贸然采用会增加交易成本，使更多艺术品收藏价值降低，初次销售愈发困难。[2]

但事物皆有两面，设立追续权制度仍有其必要性。艺术品交易市场要想长久发展必然要先解决创作者与艺术中间商利益分配悬殊问题，而追续权制度恰好可以解决这一问题。一旦设立追续权制度，艺术家可以从本人艺术作品的增值利益中收取一定比例的追续权利金，这能够激发创作者的创作热情，从而使其更好地投身于艺术创作中，并产出更高质量的作品。追续权制度设立后，艺术家不必再为以后是否成名、艺术品是否会升值多加考虑，创作者本身的固有利益可以得到保障，促使其放心地把作品投放到市场流通，也更愿意尽早投放市场，因此追续权制度的设立是艺术品交易市场更好发展的必然要求。[3]

---

〔1〕 曹旭峰:《艺术品交易市场追续权制度的构建》，载《艺术科技》2020 年第 22 期。

〔2〕 参见《中拍协对〈著作权法〉（续订草案）中"追续权"制度提出建议》，载 https://bl0g. sina.com.cn/s/bl0g_505e2cc70102e52a.html，最后访问日期：2024 年 7 月 2 日。

〔3〕 陈武略:《论我国建立追续权制度的合理性》，载《法制博览》2018 年第 24 期。

第六章　网络动漫版权

本章导读

目前，随着我国经济的迅猛增长以及国际文化交流的日益密切，动漫产业以其独特的二次元视角、丰富的种类、新颖的内容映入大众眼帘。动漫的表现形式主要为动漫作品及其种类繁多的衍生品。全产业链成为动漫产业的布局趋势，虚拟偶像成为变现延展渠道，NFT 数字藏品中很大部分也取材自动漫作品。然而，我国现存相关法律仍滞后于动漫产业的高速发展现状，法律体系的不完善导致该领域的版权保护还存在大量模糊甚至是空白地带，法律法规很难对在该产业高速发展过程中出现的各类侵权行为进行有效规制。由此导致在具体的司法实践中，有大量的动漫版权难以得到有效且规范的保护。

本章内容主要对网络动漫的属性、分类以及侵权救济等方面进行阐述，通过本章的学习，需要掌握具体司法实践中网络动漫数字版权的主体、客体的范围以及侵权救济等相关内容，并对网络动漫版权的保护有进一步的理解。

第一节　网络动漫版权客体

一、网络动漫的概述

动漫是一种以动画为主要表现形式的文化作品，包含丰富多彩的故事情节、性格鲜明的人物角色、情感丰富的各类音乐等多种元素。其通常由漫画家先创作出故事和角色，然后交由动画创作公司制作。根据《中国网络版权产业发展报告（2020）》的定义，网络动漫是指以互联网为发行渠道，以漫画、动画为内容载体，展现超现实内容的图片和视听类作品，包括网络漫画平台发布的数字格式漫画作品、网络视频平台放映的动画剧集和动画电影等。同时可分为低幼向和非低幼向作品。

网络动漫有以下特点：

第一，传播速度快。网络动漫的受众群体可以足不出户就在终端欣赏到自己喜爱的动漫内容以及动漫主题曲等，这些资源通过在线数据传播的方式共享，可达到上传即可视可听的效果，无形之中拉近了动漫作品与动漫爱好者之间的空间距离。同时，由于网络的传播速度加快，也加大了动漫作品和观众之间、不同观众之间就有关动漫交流的频率，观众群体可以通过转载、论坛发帖、评论、转发等诸多方式进一步提高网络动漫的传播速度，通过这种现代高科技作用下的网型传播形式，使网络动漫呈现出传播速度飞快的特点。

第二，观看方式便捷。在互联网诞生之前，动漫载体比较单一且传统，以书本、光碟等形式为主，这就导致观看较为麻烦，比如在看动漫光碟时就需要先购买或租借光碟，[1] 还需准备相应的设备来播放。此外，大多数动漫通常以连载的形式更新，篇幅较大且更新周期较长，这就需要受众群体不断购买或租借图书或光碟，导致早期的动漫传播具有观看成本过高、不便于储存等缺点。而现今随着科技与网络的迅猛发展，网络动漫的载体不再拘泥于传统形式，观看者往往只需要一部连接网络的移动终端就能够随时随地欣赏已经完结抑或是正在连载中的动漫作品。

第三，沟通交流更方便。传统的动漫爱好者通过写信、漫画书交友栏等古早方式进行动漫交流，进入"互联网＋动漫"的产业时代后，动漫爱好者享有更加广泛且便捷的沟通方式。动漫爱好者可以在专门的 App 中任意搜寻自己想看的内容，并且可以在微博等网络平台寻找相同的动漫爱好者，以网络为媒介进行便捷的动漫观赏与交流，不仅可以使动漫的受众群体找到归属感，同时也能够促进网络动漫的多样化传播。除此之外，通过网络进行相关动漫活动的宣传，也在一定程度上加快了网络动漫的发展进程。[2]

二、网络动漫的作品属性分析

（一）网络动漫中的美术作品

美术作品，是指绘画、书法、雕塑等以线条、色彩或者其他方式构成的平

---

〔1〕 严慧雯：《"互联网＋"背景下的国内动漫产业发展研究》，载《河北企业》2017 年第 12 期。

〔2〕 李文丽：《"互联网＋"背景下网络动漫产业的发展》，载《现在信息科技》2019 年第 14 期。

面或者立体的造型艺术作品。动漫与美术作品的联系是非常密切的，每一个动漫角色，每一个动漫场景，每一个动漫宣传海报都是由美术家通过线条、色彩组合绘制出来的，具备比较强的审美价值。如果具有独创性，当然构成美术作品。当前理论和司法实务界主要对于动漫角色的作品属性还有争议。

网络动漫中的角色形象一般是指以二次元风格为主的、动漫作品中的主要或次要人物。同时，在动漫作品中，动漫角色的配饰以及具有明显角色标志性的服装化妆道具、场景的布置等也应为动漫角色的一部分。

对于动漫角色的著作权法保护，有一部分学者认为，动漫角色是动漫作品的一部分，因此，动漫角色不能单独成为著作权法中的作品。这一说法与现实立法和司法实务不符。动漫角色先于动漫作品形成，作为美术作品，具有独立的审美价值，且可以从动漫中抽离出来使用。通说认为，可以将动漫角色视为美术作品加以著作权保护。动漫角色是作者通过手绘的方式，运用线条、色彩等美术元素，并结合夸张、神似、变形等手法形成的特定化、固定化的角色造型，具有审美意义和独创性、可复制性，符合我国《著作权法》规定的美术作品的构成要件。很多动漫角色设计图在进行作品登记时，也是作为美术作品登记的。但是，以美术作品的方式对动漫角色进行保护会存在一定的不足。首先，美术作品不能涵盖动漫角色的名称、独特的语音语调等；其次，有的动漫角色是采取简笔画的方式完成的，对于公共元素的借鉴可能比较多，独创性不高；最后，动漫角色是丰满的动态的角色，与美术作品的静态保护不相匹配。

1. 美术作品的保护范围不包含动漫作品角色的名称。从美术作品的定义中可以看出，动漫角色的名称不是创作者对线条、色彩、手法和具体形象设计的独特的美学选择和判断，所以动漫角色的名称不是美术作品。因此，如果侵权者不直接使用动漫角色而是使用动漫角色的名称，比如注册文字商标等，根据《著作权法》的相关规定是不构成侵权的。

【典型案例】

梦工场动画影片公司诉苏州蜗牛公司有关"驯龙高手"商标侵权案[1]

时间： 2017 年 2 月 21 日

---

[1] 参见北京市高级人民法院（2015）高行（知）终字第 1020 号行政判决书。

上诉人（原审被告）： 中华人民共和国国家工商行政管理总局商标评审委员会（以下简称商标评审委员会）

上诉人（原审第三人）： 苏州蜗牛数字科技股份有限公司（以下简称苏州蜗牛公司）

被上诉人（原审原告）： 梦工场动画影片公司（以下简称梦工场公司）

原告主张： 2015 年，梦工场公司因不服北京市第一中级人民法院有关"驯龙高手 HOW TO TRAIN YOUR DRAGON"异议商标的行政判决而向法院提起上诉。原告认为，"驯龙高手 HOW TO TRAIN YOUR DRAGON"是梦工场公司制作的知名电影，梦工场公司对其享有商标权，且对相关美术作品享有著作权。"驯龙高手 HOW TO TRAIN YOUR DRAGON"作为梦工场公司同名电影作品的名称，也是梦工场公司电影所塑造的知名虚拟人物的名称，被异议商标的注册和使用会引起相关公众的混淆和误认，引发不良影响。被异议商标是对"驯龙高手 HOW TO TRAIN YOUR DRAGON"商标的恶意抄袭和模仿。

商标评审委员会认为： "驯龙高手 HOW TO TRAIN YOUR DRAGON"虽为电影名称，但就其文字本身而言，并不能独立表达作品的思想和情感，不具备法律意义上作品的要素，并非著作权法保护的作品。著作权法意义上的美术作品是指绘画、书法、雕塑等以线条、色彩或者其他方式构成的有审美意义的平面或者立体的造型艺术作品，保护的是其表现形式，而不包括作品名称。"驯龙高手 HOW TO TRAIN YOUR DRAGON"作为美术作品的名称，其不属于著作权法关于美术作品的保护范畴，故梦工场公司称被异议商标的注册损害其在先著作权的复审理由不成立。商品化权在我国并非法定权利或者法定权益类型，且梦工场公司并未指出请求保护的"商品化权"的权利内容和权利边界，亦不能意味着其对"驯龙高手 HOW TO TRAIN YOUR DRAGON"名称在商标领域享有绝对的、排他的权利空间，故对其主张不予支持。

北京市第一中级人民法院认为： 首先，被异议商标"驯龙高手 HOW TO TRAIN YOUR DRAGON"的使用与引证商标在消费群体、销售渠道上存在较大差异，关联性较弱，未构成同一种或类似商品或服务。因此，被异议商标与引证商标未构成使用在同一种或类似商品或服务上的近似商标。其次，"驯龙高手 HOW TO TRAIN YOUR DRAGON"可泛指众多人物形象，无法与片中某一主要角色唯一对应。在案证据亦无法证明电影虚拟人物名称与"驯龙高手 HOW TO TRAIN YOUR DRAGON"之间形成唯一对应关系并已构成清晰明确的指代。因此，"驯龙高手 HOW TO TRAIN YOUR DRAGON"系电影名称，梦工场公司关于"驯龙高手 HOW TO TRAIN YOUR DRAGON"为电影所塑造的虚拟人物名称的主张，遂不予支持。

作者评析：尽管本案最终的结果是商标评审委员会重新作出裁定，维护了梦工厂公司的权益，但其裁判的理由并不是保护动漫角色名称，而是梦工场公司对于"驯龙高手 HOW TO TRAIN YOUR DRAGON"依法享有的知名电影作品名称的商品化权。法院认为，电影名称具有被商业化运用的价值，一旦作为商标使用在相关商品或服务上，必将增加商标注册人的交易机会，给其带来商业利益。本案中，"驯龙高手 HOW TO TRAIN YOUR DRAGON"作为电影名称，市场知名度源于梦工场公司的智力和财产投入，苏州蜗牛公司将"驯龙高手"注册于第 41 类教育、组织教育或娱乐竞赛、安排和组织学术讨论会、组织文化或教育展览、书籍出版、提供在线电子出版物（非下载的）、节目制作、娱乐、娱乐信息、（在计算机网络上）提供在线游戏服务上，容易导致相关公众误认为其经过梦工场公司的许可，或与梦工厂公司存在其他特定联系。因此，被异议商标的注册挤占了梦工场公司对"驯龙高手 HOW TO TRAIN YOUR DRAGON"在衍生商品及服务上享有的商业价值和交易机会，损害了梦工场公司对于"驯龙高手 HOW TO TRAIN YOUR DRAGON"依法享有的知名电影作品名称的商品化权。

2. 美术作品的独创性要求高，有些动漫角色可能无法达到。动漫形象的种类并非是单一的，与大多数造型复杂、色彩浓烈的动漫形象不同的是，有许多动漫形象是由简单的线条和图形组成的。《巴巴爸爸》（Les Barbapapa）是联邦德国于 1975 年制作的动画片，1981 年在美国首播，1988 年在中国中央电视台《七巧板》栏目中播出。在这部动漫作品中，所有角色的形象具有较高相似度且都较为简单，均是躯体呈椭圆形且没有双脚的造型，仅由不同颜色加以区分。但不同的人物都有各自鲜明的性格特征，在播出后也受到许多观众的喜爱。由此可见，若单纯地按照美术作品的独创性标准来进行要求，有些作品中的动漫角色将无法得到应有的保护。

【典型案例】

朱志强诉（美国）耐克公司等著作权侵权纠纷案[1]

时间： 2006 年 6 月 15 日

上诉人（原审被告）： 美国耐克公司、耐克（苏州）体育用品公司

被上诉人（原审原告）： 朱志强

原审其他被告： 新浪公司、北京元太世纪广告公司

原告主张： 2000 年 4 月至 2001 年 9 月间，朱志强陆续创作完成了含有"火柴棍小人"形象的《独孤求败》《过关斩将》《小小 3 号》《小小 5 号》《小小特警》等作品，并向吉林省版权局进行了美术作品的著作权登记。朱志强创作的"火柴棍小人"形象特征为：头部为黑色圆球体，没有面孔；身体的躯干、四肢和足部均由黑色线条构成；小人的头和身体呈相连状。2003 年 10 月，耐克公司、耐克（苏州）公司为举办"2003NIKE—Freestyle 酷炫之王全国大搜索 8"活动及宣传推广其新产品"NIKE SHOX STATUS TB8"，分别在新浪等网站、大街、地铁站台及电视台上发布广告。这些广告中使用的"黑棍小人"形象特征为：头部为黑色圆球体，没有面孔；身体的躯干、四肢和足部均由黑色线条构成；小人的头和身体呈分离状；小人的四肢呈拉长状。原告认为，耐克公司的"黑棍小人"剽窃了他的"火柴棍小人"形象，于 2003 年 12 月将美国耐克公司、耐克（苏州）体育用品公司、广告经营者元太世纪广告公司、发布者新浪公司告上法庭，要求停止播放广告并承担 200 万元赔偿责任。

被告耐克辩护： 其所涉及的广告形象由耐克及其广告代理公司原创，类似的形象在日常生活中早已多见，例如，人行道指示灯里表示"停"和

---

〔1〕 参见北京市高级人民法院（2005）高民终字第 538 号民事判决书。

"行"的小人等。"火柴棍小人"和"黑棍小人"都是从通用的"线条小人"演化而来，一个这样简单的图形不具有著作权法要求的独创性，因此也不应该受到保护。

北京市高级人民法院认为：朱志强主张的是静态的"火柴棍小人"的著作权。"黑棍小人"和"火柴棍小人"形象有相同之处，但相同部分主要存在于公有领域，不应得到著作权法保护。不能认定"黑棍小人"使用了"火柴棍小人"形象的独创性劳动，"黑棍小人"没有侵犯"火柴棍小人"的著作权，耐克公司、广告经营者元太世纪广告公司和发布者不承担侵权责任，故判决驳回朱志强的诉讼请求。

3. 动漫角色作为美术作品的静态保护与动漫角色的动态个性不匹配。动漫角色不同于普通的美术作品，其所承载的精神也不限于线条、形状以及颜色运用的独特性，动漫角色的独特之处在于表达方式的活性和多样性。动漫角色在创作后以新面貌示人时，是以角色本身的外貌姿态、声音、动作语言风格、性格等来传达思想。在动漫角色为大众所熟知后，其自身所具有的特征便可以单独诠释这一角色。例如，大力水手波比手持烟斗、爱吃菠菜，而且吃菠菜后总是力大无穷、要英雄救美时身体的夸张变化等都塑造了这一英雄形象，而其需要力量时吃菠菜的典型特点就足以单独表达这个角色；一休在遇到困难时就会用手在脑门上画个圈来思考，其小和尚的普通造型也就在这个角色特点中略显暗淡；还有功夫熊猫，在外貌上与普通熊猫相差无几，但其神态、表情和动作中所彰显出疾恶如仇的善良本性和劫富济贫的侠义心肠，使其具有独特的风格和个性，这也是功夫熊猫这一角色的独特表达。[1]

若侵权者将其角色形象进行细微修改，置之于动漫的大背景下，却扭曲角色的特质，将其随意改造成邪恶、充满负能量的形象，进而进行商业化使用，那么就难以受到著作权法保护。虽然动漫角色的表现形式往往是片段式的画面，但角色留给人们的印象却是角色整体的性格容貌、姿态等特征。因此当他人擅自用该角色时并不会机械地复制角色某一画面，只要在画面中采用确定该角色的一些特征即可达到使人联想其角色整体的目的。例如，将米老鼠这一憨态可

---

〔1〕 李扬：《动漫角色版权保护法律问题研究》，北方工业大学 2013 年硕士学位论文。

掬的经典形象改变成手拿香烟、满口脏话的老鼠形象，人们在第一眼看到时还是会不由自主地联想到迪士尼的米老鼠。因此该特质决定了对动漫角色的保护要延伸到动漫角色的性格、神态、个性、习惯等方面，从而使动漫角色权利的客体多元化、立体化。

【理论探讨】

动漫角色商品化权的设立

动漫角色商业化现象最初起源于美国，美国的迪士尼公司曾创立专门研究商品化的二次开发部门，主要负责公司旗下角色的商品化开发并从中获得经济效益。近年来随着动漫产业的迅猛发展，国外诸多法学学者开始对商品化权进行不同程度的研究，但对于商品化权并未有统一的定义。在1994年12月，世界知识产权组织（WIPO）将角色商品化权定义为，顾客通常会基于对某些角色所具有的特征的认可而购买商品，或者要求服务。为了迎合顾客的这些需求，虚构角色的创作者、该角色的真实人物以及一个或多个被授权的合法的第三方，在不同的商品或服务上改编或二次开发利用该角色的实质人格特征。[1] 由于商品化权是一项舶来权益，在我国关于是否引进商品化权一直存在争议，一种观点认为，我国应当设立独立的商品化权，完善法律对于角色商品化权益的保护。另一种观点认为，我国不应该单独设立商品化权，应当将角色商品化使用过程中的行为规制到已有的法律体系之中，例如，《中华人民共和国商标法》《中华人民共和国反不正当竞争法》等。承认虚拟角色名称等客体的商品化权，将会破坏现有法律体系已经确立的竞争规则。[2]

商品化权问题的产生，源自市场经济发展到一定阶段，诸多原本不具有或不直接具有商品性质的元素，开始具有了商品的交换价值，使用者可以用之换取经济利益。[3] 动漫角色商品化便属于其中之一，动漫角色商品化主要体现在以动漫角色为基础的玩具、服装、装饰品中，商家典型的经

---

〔1〕门睿智：《动漫形象商品化权知识产权法的多元化保护》，吉林大学2015年硕士学位论文。
〔2〕蒋利玮：《论商品化权的非正当性》，载《知识产权》2017年第3期。
〔3〕刘丽娟：《我国司法如何确认商品化权（上）》，载《电子知识产权》2017年第10期。

营策略是利用动漫角色自身所带的流量与特定的产品或服务相结合，利用粉丝效应，从而吸引消费者产生消费意愿。动漫角色商品化是对动漫角色的二次开发和利用，在整个商品化过程涉及的不仅仅是动漫角色本身，还包括了动漫角色的名称、声音、行为习惯等。因此可以将动漫角色商品化权的定义概括为动漫形象的作者及被合法授权的相关权利人，将具有特殊个性特征、被大众所广泛熟知且具备商业流通价值的动漫形象的名称、造型、特有的声音、动作等动漫形象的组成元素进行商业性使用，借助消费者对其喜爱之情，达到扩大商品或服务销售的目的，从而获得收益的一种权利。

在我国立法上，《著作权法》并未对动漫角色保护做出具体规定。同时，在我国司法实践中，由于没有明确的法律依据，对于动漫角色无法进行直接保护，通常会将动漫角色认定为美术作品进行保护。但正如上文所述，虽然动漫角色作为美术作品的可版权性得到了我国司法实践的认可，但在实践中，将动漫角色作品归类于美术作品类型进行保护仍然存在不足。此外，随着我国动漫产业的快速发展，我国动漫角色商业化现象愈发频繁，动漫角色开始独立于动漫作品本身，其创造的经济价值越来越大。由于知名的动漫卡通形象作为一种稀缺资源，具有对顾客的吸引力和识别性的可观经济价值，正不断地吸引着越来越多的市场投资者及其他经济主体的关注。在这巨大的利益吸引之下，动漫卡通形象侵权行为日趋增多，擅自将他人的卡通形象运用到商业中的行为屡见不鲜。"驯龙高手"案中商标局驳回商标异议申请的一个重要理由也是虚拟形象的商品化权并不是一个独立的权利，不是在先权利。因此，有必要在立法中增加商品化权的概念，将文创产业的商品化权作为一个独立的权利。当然，具体在著作权法还是民法、商标法、反不正当竞争法中引入这个概念，有待立法者的进一步考量。

（二）网络动漫中的文字作品

根据《著作权法实施条例》的规定，文字作品是指小说、诗词、散文、论文等以文字形式表现的作品。在动漫的制作过程中，剧本创作是至关重要的一个环节，它关乎动漫的质量以及能否受到大众的欢迎。有些动漫台词可能比动漫还有名，大家都听过，甚至引用过，但并不知道其出处。剧本创作中对白、旁白、故事情节等以文字形式表现的内容就构成文字作品。动漫文字作品不仅是文字的组合，而且是类似于小说、戏剧那样包括情节设计的文字作品。所以，简单的"嗯""啊""对""什么"等日常对白，不足以成为文字作品，而是要体现出一定的创作者的特殊意志，才能成为文字作品。比如，2022年8月7日，郑渊洁控诉浙江卫视当时正在播放的电视剧《第二次拥抱》部分台词与其在先作品《皮皮鲁总动员》相关内容高度相同，并对抄袭台词与其作品进行了比对。电视剧《第二次拥抱》涉嫌侵权的内容为："成功的人生啊，永远都是另辟蹊径，失败的人才随波逐流呢。火车，怎么样？风驰电掣，气吞山河，但它最后永远只是行走在别人为它设定的轨道上。"这段文字就不是简单的日常用语，而是包含了作者的独创性，是与动漫故事情节相吻合的，所以是文字作品。

动漫作品的作品名称、角色名称、场景和道具名称等，由于字数非常少，司法实践中一般认为不符合独创性，不是文字作品。

（三）网络动漫中的音乐作品

随着动漫作品市场越发庞杂，人们对于动漫作品的要求也有所提高，单单内容精彩尚且不足，对于动漫的插曲、片头片尾曲等的制作是否贴合作品也颇为关注。这就导致某些传唱度较高的歌曲其名气甚至超过了所属的动漫作品。

在提到动漫作品时，许多动漫爱好者一定对宫崎骏的名字并不陌生，而提到宫崎骏的动漫作品时，就不得不提到久石让先生的经典配乐。久石让的音乐与宫崎骏的动漫进行绝妙组合，如《天空之城》《千与千寻》《哈尔的移动城堡》《幽灵公主》等经典作品，成为中国年轻一代动漫迷的最爱。自2015年起，北京爱乐经典管弦乐团在其举办的音乐会中，多次使用久石让先生等创作的知名作品，如《菊次郎的夏天》《月光的云海》《那个夏天》《水之旅人》《再度（千与千寻）》等。根据我国《著作权法》第38条的规定，使用他人作品演出，表演者应当取得著作权人许可，并支付报酬。演出组织者组织演出，由该组织者取得著作权人许可，并支付报酬。就此，音著协曾多次与北京爱乐经典管弦乐团沟通其演出中使用这些作品的许可问题。沟通未果，音著协于2022年10月向法院提起诉讼，请求法院判决北京爱乐经典管弦乐团停止侵权行为并承担赔偿责任。北京市西城区人民法院在一审判决书中认定，被告北京爱乐经典管弦乐团未经许可使用他人音乐作品演出的行为构成侵权，应当停止侵权行为。

（四）网络动漫整体作为视听作品

现行《著作权法》较之前的版本，修改涉及的范围广，内容多，尤其是关于作品种类的规定中，将原有的"电影作品和以类似摄制电影的方法创作的作品"改为"视听作品"。这解决了动画作品作为类电作品保护的障碍。

从规范的角度来说，视听作品的表现形式不应限定为"影像"。视听作品强调"视听"这一作品呈现形式，而非"摄制"这一创作方法。新《著作权法》之所以引入"视听作品"而替代"电影作品与类电影作品"，就是为"解决现行著作权法部分规定难以涵盖新事物、无法适应新形势等问题"。根据《著作权法实施条例》(2013年修订)第4条，"摄制"是"类电影作品"的限定条件，"计算机技术制作的新型作品"并不属于"类电影作品"。但司法实践中也从来没有否认过电脑技术制作的动画片属于"类电影作品"，使得网络游戏画面、电影电视剧中穿插合成的动漫片段难以归属定性。因此，视听作品概念的出现是现代社会和技术发展的产物，填补法律对于动漫等视听成果规定上的空白。[1]

第二节 网络动漫版权主体

一、自然人作者

自然人作品常见于传统的漫画创作过程中。在漫画开始流行的早期，动漫作品的创作基本由单独的自然人完成。当时几乎所有的漫画家都是个人面对画纸，构思故事情节，编写说明文字、构图、擦掉草稿线条、添加背景、涂抹油彩等。那时没有透明坐标纸那样方便的东西，甚至着装的模样和背景的斜线也全部由漫画家个人完成。

然而，随着漫画产业的不断发展，特别是出现了周刊这种更新速度较快的漫画杂志形式，漫画家如果仍独自一人包揽所有工作，那势必会导致漫画质量下降、更新速度减缓等问题。针对这种情况，出现了一部漫画作品有可能是由

---

[1] 何怀文、吉日木图:《新〈著作权法〉视域下视听作品的界定》，载《社会科学战线》，2022年第5期。

不同的人来完成的模式。那么，原来漫画作品的单一著作权主体，就可能演变为多人，从而产生了漫画作品著作权主体之间的法律关系问题。当一部漫画作品的文字部分和绘画部分是由不同作者来完成的，此时文字作者和绘画作者之间的法律关系就值得探讨。

【理论探讨】

演绎作品与合作作品之分

2011 年 11 月 20 日，画师 MOTH 参加"VOCALOID CHINA PROJECT 中文形象"评选，最终入围大赏，后经画师 ideolo 修改后，于 2012 年 3 月 22 日正式定名为"洛天依"，并公布正式形象。在这种动漫角色由多个创作主体共同完成的情况下，洛天依究竟是作为合作作品还是演绎作品存在？

演绎作品，是指改编、翻译、注释、整理现存作品而产生的新作品。其著作权由改编、翻译、注释、整理人享有，但其行使著作权时应以保护原作品的著作权为基础，不得侵犯原作品的著作权。而它的创造性就在于对前已存在的作品进行具有创新精神的改编，或存在将其译成其他语言的创新成分。演绎作品作者的著作权是有限制的而非独立的。新作中保留原作多少情节或结构是划分演绎作品与原作的标准之所在。

合作作品，是指两人以上合作创作的作品。其构成要件是：①作者为两人或两人以上。②作者之间有共同创作的主观合意。合意，是指作者之间有共同创作的意图，既可表现为"明示约定"，也可表现为"默示推定"。③有共同创作作品的行为，即各方都为作品的完成作出了直接的、实质性的贡献。此外，合作作品的著作权由合作作者共同享有。如果合作作品不可以分割使用，如共同创作的小说、绘画等，其著作权由各合作作者通过协商一致行使；若不能协商一致且无正当理由的，任何一方不得阻止他人行使除转让以外的其他权利，但是所得收益应当进行合理分配。[1]

因此，洛天依到底属于合作作品还是演绎作品，应该根据两位画师之间是否有合意来判断。

---

〔1〕 徐清云：《合作作品著作权归属与行使问题研究》，华东政法大学 2023 年硕士学位论文。

二、法人作品与职务作品著作权归属

（一）法人作品

《著作权法》第 11 条第 3 款对法人作品进行了界定，法人作品是指在法人主导下，按照其意愿进行创作，并由其承担相应责任的作品。但是法人作为法律拟制的主体并不具有自然人进行创作活动时所必备的器官——人脑，法人作者之下一定有实际创作作品的自然人作者，将法人视为作者后会明显剥夺实际创作者的署名权。[1]法人作品在范围上是受到比较严格的限制的，不能简单地将单位的工作指示都等同于单位意志，以免过度限制自然人创作者的权利。在上海美术电影制片厂诉曲建方与电子工业出版社一案中，终审法院认定，作者运用变形夸张的艺术手段，创作出的角色造型表现出阿凡提的智慧、犀利、善辩和机智幽默，巴依的贪婪、狡猾、阴险和愚蠢，小毛驴的活泼可爱的性格特征，体现了作者的匠心独运和绘画技巧，构成美术作品而获著作权法保护。因此，涉案角色造型的设计带有强烈的作者个性化色彩，体现了作者个人的思想、意志、情感和艺术造诣，而不是体现了法人的意志。

（二）职务作品

职务作品，是指公民为完成法人或者其他组织工作任务所创作的作品。职务作品可分为一般职务作品和特殊职务作品。一般职务作品的著作权由作者享有，但法人或其他组织有权在其业务范围内优先使用。在其作品完成后 2 年内未经单位同意，作者不得许可第三人以与单位使用的相同方式使用该作品。

根据《著作权法》第 18 条第 2 款规定，特殊职务作品是指利用法人或非法人组织的物质技术条件创作，并由法人或非法人组织承担责任的工程设计图、产品设计图、地图、计算机软件等职务作品，或法律、行政法规规定或者合同约定著作权由法人或者非法人组织享有的职务作品。特殊职务作品的构成要件包括：①该作品的创作主要是利用了单位的物质技术条件；②该作品由单位对外承担责任。特殊职务作品的作者享有署名权，著作权人的其他权利由法人或者非法人组织享有，法人或者非法人组织可以给予作者奖励。

其中，"主要是利用本单位的物质技术条件"的含义是：

---

[1] 宁鸣谦：《法人作品适用署名推定规则的实践争议与完善》，载《内蒙古财经大学学报》2024年第 3 期。

1. 必须是利用了单位的"物质技术条件"。所谓物质技术条件，是指单位的资金、设备、零部件、原材料或者不向外公开的技术资料等。特别是属于单位所有的技术资料。

2. 必须是利用了"本单位"的物质技术条件。也就是说，在发明创造完成过程中，利用外单位物质技术条件的，本单位无权作为实际权利人提出异议。

3. 必须"主要是"利用了本单位的物质技术条件。这里有一个质与量的界限，可根据具体情况作出认定。比如，使用人是否及时支付了费用或者以双方同意的方式支付了费用、利用本单位的物质条件对发明创造的作用等。如果已经支付了费用或对发明创造的完成并不起主要作用，则不宜认定为"主要是"利用了本单位的物质技术条件。

只有同时符合上述三个条件，才能认为该发明创造的完成"主要是利用本单位的物质技术条件"，也才能认定为职务发明。

一般情况而言，绘制漫画作品是不需要特殊的物质技术条件辅助的，作者在产生灵感后仅需具备简单的绘画工具即可完成。但进行动画片、动漫短视频等作品创作时，就离不开单位团队资金、设备、高新技术拍摄设备等的支持。因此可以得出动画片属于特殊职务作品，但动漫作品大多不符合特殊职务作品的构成要件。

【典型案例】

《大头儿子和小头爸爸》著作权权属纠纷案[1]

时间： 2022 年 4 月 18 日

原告： 杭州大头儿子文化发展有限公司

被告： 央视动画（后改名为央视动漫集团有限公司）

案件概述： 1994 年，受《大头儿子和小头爸爸》1995 年版（以下简称"95 版"）动画片导演等人委托，刘泽岱创作了"大头儿子""小头爸

---

〔1〕 浙江省杭州市滨江区人民法院（2014）杭滨知初字第 636 号民事判决书、浙江省杭州市中级人民法院（2015）浙杭知终字第 358 号民事判决书、最高人民法院（2022）最高法民再 44 号民事判决书。

爸""围裙妈妈"人物形象正面图，双方并未就该作品的著作权归属签署任何书面协议。95版动画片演职人员列表中载明："人物设计：刘泽岱"。2012年，刘泽岱将"大头儿子"等三件作品所有著作权转让给洪亮。2014年3月10日，洪亮与大头儿子文化公司签订《著作权转让合同》，将"大头儿子""小头爸爸""围裙妈妈"三幅美术作品的著作权全部转让给大头儿子文化公司。2013年，刘泽岱与央视动漫集团有限公司（以下简称央视动漫公司）先后签订委托创作协议和补充协议，约定央视动漫公司拥有"大头儿子"等三个人物造型除署名权以外的全部知识产权。后刘泽岱签署说明确认了上述事实，并称与洪亮签订转让合同属于被误导。央视动漫公司还向法院提交了落款为1995年刘泽岱的书面声明，该声明确认三个人物造型权属归央视动漫公司。大头儿子文化公司诉至法院，主张央视动漫公司侵犯其著作权。

一审法院认为：因双方没有签订合同约定著作权归属，故刘泽岱对三幅美术作品享有著作权。原告依据转让合同取得了上述作品著作权，被告未经许可使用构成侵权，应承担侵权责任。

被告的上诉和申请再审均被驳回，依法向最高人民法院提出申诉。最高人民法院提审后改判，认定涉案作品系委托创作，除署名权以外的著作权及其他知识产权属于被告所有，判决驳回原告全部诉讼请求。

争议焦点：在于刘泽岱在1994年创作的"大头儿子""小头爸爸"和"围裙妈妈"三幅美术作品初稿属于委托创作作品还是法人作品或特殊职务作品。

根据再审查明的事实，《大头儿子和小头爸爸》美术设计和造型设计系被告动画部委托上海科影厂创作，版权全部归被告所有。虽然一审、二审法院查明，刘泽岱1994年创作草图时，系作为上海美术电影制片厂工作人员借调到上海科影厂工作，但是1994年草图的创作系95版动画片导演崔世昱等人到刘泽岱家中专门委托其创作的。因此，现有证据不足以证明刘泽岱创作1994年草图是代表上海科影厂意志进行创作或者是为完成借调工作任务而创作。故1994年草图不应当被认定为法人作品或者特殊职务作品，应当被认定为委托创作作品。

《著作权法（2010修正）》第17条规定："受委托创作的作品，著作权的归属由委托人和受托人通过合同约定。合同未作明确约定或者没有订立合同的，著作权属于受托人。"根据 1995 年声明、刘泽岱后续与央视动画公司签订的协议、补充协议以及说明和其他相关事实，应当认定 1994 年草图除署名权以外的著作权及其他知识产权属于被告所有，刘泽岱无权将 1994 年草图著作权再转让至洪亮。因此，原告不享有 1994 年草图的著作权。

作者评析：值得注意的是，对于动画片《大头儿子和小头爸爸》的著作权归属，法院认定为法人作品。央视动漫公司 95 版动画片美术创作团队根据动画片艺术表现的需要，在原初稿基础上进行了艺术加工，增添了新的艺术创作成分。由于这种加工并没有脱离原作品中三个人物形象的"基本形态"，系由原作品派生而成，故构成对原作品的演绎作品。由于该演绎作品是由央视动漫公司支持，代表央视动漫公司意志创作，并最终由央视动漫公司承担责任的作品，故央视动漫公司应视为该演绎作品的作者，对该演绎作品享有著作权。

三、网络动漫整体著作权人与可单独使用作品著作权人

我国《著作权法》第 17 条第 3 款规定："视听作品中的剧本、音乐等可以单独使用的作品的作者有权单独行使其著作权。"由于动漫作品角色形象可以单独构成美术作品，故动漫作品的著作权人并不能当然地享有作品中角色形象的著作权，而只能通过与创作角色形象的作者建立劳动关系形成职务作品，或者签订委托创作合同、著作权转让合同等方式取得角色形象的著作权。如果动漫作品著作权人或者被许可人不能提供其对角色形象享有著作权的证明材料，则在此类诉讼中面临败诉风险。

【典型案例】

上海世纪华创文化形象管理有限公司与武汉百佳超级市场有限公司侵害著作权纠纷再审案[1]

时间：2013 年 12 月 23 日

---

〔1〕 参见最高人民法院（2013）民申字第 368 号民事判决书。

原告： 上海世纪华创文化形象管理有限公司

被告： 武汉百佳超级市场有限公司

原告申请再审称： 原告提交的《著作权授权证明公证书》能证明圆谷制作株式会社对《D 某某》系列影视作品及其人物形象拥有著作权，原告也依法享有上述影视作品及其人物形象的著作权。

被告提交意见称： 原告主张的"D 某某"形象不受法律保护。原告主张圆谷制作以制片人身份享有《D 某某》系列影视片的著作权，并主张其自圆谷制作处获得了《D 某某》影视作品及其人物形象在中国的著作权财产权，原告自圆谷制作获得的权利，不应超出圆谷制作以制片人身份所享有著作权的范围。

法院认为： 本案再审复查期间，双方当事人的争议焦点是原告是否享有影视作品《D 某某》中"D 某某"角色形象的著作权。

本案中，圆谷制作系《D 某某》影视作品的著作权人，原告经圆谷制作授权取得了《D 某某》等影视作品在中国的复制、发行、出租、展览、表演、放映、广播、信息网络传播、翻译、汇编等著作财产权，当事人对此均无异议。原告主张被告销售的"百帅"童装侵害其享有的"D 某某"形象的著作权，而判断原告是否构成侵权，需审查原告是否享有"D 某某"形象的著作权。

关于"D 某某"角色形象是否能独立于《D 某某》影视作品之外受到保护，《著作权法（2010 修正）》第 15 条规定："电影作品和以类似摄制电影的方法创作的作品的著作权由制片者享有，但编剧、导演、摄影、作词、作曲等作者享有署名权，并有权按照与制片者签订的合同获得报酬。电影作品和以类似摄制电影的方法创作的作品中的剧本、音乐等可以单独使用的作品的作者有权单独行使其著作权。"影视作品是利用技术手段将众多相关作者和表演者及其创作活动凝结在一起的复合体，相关作者的创作成果被融入影视作品之中，故著作权法规定制片者享有影视作品著作权，同时规定相关作者享有署名权。除剧本、音乐外，美术作品也属于能独立于影视作品之外的作品，其作者有权单独行使著作权。本案中，"D 某某"角色形象与影视作品是整体与部分的关系，二者可以分离，即"D 某某"角色形象的作者可以依法单独行使美术作品的著作权。在没有约定的情况下，影视作品《D 某某》的著作权人并不当然享有"D 某某"角色形象美术作品的著作权。因此，二审法院认定华创公司只是从圆谷制作取得了《D 某某》影视作品在中国使用的相关著作财产权，但其是否同时取得了"D 某某"角色形象美术作品的著作权仍应承担举证责任，并无不当。

关于原告是否享有"D 某某"角色形象美术作品的著作权。因原告在一审、二审期间均未提交其有权行使"D 某某"角色形象美术作品著作权的证据，一审、二审法院据此认为华创公司应承担举证不能的法律后果并无不妥。原告申请再审期间提交的《著作权登记证书》系二审判决之后颁发，况且，该证书仅能证明圆谷制作对美术作品《"奥特曼"系列作品图（1-6）》享有著作权，不能证明原告享有该美术作品的著作权。结合华创公司在一审、二审期间提交的圆谷制作出具的《著作权授权证明》与上海市版权局颁发的《著作权合同备案证书》的内容：2009 年 2 月 13 日，圆谷制作在其出具的《著作权授权证明》中，将《D 某某》影视作品及人物形象在中国的复制、发行、商品化权等项权利独占许可给华创公司，期限自 2007 年 2 月 1 日至 2012 年 1 月 31 日。2009 年 4 月 13 日，上海市版权局颁发的《著作权合同备案证书》载明：圆谷制作将《D 某某》系列影视作品在中国的复制、发行等权利专有许可给原告，期限自 2009 年 2 月 13 日至 2012 年 1 月 31 日。上述在后的"备案证书"与在先的"授权证明"相比，去掉了圆谷制作将上述影视作品中人物形象的复制权、发行权、商品化权等权利授予华创公司内容。鉴于本案原告公证购买被诉侵权商品的时间 2010 年 7 月 9 日在《著作权合同备案证书》所记载圆谷制作授权华创公司的期限内，故一审、二审法院以原告提交的证据不能证明其享有"D 某某"角色形象美术作品的著作权，未支持华创公司的诉讼请求，亦无不当。

第三节 网络动漫版权侵权及救济

一、侵权形式

著作权侵权主要分为直接侵权和间接侵权。如果他人未经著作权人的许可，实施了受著作权专有权利控制的行为，构成对著作权的直接侵权。[1] 而教唆、引诱他人实施著作权侵权，或在知晓他人侵权行为的情况下，对该侵权行为提供实质性帮助，则构成对著作权的间接侵权。[2]

（一）直接侵权

1. 短视频搬运剪辑动漫作品侵权。网络动漫是基于网络传播的动画和漫画。在现代科技的推动下，网络动漫的传播性虽然得到了极大的增强，但也引起了侵权现象的频繁发生。公众可以通过各种各样的网络平台去满足自己的观看需求。在我国的市场上，新媒体动漫传播平台，如哔哩哔哩、快看漫画、腾讯动漫等占据了大量的市场份额。公众虽然可以通过这些新媒体平台去观看动漫，但多数新媒体传播平台对于其动漫都要求付费观看，而大部分动漫的观看者是青少年群体，对于其付费要求并不太愿意支付相应的价格，这就导致了一些短视频平台中的部分制作者或商家在未得到著作权人授权的情况下，会利用搬运或剪辑动漫片段的手段作为动漫的传播方式。一方面，此行为提升了视频的播放量，增加了收益；另一方面，此行为也满足了大量动漫爱好者的需求。这也是非常典型的直接侵权方式。

【典型案例】

《黑猫警长之翡翠之星》信息网络传播权纠纷案 [3]

时间：2023 年 2 月 18 日

原告：上海美术电影制片厂有限公司

被告：中国电信股份有限公司甘肃分公司

---

〔1〕 王迁：《著作权法》，中国人民大学出版社 2023 年版，第 492 页。
〔2〕 王迁：《著作权法》，中国人民大学出版社 2023 年版，第 492 页。
〔3〕 参见兰州市城关区人民法院（2022）甘 0102 民初 20547 号民事判决书。

2018 年 8 月 16 日，被告的微信公众号发布标题为《甘肃电信电视新版 4K 界面正式上线啦！附使用指南》的文章，文章内容显示，新版优品影视专区聚合百视通、优朋影视、炫酷影视，影片内容更丰富。公众在点击"优朋影视"选项后，再点击进入"电影 – 华语"选项，选中影片《黑猫警长之翡翠之星》，就可以进行观看。

原告主张： 在本案中，原告拥有网络动漫《黑猫警长之翡翠之星》的著作权，被告在未经授权的情况下，提供了该作品的点播服务，侵害其作品的信息网络传播权。

被告辩称： 关于《黑猫警长之翡翠之星》影视作品的点播，上述作品的片源是第三方向其提供，并非其直接以非法的方式获取。

法院认定： 点播《黑猫警长之翡翠之星》影片，需要进入的观看平台是"优朋影视"。2018 年 8 月 16 日，被告发布的微信公众号显示"优朋影视"系被告推出使用，故本院认定案涉"优朋影视"平台系被告所有。根据《最高人民法院关于审理侵害信息网络传播权民事纠纷案件适用法律若干问题的规定》第 3 条第 1 款规定："网络用户、网络服务提供者未经许可，通过信息网络提供权利人享有信息网络传播权的作品、表演、录音录像制品，除法律、行政法规另有规定外，人民法院应当认定其构成侵害信息网络传播权行为。"现被告未经原告许可或得到合法授权，在其所有的"优朋影视"平台向用户提供涉案作品的在线播放服务，侵害了原告对涉案作品享有的信息网络传播权，应承担停止侵权、赔偿损失的法律责任。

2. 未经许可，在游戏、展销蛋糕模型、饮品包装等使用知名动漫形象。未经许可在游戏、展销蛋糕模型、饮品包装等使用知名动漫形象，侵害的是著作权人的复制权和发行权。复制权在我国《著作权法》中被定义为"以印刷、复印、拓印、录音、录像、翻录、翻拍、数字化等方式将作品制作一份或者多份的权利"。[1]动漫形象通常被认为是一个独立的美术作品，当然也受《著作权法》保护。复制权的侵权须满足两个要件，一是该行为应当在有形物质载体（有体物）上再现作品；二是该行为应当使作品被相对稳定和持久地"固定"

---

〔1〕《著作权法》第 10 条第 1 款第 5 项。

在有形物质载体上，形成作品的有形复制件。[1]通常对于网络动漫中动漫形象的侵权是在未授权的情况下，将动漫形象这一美术作品再现成衍生品，如玩具、招牌等。同时，对于动漫形象复制权的侵犯往往也会侵犯其发行权。根据我国《著作权法》的规定，发行权是以出售或者赠与方式向公众提供作品的原件或者复制件的权利。[2]动漫形象侵权方通常是一些生产、销售企业，为了谋取更多的经济效益，侵权企业一般会将侵权产品投入市场之中进行销售从而获得收益。在侵权表现上，由于侵权方一般无法获得原件，其主要是通过向公众提供复制件的形式去施行。在实践中，一旦某部网络动漫的热度一直居高不下，市场就会出现有关该动漫形象的侵权产品。侵权者一般会在未经授权的情况下，擅自将动漫版权方创作的动漫形象印制在自己的产品上，或者直接制作该动漫形象的外观产品用于销售。本书在中国裁判文书网以"动漫形象"作为搜索词语，以侵害作品复制权纠纷为案由，共搜出文书319篇（截至2023年10月），以侵害作品发行权纠纷为案由，共搜出文书645篇（截至2023年10月），其中大部分法院判决皆是支持了原告诉求。在判决理由部分，大部分法院认为动漫形象可以作为美术作品受到《著作权法》的保护。在这些案件中，被告的侵权方式五花八门，或将动漫形象制作成毛绒玩具出售，或将其制作成自己的门店标识吸引公众等。

【典型案例】

深圳市盟世奇商贸有限公司与广东高乐玩具股份有限公司等侵害著作权纠纷案[3]

时间：2014年11月15日
原告：深圳市盟世奇商贸有限公司
被告：广东高乐玩具股份有限公司、山东华润万家生活超市有限公司

原告主张：动画片《熊出没》由深圳华强数字动漫有限公司出品，其中深圳华强数字动漫有限公司享有动画片中"光头强""熊大""熊二"等

---

[1] 王迁：《著作权法》，中国人民大学出版社2023年版，第204页。
[2] 《著作权法》第10条第1款第6项。
[3] 参见山东省济南市中级人民法院（2013）济民三初字第960号民事判决书。

动画形象的著作权，并于 2012 年 4 月 2 日授权给原告使用，授权范围是在中国独占性（专有）使用上述形象生产、销售毛绒公仔，并有权就未经许可使用上述形象生产、销售毛绒公仔的行为进行维权，期限自 2013 年 4 月 2 日至 2014 年 12 月 31 日。原告经调查，发现上述被告未经原告许可，擅自生产、销售"光头强"动画形象美术作品的毛绒玩具商品，侵犯了原告享有的复制权、发行权、获酬权等著作权权利，给原告造成了经济损失，故提起诉讼。

法院观点：本案中，被控侵权的毛绒玩具与涉案"光头强"作品比较，整体外观形象、姿势、颜色、主要特征等均与原作品动漫形象较为接近，仅有几处细节略有不同，特别在原告作品更加具有创造性和识别性的人物面部表情、服饰等方面，高度雷同，有的产品更是明确标注"熊出没"并有动画片中相应的"光头强""熊大""熊二"等形象的剧照，实际销售中又多将"熊大""熊二"毛绒玩具一起销售。综合上述因素，本院认为，被告广东高乐玩具股份有限公司未经授权，擅自生产侵犯原告享有著作权益的光头强的美术作品的复制件，构成侵权，应依法承担停止侵权并赔偿原告经济损失的民事责任。被告山东华润万家生活超市有限公司已经证明其所销售的产品有合法来源，只承担停止销售行为的责任。

3. 网剧、剧本杀、游戏抄袭动漫情节。网剧、剧本杀、游戏抄袭动漫情节同样也是实践中常常出现的形式。抄袭现象通常针对的是改编权侵权，根据我国《著作权法》规定，改编权是改变作品，创作出具有独创性的新作品的权利。[1] 一部火热的动漫作品往往是通过其人物刻画、情节设计、背景渲染等要素来吸引公众观看。在实践中，侵权者往往也是针对动漫中的人物、情节、背景来进行改编。例如，将动漫作品中的经典人物改编成游戏角色。在广东原创动力文化传播有限公司与厦门诗泽网络科技有限公司侵害作品信息网络传播权纠纷、侵害作品改编权纠纷案中，侵权者（厦门诗泽网络科技有限公司）就是在未经过原告（广东原创动力文化传播有限公司）同意下，

---

〔1〕《著作权法》第 10 条第 1 款第 14 项。

也未支付报酬，擅自在其经营的网站（网址：yx.1111.com）上提供《红太狼逼婚4》Flash 游戏，游戏中使用了原告享有著作权的喜羊羊、慢羊羊、美羊羊、灰太狼四个美术作品形象。此外，网剧抄袭动漫情节也是侵权现象之一。对于网剧抄袭现象，其在判定是否构成抄袭上往往会产生不同的观点，而产生不同观点的原因就在于对思想与表达的划分。根据著作权法的原理，著作权法只保护表达，不保护思想。在侵权诉讼中，法院必须要明确网剧中所涉及的思想与表达的界限。

【典型案例】

"《整容游戏》"漫画侵权案[1]

时间：2021 年 4 月 16 日

原告：快看世界（北京）科技有限公司（以下简称快看公司）、金丘奉

被告：北京田宥盈文化传媒有限公司、重庆天成合影视文化传媒有限公司等

　　案情概述：漫画《整容游戏》是由原告快看公司与原告金丘奉共同完成的合作作品，其中的图片部分构成美术作品，文字部分构成文字作品，快看公司、金丘奉共同享有该漫画的著作权。在诉讼中，原告认为被告所创作的剧本《欲·望》和网剧《欲望》侵害漫画《整容游戏》改编权。

　　本案历经一审和二审，并且一审与二审对于是否侵犯其改编权分别持不同意见。一审和二审法院都从两者的剧情、故事背景设定、故事题材、故事主线等方面进行了相似性认定。

　　法院观点：一审法院认为，在人物设置与人物关系比对上，快看公司、金丘奉主张漫画《整容游戏》与剧本《欲·望》、网剧《欲望》中相关人物设置及人物关系的相似之处或属于思想范畴的内容，或属于公知素材，而与其主张的人物相关的特定情节、故事发展等独创性表达上存在明显差异。此外，一审法院注意到漫画《整容游戏》中其他主要人物小黑在剧本《欲·望》与网剧《欲望》中也未有对应的人物设置。因此，快看公司、

---

[1]　参见上海知识产权法院（2020）沪 73 民终 57 号民事判决书、上海市徐汇区人民法院（2018）沪 0104 民初 242 号民事判决书。

金丘奉提出剧本《欲·望》、网剧《欲望》的人物设置与人物关系，同漫画《整容游戏》具有相似性的主张，一审法院不予支持。在情节对比上，快看公司、金丘奉主张构成相似的 19 处剧情均构成具体情节，其中剧情 17、18 中漫画《整容游戏》中的相关情节出现于第 44 话之后，不属于比对的范围，剩余 17 处具体情节比对如下：剧情 1、10 的相关情节属于公知素材，漫画《整容游戏》的相关情节不具有独创性，不受著作权法保护；漫画《整容游戏》的剧情 2、3、6、7、9、11、12、13、15、16、19 具有独创性，但剧本《欲·望》、网剧《欲望》的相关情节与漫画《整容游戏》相关情节不构成实质性相似；漫画《整容游戏》的剧情 4、5、8、14 具有独创性，且剧本《欲·望》、网剧《欲望》的相关情节与漫画《整容游戏》相关情节构成实质性相似。在其他对比上，法院也不认为其构成侵权。最终，法院认为，漫画《整容游戏》与剧本《欲·望》、网剧《欲望》构成实质性相似的内容仅系其中的部分具体情节，而该部分的具体情节在整体故事中所占比重较小，漫画《整容游戏》与剧本《欲·望》、网剧《欲望》无论从人物设置、人物关系还是具体情节的设计、情节排布及推演过程均存在较大差异，故本院认为剧本《欲·望》、网剧《欲望》与漫画《整容游戏》在基本表达上不构成实质性相似，因此剧本《欲·望》并非根据漫画《整容游戏》改编而成，剧本《欲·望》并未侵害漫画《整容游戏》的改编权。

而二审法院认为，权利作品和被控侵权作品的核心内容是"整容游戏" App 的特殊功能及由该 App 引发的相应剧情，通过这个 App 女主可以变美，周围的人却察觉不到。女主变美之后，其他人对她的态度发生了转变。如果女主完不成 App 要求的任务，她就变回原貌。这些任务都是邪恶的，违背人性善良的。女主想保持美丽容貌，有时面对邪恶任务会挣扎，有时为了良心会放弃任务，就会回到丑陋的容貌。具体到两作品的对比情况，在基本的人物、人物关系的设置以及由整容游戏 App 引发的主要情节的推动上均有一致性。上述核心情节在权利作品之前的小说、戏剧或其他文字作品中都没有出现过，系原告独创的作品内容。两作品在上述高度独创的核心情节上构成实质性相似。虽然被控侵权作品人物设置和人物关系更为丰富，并且增设了其他的情节内容，除摄影棚任务中的部分剧情外，整容游戏 App 设置的其他任务与权利作品亦不同。但上述不同点是建立在被控侵权作品使用了与权利作品相同的人物和情节的框架内容的基础上展开和设置的，即都是在整容游戏 App 让人变美这一特殊功能的基础上设置的相同的主要人物关系而推进相应的故事情节。没有这些相同的核心内容，被控侵权作品所添附的其他人物和情节的独创性将大幅减弱，而上述框架内容已经足够具体，可以作为表达受到我国《著作权法》的保护。故被控侵权作品使用了权利作品的核心表达内容，构成对快看公司、金丘奉就权利作品所享有的改编权的侵害。

4. 未经动漫形象著作权人许可，以真人装扮成动漫形象进行表演。随着动漫产业规模的不断扩大，动漫产业的衍生品商业化使用不再仅仅局限于玩具等产业，一种新型的商业化使用现象正逐渐流行于青少年之间，即角色扮演，又称为 Cosplay。角色扮演通常指利用服装、道具进行装扮，再借助化妆等方法来扮演动漫中的角色形象。对动漫形象进行真人装扮兴起于一些动漫爱好者，通常表达了对于某部动漫角色的热爱。但随着社会的发展，动漫角色扮演不仅仅是为了表达粉丝的热爱，一些动漫角色扮演者和一些商家更是另辟蹊径，延伸出了商演、直播、综艺等商业化活动为自己创造收入。通过这些商业化活动，动漫角色扮演者既表达了自己对于动漫角色的热爱，商家也为自己创造了巨大的经济收入。此外，在实践中，动漫角色扮演者通常也是借助某些大型平台表演自己所装扮的动漫角色形象，从中获取流量收益。例如，在哔哩哔哩网站上，大量的动漫爱好者会通过发布自己的 Cosplay 视频获取点赞量和投币，从而通过该平台将流量收益变现。但值得注意的是，真人化的动漫角色扮演也需要得到著作权人的许可。真人扮演本身就是一种从平面到立体的复制行为，其目的是将动漫角色形象进行真人化再现。在这个过程中如果扮演者仅仅是出于喜欢某部动漫形象的原因，而不是出于商业目的，那么这种情况可以构成合理使用，并不会构成侵权。但如果要进行商业化使用就必须要得到著作权人的许可，因为在商业化使用过程中，动漫形象扮演者具有营利目的，是通过装扮的动漫形象来获取收益，实际上是利用动漫形象著作权人的智力成果牟利。

【典型案例】

圆谷制作株式会社与广州蓝弧动画传媒有限公司等
著作权侵权纠纷案[1]

时间： 2020 年 6 月 30 日

原告： 圆谷制作株式会社

被告： 广州蓝弧动画传媒有限公司、乐视影业（北京）有限公司、上海聚力传媒技术有限公司、广州蓝弧文化传播有限公司、广州蓝奇文化传播有限公司

原告主张： 原告系初代奥特曼角色形象的著作权人，被告在未得到原告授权的情况下使用被诉奥特曼形象制作电影《钢铁飞龙之再见奥特曼》并进行放映，还在发布会上组织演员身着奥特曼形象制成的面具和人体彩绘形象进行表演。原告主张各被告使用的奥特曼形象系对初代奥特曼形象的改编，使用被诉奥特曼形象拍摄电影的行为侵犯其作品的摄制权；各被告组织身着奥特曼形象制成的面具和人体彩绘形象进行表演的行为侵犯其作品的表演权。因此，诉请法院判令各被告停止侵害、消除影响，并赔偿损失。

被告辩称： 蓝弧动画公司等辩称系从案外人处获得使用奥特曼形象的授权，不构成侵权。

争议焦点： 被诉奥特曼形象是否构成对初代奥特曼形象、杰克奥特曼形象的复制或改编。

法院观点： 本案中，被诉奥特曼形象与原告主张的初代奥特曼形象、杰克奥特曼形象的共同点在于：均为戴银色头套、眼睛为外突的黄色鸭蛋形、穿银色底色与红色花纹的连体衣、胸前有蓝色计时器的英雄形象。以上共同点均系在初代奥特曼形象中首创，且从鞋子的设计、连体衣上的红色花纹的形状、面积等细节方面来看，被诉奥特曼形象与初代奥特曼形象更为接近。根据被诉奥特曼形象与初代奥特曼形象存在的前述共同点，可

---

[1] 参见上海市浦东新区人民法院（2018）沪 0115 民初 14920 号民事判决书。

以认定被诉奥特曼形象的造型来自于初代奥特曼形象，被告对此亦予以认可。被诉奥特曼形象与初代奥特曼形象之间的区别主要在于身材比例不同，且被诉奥特曼形象有着极为发达的全身肌肉，使得两个奥特曼形象在线条方面存在一些不同，从而导致整体气质方面也产生差异。以上美术作品中，原作品（即初代奥特曼形象）的造型特征主要集中在两大方面，一是面部造型（银色面具、面中部的突起造型、眼睛和嘴巴的具体造型及其排列）；二是以银色为底色、在具体身体部位有红色花纹的连体衣。以上两大特征构成了该美术作品的主要表达特征。经比对，无论是原告后续推出的杰克奥特曼形象，还是被诉奥特曼形象，均完整保留了以上主要表达特征。被诉奥特曼形象与初代奥特曼形象相比，改变的主要是身体比例和肌肉分布。对英雄形象而言，这只是身材状态的改变，很难认为其主要造型发生了显著性改变。可见，被诉奥特曼形象是在保持初代奥特曼形象主要表达特征不变的基础上，在身材比例、线条等细节方面作出一定改动，但该改动并未使得初代奥特曼形象中的主要表达特征产生实质性变化。从公众的观感上来看，即便存在以上改动，一般公众也会认为被诉奥特曼形象与初代奥特曼形象本质上还是同一个动漫形象。因此，被诉奥特曼形象与初代奥特曼形象间并不存在足以构成新作品的显著性差异，二者在线条、颜色等构成的造型方面仍构成实质性相似，被诉奥特曼形象构成对初代奥特曼形象的复制而非改编。同理，原告主张的杰克奥特曼形象与初代奥特曼形象相比，只是在连体衣上红色花纹的形状和面积方面有一定差别，并将鞋子改为中筒靴，但在主要表达特征方面仍相同，故杰克奥特曼形象亦构成对初代奥特曼形象的复制。据此，被诉奥特曼形象若侵权，其侵害的也是原告对初代奥特曼形象所享有的复制权，对原告认为被诉奥特曼形象构成对初代奥特曼形象和杰克奥特曼形象的改编并侵犯其改编权的主张，本院不予支持。

作者看法：在判断真人角色扮演是否构成著作权侵权时，必须要坚持"接触"＋"实质性相似"模式。首先，扮演者应注意动漫作品是否被著作权人公开发表、公开传播。其次，还应当从扮演者的妆容、服装、道具等多方面考虑，区分出哪些属于公有领域，哪些属于动漫角色独创。例如，在进行真人角色扮演时，扮演者的外形构造是否使用了动漫角色的独特部分。最后，也应当考虑真人角色扮演的目的，目前真人角色扮演商业化使用现象明显，大部分扮演者并不局限于自我欣赏、使用，而是通过与商家合作进行商业化运营来获取经济收益。而在进行这种商业化运营模式时，扮演者和厂商必须要明确是否获得了著作权人的授权，从而避免不必要的侵权风险。

5. 使用动漫形象拍摄视频侵权。二次元文化兴起为动漫产业创造了一个良好的市场环境，在整部动漫作品中，动漫形象是动漫作品的核心元素，动漫产业也主要围动漫形象来创造巨大的经济价值。在实践中，一部优秀动漫作品中的动漫形象能够为著作权人带来非常可观的经济收益。但经济大热的背后必然会引起侵权的风险，特别是在数字版权时代，侵权形式更加多样化，部分商家在未经授权的前提下，利用动漫形象拍摄视频，作商业用途。其利用方式通常是借助该动漫形象自带的网络流量，吸引公众目光，从而达到自己的商业目的。动漫形象本身就属于知识产权的一部分，应当受到法律的保护。未经版权所有人许可，擅自使用他人的作品进行二次创作或者商业使用的，都属于侵权行为。侵权行为不仅会损害原作品方的利益，还会对整个知识产权体系造成破坏。

【典型案例】

上海新创华文化发展有限公司与悠然自在（北京）影视文化传播有限公司著作权侵权案[1]

时间： 2020 年 12 月 30 日

原告： 上海新创华文化发展有限公司

被告： 悠然自在（北京）影视文化传播有限公司

原告主张： 原告在中国范围内对奥特曼系列影视作品及其人物形象享有独占信息网络传播权等著作权，被告未经许可，擅自使用其购买的动漫玩具拍摄、制作包含有奥特曼系列人物形象的短视频，并将其上传至自有

---

〔1〕 参见北京市互联网法院（2020）京 0491 民初 2234 号民事判决书。

微信公众号，供公众观看或下载。原告认为被告的行为侵犯了其对奥特曼系列影视作品及其人物形象所享有的复制权、信息网络传播权、摄制权，故请求法院判令被告停止侵权行为并赔偿经济损失。

本案争议焦点之一：被告是否侵害了新创华公司的复制权、摄制权、信息网络传播权。

法院观点：本案中，原告所诉被告的涉案行为有二，其一，被告使用包含奥特曼系列人物形象的玩具拍摄视频并上传至网络的行为；其二，被告在涉案微信公众号中发布带有奥特曼形象的图片、动图、短视频的行为。

被告对原告享有著作权的奥特曼系列人物形象，通过编写剧本、加入旁白并加以录制的方式进行使用，其行为已构成以类似摄制电影的方法将作品固定在载体上，该行为侵犯了新创华公司对涉案作品享有的摄制权。同时被告还截取了视频中带有涉案作品的图片发布在其公众号上。上述视频和图像被悠然自在公司上传至网络后，使得公众可以在其个人选定的时间和地点获得涉案作品，该一系列行为侵害了原告享有的复制权、信息网络传播权。

本案的争议焦点之二：被告的行为是否构成合理使用。

法院观点：根据《著作权法实施细则》第二十七条规定："著作权法第二十二条第（二）项规定的适当引用他人已经发表的作品，必须具备下列条件：（一）引用目的仅限于介绍、评论某一作品或者说明某一问题；（二）所引用部分不能构成引用人作品的主要部分或者实质部分；（三）不得损害被引用作品著作权人的利益。判定被告的行为是否符合合理使用的条件，可以从使用行为的目的和性质、被使用作品的性质、被使用作品的数量和程度、对作品的潜在市场或价值的影响等因素综合予以考量。

本案中，被告使用奥特曼形象的主要表现形式为，被告以诸如奥特曼、小猪佩奇、小黄人等耳熟能详的卡通形象以及被告的自主品牌小熊瑞恩形象为角色，通过设置一定的场景编写剧本，插入旁白，使得这些角色之间发生关联，演绎出不同的情景小故事，并拍摄成小视频上传至网络。在每一段视频结尾都有"小熊玩具"微信公众号的二维码展示，观众在获取视频的同时能够通过扫描二维码直接进入"小熊玩具"微信公众号。经当庭勘验，名称为"小熊玩具"的微信公众号下方菜单显示有"图版小熊""知识积累""往期抽奖"三个栏目，其中"知识积累"项下有"小熊英语"和"小熊科普"两个子项目。点击微信公众号文章查看可发现，在每篇文章底部有喜马拉雅小程序链接，点击后可进入"小熊玩具故事会"。从上述过程可以看出，被告在使用涉案作品的过程中，客观上拓宽了"小熊玩具"微信公众号、"小熊玩具故事会"喜马拉雅平台的用户流量，对于提升小熊瑞恩形象的知名度、推广其自主品牌有很大的积极、促进作用，该种使用具有一定的商业目的。另外，被告拍摄上传的"小熊玩具-奥特曼故事"系列视频中带有奥特曼系列人物形象的有437段，共涉及原告享有著作权的33个奥特曼形象，无论是使用的涉案作品数量还是拍摄视频的数量都较多。因此，不论被告使用的目的还是使用的数量，都不符合合理使用的要件。

作者看法：首先，本案的典型意义在于明确了使用者在未取得著作权人许可的情况下，使用购买的动漫玩具形象制作短视频是一种侵权行为。其次，本案明确了利用动漫形象制作短视频是否构成合理使用的判断方法。最后，智力成果的创造有必要明确合理使用和侵权的界限，保证每一次的创作都是符合法律的规定。

（二）间接侵权

作为平台方，如果在知晓其平台的视频制作者具有侵权行为的情况下，并未实施通知删除等阻却行为，那么网络服务提供商极有可能构成间接侵权。在实践中，判断网络服务提供商是否构成间接侵权、是否承担侵权责任就在于其是否尽到了应尽的合理注意义务和审查义务，并且是否在知晓自己平台下出现侵权的情况时，及时采取了删除、断开链接等必要措施。在数字版权时代，网络动漫间接侵权的构成前提是存在直接侵权。此外，作为新生行业的 NFT 数字藏品交易也面临着一系列的法律风险，例如，整个数字藏品交易行为是否应当受到著作权法的规制，作为数字交易平台方应该尽到何种程度的审查义务。

【典型案例】

NFT 侵权第一案[1]

时间： 2022 年 12 月 30 日
原告： 深圳奇策迭出文化创意有限公司
被告： 杭州原与宙科技有限公司

原告主张：《胖虎打疫苗》漫画是笔名为"不二马"（原名"马千里"）的漫画家创作并享有著作权的作品，被独家授权的原告享有该作品著作财产权，有权制止侵权行为。"胖虎"系列漫画在网上爆红之后，原告在被告经营的 Bigverse 平台上发现平台用户"anginin"私自铸造并出售以《胖虎打疫苗》为原型的 NFT 数字藏品，其认为该行为侵犯了原告享有的著作权。

本案的焦点问题之一： 涉案 NFT 数字作品交易行为是否受信息网络传播权规制。

法院观点： NFT，即非同质化通证或非同质化权益凭证，是基于区块链技术的一种分散式数据存储单元，与其映射的数字化文件具有唯一关联性，具有独一无二的特征。NFT 数字藏品，则是将数字化文件等底层数据上传至 NFT 交易平台并铸造 NFT 后呈现的数字内容。在底层文件为数字化作品的场合，称之为 NFT 数字作品，NFT 数字作品是使用区块链技术进行唯一标识的特定数字化作品。《著作权法》第 10 条第 1 款第 12 项规定："信息网络传播权，即以有线或者无线方式向公众提供，使公众可以在其选定的时间和地点获得作品的权利"。涉案 Bigverse 平台中 NFT 数字作品的交易流程为：网络用户（上传）"铸造"——上架发布——出售转让。在 NFT 数字作品的"铸造"阶段，网络用户将存储在终端设备中的数字化作品复制到 NFT 数字作品交易平台的中心化服务器上，产生了一个新的作品复制件；在 NFT 数字作品的上架发布阶段，NFT 数字作品的"铸造者"（发布者）通过将 NFT 数字作品在交易平台上架发布的形式，使公众可以

---

[1] 参见浙江省杭州市中级人民法院（2022）浙 01 民终 5272 号民事判决书。

在选定的时间和地点获得该作品，此种获得既可以是不以受让为条件的在线浏览，也可以是在线受让之后的下载、浏览等方式；在 NFT 数字作品的出售转让阶段，交易双方完成 NFT 数字作品对价的支付和收取，区块链中与之对应的 NFT 作相应的变更记录。在上述转让交易过程中，NFT 数字作品始终存在于作为"铸造者"的网络用户最初上传所至的服务器中，未发生存储位置的变动。本案中，网络用户"anginin"将其铸造的涉案 NFT 数字作品在公开的互联网平台发布，使公众可以在其选定的时间和地点获得该作品，属于以有线或者无线方式向公众提供作品的信息网络传播行为，受信息网络传播权规制。

本案的焦点问题之二：被告作为 NFT 数字作品交易平台经营者应当负有何种注意义务，以及被告在本案中是否尽到了该种注意义务。

法院观点：二审法院分别从涉案 NFT 数字作品交易平台提供网络服务的性质、NFT 数字作品交易可能引发的侵权后果、涉案 NFT 数字作品交易平台的营利模式三个方面进行考量。被告作为 NFT 数字作品交易平台的经营者，其提供的网络服务有别于《信息网络传播权保护条例》中的自动接入、自动传输、信息存储空间、搜索、链接，属于一种新型的网络服务。基于 NFT 数字作品交易平台提供网络服务的性质、平台的控制能力、可能引发的侵权后果以及平台的营利模式，被告应当对其网络用户侵害信息网络传播权的行为负有相对于一般网络服务提供者而言较高的注意义务。NFT 数字作品的"铸造者"不仅应当是该特定的数字化作品的持有者，还应当是该数字化作品的著作权人或被授权人。故而，除一般网络服务提供者应当承担的义务外，被告作为专门从事 NFT 数字作品交易服务的平台经营者，还应当建立起有效的知识产权审查机制，审查 NFT 数字作品来源的合法性，确认 NFT 数字作品"铸造者"是否具有适当权利。作为预防侵权的合理措施，被告的审查介入时间应当提前到用户"铸造"NFT 数字作品之时，即应当要求 NFT 数字作品的"铸造者"在上传作品的同时提供初步的权属证明，例如涉及著作权的底稿、原件、合法出版物、著作权登记证书、认证机构出具的证明、取得权利的合同等，证明其为著作权人或享有相应权利，从而让公众对 NFT 作品的著作权归属有基础的认知。除了在网络服务协议中要求用户不得侵害他人知识产权外，被告还可以要求用户就其具体铸造的 NFT 数字作品承诺享有相应权利，并在必要的时候可要求其提供担保。关于审查的具体标准，法院认为，NFT 作为区块链技术的重要应用，契合了加快发展数字经济、促进城市数字化转型的趋势和需求。借助于区块链技术构建数字作品的唯一凭证，NFT 应用场景使得基于数字作品的财产性权益能够以出售或者赠予的方式发生移转，从而给互联网环境下的作品传播与商业化利用带来新的契机，亦为知识产权的保护方式提供了新的思路。构建公开透明、可信可溯源的链上数字作品新生态，一方面，需要规范 NFT 数字作品交易行为、促使其在法律制度框架内有序发展；另一方面，应当赋予 NFT 数字作品交易网络服务提供者以必要的自主决策权，由其根据具体的作品和权利类型、自身经营需要、产业发展要求等实际情形自主决定采取合乎法律规范的具体审查措施，例如自行决定设置侵权举报奖励及侵权黑名单处罚机制等。综上，原审法院采用的"一般可能性"判断标准是合理的，也就是该初步证据能够排除明显不能证明是著作权、与著作权权益有关权利人的证据、具有使得一般理性人相信存在权利的可能性即可，而非无限加重此类网络服务提供者的审查义务，从而限制数字作品的流通和数字经济的发展。

《民法典》第 1197 条规定："网络服务提供者知道或者应当知道网络用户利用其网络服务侵害他人民事权益，未采取必要措施的，与该网络用户承担连带责任。"本案中，用户 anginin 上传的《胖虎打疫苗》图片右下角显示有"不二马大叔"微博水印，"艺术家介绍"中显示有"不二马大叔，优秀漫画创作者"字样。被告主张其已经对用户上传的作品采取了阿里云自动识别技术与利用百度识图软件进行人工审核相结合的方式，尽到了相应的注意义务。对此，法院认为，被告采取的上述审查措施并不能替代其要求用户就涉案作品提供权属证明的措施，其既未要求该用户 anginin 对其与"不二马大叔"之间是否属于同一关系或者著作权许可关系做出声明，也未要求该用户提供初步证据证明其系作品《胖虎打疫苗》权利人，故被告未能尽到相应的注意义务，其对被诉侵权行为的发生具有主观上的过错。被告主张，涉案作品图片以白色为底色，四周留白较多，色泽与微博水印极其相近，导致其审核人员在审查作品时未注意到该水印。对此，

文化版权法：原理与案例

法院认为，即使该图片上的微博水印呈现效果并非十分醒目，但涉案图片除在右下角显示有"不二马大叔"微博水印外，同时还在"艺术家介绍"中明确标示作者身份信息"不二马大叔，优秀漫画创作者"，故被告未能尽到注意义务并非由于该微博水印的色泽导致，对被告的上述抗辩不予支持。综上，被告应当知道其网络用户利用其网络服务侵害他人信息网络传播权而未采取必要措施，主观上存在过错，应当承担帮助侵权的民事责任。

作者看法：本案是中国 NFT 侵权第一案，本案判决的典型之处就在于：一是对于新行业所呈现的法律风险，其在现行有效的法律之中找到了解决之道；二是更加严格了网络服务提供商的审查义务，对于数字藏品交易平台的经营者而言，仅尽到事后的"通知—删除"义务不足以阻却自身责任，还应当承担更高的审查注意义务，需要对用户所提供的用于制作数字藏品的图片进行事前审查。

二、区块链技术下数字版权保护

在数字化时代，数字版权保护面临着发展瓶颈和矛盾失衡的双重尴尬。[1]传统的数字版权保护技术已经愈发不能产生良好的效果，从而引发诸多问题。例如，数字内容更加易于复制和传播，容易遭到盗版和侵权、版权认证和证明的难题等。[2]诸多现实困境使得数字版权保护迫切需要一种新的模式，基于此，区块链技术应运而生。

区块链技术的出现，为当前数字版权保护带来了新的契机，利用区块链的分布式数据存储、共识机制、加密算法和"时间戳"技术所构建值得信任的数据交换环境，可以准确、及时、完整地记录数字版权从产生、使用、交易、许可到转让等一系列过程，解决数字版权确权难问题，实现作品低成本、实时确权的同时，也为侵权行为的追踪提供可能。

（一）区块链技术概述

根据 2018 年中国信息通信研究院和可信区块链推进计划发布的《区块链白皮书》，区块链（Blockchain）是一种由多方共同维护，使用密码学保证传输

---

〔1〕 李晶晶、王志刚：《区块链技术推动下的数字版权保护》，载《青年记者》2018 年第 6 期。
〔2〕 姜旭、郭富锁：《基于区块链技术的数字版权保护》，载《文化学刊》2023 年第 7 期。

和访问安全，能够实现数据一致存储、难以篡改、防止抵赖的记账技术，也称为分布式账本技术（Distributed Ledger Technology）。[1]也有部分学者认为区块链本质上就是一种去中心化的分布式数据库技术，通过多个节点之间的共识机制来保证数据的安全性和可信度。

（二）区块链技术在数字版权保护中的应用

1. 版权确权。数字版权保护的第一步就是确权。在实践中，数字版权确权本身就是为了保护其作品权益的一种重要手段。作品通过登记确权不仅表明了作品的权利归属，而且在发生侵权纠纷时也可以作为一项有利的证据来维护版权方的权益。目前，我国传统的版权确权模式采用的是通过第三方机构进行登记确权的中心化模式。此模式主要依托于国家版权机关来进行，从申请到审核再到发放证书等一系列流程往往花费版权方大量的时间和金钱成本。

区块链的本质是一串串链条式相接的数据区块，在连接指针中使用哈希算法处理区块头并且给区块头赋予哈希值。[2]利用区块链技术进行版权确权主要会经历以下过程：用户在版权保护平台进行注册和实名认证后，向平台提交需要存证的文字、图片、音视频等数字内容作品，平台将作品版权相关的数据进行计算，得到作品的哈希值，并在版权区块链上进行存证。区块链技术具有不可篡改、防伪和可追溯特点，为上链作品实现证据固化。此外，用户还可以分阶段进行版权存证，以记录创作过程，这为创作周期较长、创作要素多元的影视作品提供了更好的确权路径。[3]从上述过程可以看出，当用户为自己的作品进行确权时，其提交的所有资料将会被计算，从而得到一个哈希值，而这个哈希值将代替用户提供的资料被存储到区块链上。相较于传统的版权确权模式，基于区块链技术下的版权确权既提高了效率，又增加了其可信度。

2. 版权交易。数字版权交易本身是为了促进版权经济的繁荣，但在实践中，

---

〔1〕 参见《区块链白皮书（2018年）》，中国信息通信研究院和可信区块链推进计划编写，载 http://www.caict.ac.cn/kxyj/qwfb/bps/201809/P020180955178923121 90.pdf，最后访问日期：2024年7月2日。

〔2〕 郭文卓：《区块链技术下的数字版权保护研究》，西北大学2019年硕士学位论文。

〔3〕 参见《2021版权保护新技术应用发展报告》，载 http://baijiahao.baidu.com/S?id=172300660482 0555909&wfr=spider&for=pc，最后访问日期：2024年7月2日。

数字版权交易同样也面临交易信息缺乏透明度、交易信用危机、监管缺失等问题，我国传统的数字作品的版权交易主要是通过可信赖的第三方中介机构进行，由双方签订合作协议，再由第三方机构与其他用户进行交易。[1]在这样的交易模式下，一部数字作品的财产权很可能会被分别进行独立授权。由于在数字版权交易中没有统一的平台，第三方中介机构完全处于垄断的地位，这就使得不管是版权所有者还是版权需求者都很难对于其权利状态了然于心，从而引起双方的交易信任危机。

区块链技术可以为数字版权交易提供全新的交易方式。首先，可以建立基于区块链技术的数字版权交易平台。由于其去中心化的特征，在数字版权交易中，交易双方并不需要一个第三方机构或者中间方来运行这场交易，可以直接进行点对点式交易模式，并且也将有效地避开中间方的不利干预，降低交易成本。其次，基于区块链中的智能合约技术，可有效解决交易双方的信任问题。智能合约的功能是将区块链系统的业务逻辑以代码的形式实现、编译并部署，完成既定规则的条件触发和自动执行，最大限度地减少人工干预。[2]从其功能可以看出，智能合约具有自动执行性，当触发相应条件时自动完成交易行为，无需中间方的过多介入，这将大大减少在数字版权交易过程中信任危机，实现双方的利益最大化。

3. 版权维权。在传统的数字作品维权诉讼中，举证问题是版权方能否维护好自己利益的关键。在本书提到的大多数案例中，当事人多采用公证的方式以确保自己能够留下有力的证据，这种维权方式的时间以及金钱成本是极高的。在如今的互联网时代，数字版权的侵权方式层出不穷，有些侵权方式难以被发现，这就使得版权方在维权的道路上步履维艰。首先，在数字版权纠纷中，由于往往依托于网络，电子证据通常是维权的主要证据形式，但是在实践中电子证据往往具有易被篡改、易被毁损和灭失的风险，一些有利的电子证据往往会被侵权者利用过之后立即进行销毁，这使得版权方在举证方面异常困难。其次，前文提到利用公证程序进行维权，版权方虽然可以通过公证程序加大电子证据

〔1〕 刘芸含：《区块链技术背景下数字知识版权保护技术》，上海财经大学2022年硕士学位论文。
〔2〕 参见《区块链白皮书（2018年）》，中国信息通信研究院和可信区块链推进计划编写，载http://www.caict.ac.cn/kxyj/qwfb/bps/201809/P020180955517892312190.pdf，最后访问日期：2024年7月2日。

的证明力，但程序的繁琐往往会导致时间上的滞后性，造成证据的灭失。[1]

反观区块链技术，具有不可篡改、可追溯性等特征，这些特征可以高效地维护版权方利益。区块链技术应用于版权维权主要体现在区块链存证方面。区块链存证实质上是基于区块链的不可篡改的特征，版权方可以将该侵权证据固化到区块链上，从而形成不可篡改的电子证据。其操作流程是在算法运行过程中浏览侵权信息，通过截图或者录屏等形成电子证据，电子证据生成的同时可生成时间戳记。电子证据存储固定时通过验证哈希值来确保数据的完整性，在传输过程中则利用非对称加密技术对电子证据进行加密以保障传输安全，充分实现证据全链条的真实性和安全性。[2]

运用区块链技术进行数字版权信息存证，不仅可以降低创作者的支出成本，同时也能快速证明数字版权的权属，并且区块链技术平台具有侵权监控功能，还能通过大数据的提取和对比快速地找到侵权信息。[3]在全国首例利用区块链存证的版权侵权案件中，杭州互联网法院的判决对区块链存证给予了阐明，肯定了区块链存证的可行性。

🔍 问题与思考

网络动漫版权过滤机制

在如今的数字时代，网络动漫版权保护不同于以往传统的版权保护，盗版、侵权现象的频繁发生，使得传统的版权保护形式已不再适应于现状。目前，世界各国为了保护网络动漫版权，都在积极探索和建立动漫版权过滤机制，以确保动漫作品的合法权益得到有效保护。

动漫版权过滤机制主要是基于技术层面，是指利用技术手段对动漫作品进行保护。例如，使用视频内容识别技术对上传的动漫视频进行分析和比对，以识别是否存在未经授权的动漫内容。这种技术可以识别动画片段、角色形象等，从而判断是否存在侵权行为。动漫版权过滤机制简要步骤为：首先用户会在平

---

〔1〕 魏永奇：《区块链技术视角下数字版权的法律保护》，载《传播与版权》2022 年第 8 期。

〔2〕 廖柏寒：《区块链在版权存证上的技术优势与未来应用——基于"版权链 + 天平链"协同取证第一案的启示》，载《出版广角》2021 年第 21 期。

〔3〕 韩天时：《基于区块链技术的数字版权保护应用研究》，合肥工业大学 2021 年硕士学位论文。

台上传动漫内容，内容可能包含视频、图片、音频等形式的作品。其次平台会使用各种技术，如上文提到的内容识别技术等，对上传的动漫内容进行识别和解析。最后，当发现侵权内容时平台会采取相应的措施，如删除、屏蔽或禁止上传该内容，以保护版权方的权益。通过上述步骤可以看出，应用版权过滤机制不仅可以有效防止盗版和侵权行为，而且可以促进网络动漫的产业发展。

尽管网络动漫版权过滤机制会带来一定的好处，但一些不可避免的风险仍然存在于这种机制之下。首先是技术不成熟问题。在版权过滤机制中，技术水平非常重要，版权过滤技术不成熟可能会出现误判或漏判的情况。例如，一些内容可能因为与授权内容相似而被错误地判定为侵权，在侵权认定中，相似性是关键性问题，但由于技术限制，极有可能出现符合版权法的作品内容被错误处理，或者侵权内容未被有效识别等现象，从而损害了版权方或用户的权益。其次，动漫版权过滤机制可能会涉及隐私问题。在使用版权过滤技术时，平台会对用户的信息进行收集，这很可能会引发隐私保护的问题。最后，成本问题。目前建立版权过滤机制需要非常大的成本投入，其中涉及技术、人工等成本。这些成本负担对于一些中小型平台是非常大的。

综上所述，网络动漫版权过滤机制是否属于必要措施依旧是一个争议性问题。目前"通知—删除"规则仅能达到事后版权保护的目的，针对事前的版权保护仍然存在不足。虽然学术界一直在讨论引入版权过滤机制，但是否适合于我国现阶段的社会发展也是值得我们思考的问题。

第七章　网络游戏版权

本章导读

随着数字时代的崛起和智能手机的不断普及，以移动游戏为主的网络游戏产业已经成为全球娱乐产业的一个重要组成部分。2014 年至 2021 年，我国网络游戏用户规模呈平稳增长势，截至 2021 年，我国游戏用户规模已经达到了 6.66 亿人，与 2014 年相比，2021 年游戏行业实际销售收入翻倍，达 2965.3 亿元。与此同时，我国游戏市场也在逐渐向着海外扩张，2021 年，我国自主研发游戏海外市场实际销售收入达 180.13 亿美元，同比增长 16.59%。[1]截至 2023 年 11 月，在"北大法宝"司法案例数据库使用"网络游戏""知识产权"关键词检索，可以检索到相关案例 2859 件。由此可以看出，网络游戏版权面临着诸多挑战，首先，数字领域的版权侵权问题不断增加，盗版游戏、非法分发游戏内容以及无授权使用游戏画面等行为日益增多，对网络游戏版权持有者的利益构成威胁；其次，随着网络游戏直播的崛起，出现了新的版权挑战，直播平台的发展为玩家提供了更多互动性和趣味性，但也引发了有关网络游戏画面版权的争议；最后，网络游戏跨足全球市场，涉及多国法律和法规，网络游戏侵权救济逐渐成为网络游戏版权持有者、游戏玩家和相关学者重点关注的问题。

本章主要从网络游戏版权的客体、网络游戏版权的主体、侵权及救济三个方面论述游戏行业的版权保护状况，帮助读者更好地理解网络游戏版权相关知识。

通过本章的学习，需要掌握网络游戏版权的客体范围及性质，主体及权利归属，侵权及救济。同时，在阅读本章后，希望可以激发各位读者对于网络游

---

[1] 白连永主编：《中国数字版权保护与发展报告 2022》，知识产权出版社 2022 版，第 130~149 页。

戏的作品属性、游戏直播画面的可版权性等热点问题的进一步思考。

第一节　网络游戏版权客体

一、网络游戏概述

随着信息网络时代的到来，以移动游戏为主的网络游戏产业迎来了快速发展。《网络游戏管理暂行办法》第 2 条提到，网络游戏是指由软件程序和信息数据构成，通过互联网、移动通信网等信息网络提供的游戏产品和服务。

（一）基于客户端的游戏

网络游戏可以根据游戏形式，分为基于客户端的游戏和基于浏览器的游戏。基于客户端的游戏又可以分为电脑端和手机端，现称之为网络游戏的其实大多属于客户端类。这是一种需要下载并在本地计算机或游戏机上运行的游戏，需要玩家先下载游戏客户端，然后通过客户端与游戏服务器进行连接和交互。电脑端游戏指使用电脑下载客户端软件，例如"英雄联盟""魔兽世界""剑网三"等；手机端游戏指使用手机下载客户端，例如"王者荣耀""原神""和平精英"等。当然，随着技术的逐渐提升和游戏公司业务的逐步扩大，手机端游戏和电脑端游戏也逐渐向着互通的趋势发展。

基于客户端的游戏通常由专业的游戏开发团队创建，提供更加丰富和复杂的游戏体验。这些游戏通常具有高度的视觉效果、音效和交互性，以及具有更加高级的游戏机制和故事情节，它们通常需要玩家投入更多的时间和精力来探索游戏世界、完成任务、与其他玩家互动。在游戏开发方面，基于客户端的游戏通常需要更多的资源和技能来创建，开发者需要编写更多的代码和创建更多的模型、图案和音效，以提供更加丰富和复杂的游戏体验。此外，开发者还需要考虑游戏的优化和性能问题，以确保游戏能够在各种计算机和游戏机上流畅运行。因为基于客户端的游戏具有开发难度更大，玩法更加复杂多样等特点，在我们搜集到的网络游戏著作权纠纷案中，基于客户端的游戏纠纷案所占的比例更大。

基于客户端的游戏是一种非常流行的游戏形式，它们提供了更加高级的游戏体验和更加逼真的游戏效果，吸引了众多玩家的关注和参与，同时也需要更多的资源来进行创建和维护。此外，随着技术的不断进步和游戏市场的不断变化，基于客户端的游戏的未来也将充满变数和机遇。

（二）基于浏览器的游戏

基于浏览器的游戏就是我们常说的"页游"，它不用下载客户端，玩家只需打开网页就可以进入游戏，这些游戏通常由 HTML5、JavaScript、CSS（Cascading Style Sheets，层叠样式表）等前端技术编写，利用浏览器提供的图形和交互能力，创造出各种丰富多彩的游戏体验。

在基于浏览器的游戏中，用户体验与传统的客户端游戏相比有着显著的不同。首先，由于游戏运行在浏览器上，因此用户无需进行复杂的安装过程，只需在网页上点击即可开始游戏。其次，基于浏览器的游戏可以跨平台运行，无论用户使用的是电脑、手机还是平板，只要能访问网页，就能进行游戏。从开发者的角度来看，基于浏览器的游戏也具有独特的优势，因为开发者可以利用 HTML5 和 JavaScript 等 Web 技术进行游戏开发，这意味着他们可以同时为多个平台开发游戏，而无需为每个平台单独编写代码。此外，由于浏览器是一个开放的环境，开发者可以方便地利用各种第三方服务，以增强游戏的功能和体验。在游戏类型上，基于浏览器的游戏涵盖了各种类型，从简单的文字冒险游戏到复杂的 3D 动作游戏，应有尽有，例如"功夫派""七雄争霸""洛克王国"等，它们充分利用了 Web 技术的优势，让玩家可以在任何时间、任何地点进行游戏。

总的来说，基于浏览器的游戏不仅为玩家提供了方便的游戏体验，也为开发者提供了广阔的开发空间，虽然现阶段在我国网络游戏市场上，基于浏览器的游戏份额占比远不如基于客户端的游戏，但随着技术的不断进步和浏览器环境的不断改善，基于浏览器的游戏仍有发展潜力。

二、网络游戏的作品属性

对于网络游戏作品如何定义，现如今我国《著作权法》还未明确规定网络游戏作品所属的作品类型，但毋庸置疑的是网络游戏是可以受到《著作权法》保护的作品。首先，网络游戏是游戏开发者们投入大量人力、物力和财力所制作的，属于人类的智力成果；其次，网络游戏是由游戏代码、游戏画面、游戏音效等构成，因此也是文学、艺术或科学领域内的成果；再次，网络游戏可以通过客户端下载，玩家可以随时选择进入游戏，自然也是可被客观感知的外在表达；最后，网络游戏体现了开发者独特的思想，具有独创性，符合我国《著作权法》对于作品的定义。那么关于网络游戏作品的属性以及保护方式，学术界也有诸多讨论。

（一）拆分法保护

在国外对网络游戏的认识中，有一些国家对网络游戏使用拆分法进行保护。例如，巴西、法国、德国、瑞典等国家认识到网络游戏作品内容的复杂性，采取更加务实的方式，并倾向于"分布式类型（distributive classification）"的方式，根据游戏中的每个创造性元素的特定性分别进行保护。[1]

1.网络游戏中的视听作品。当玩家开始体验任何一款网络游戏时，首先接触到的便是游戏的视觉效果。因此在网络游戏的各部分中，最引人关注的就是网络游戏画面。游戏画面的精美程度和符合玩家审美的程度，是玩家是否愿意继续体验这款游戏的重要影响因素。

根据我国《著作权法》的规定，视听作品是由一系列有伴音或无伴音的画面组成，借助适当的方式放映或以其他方式传播的作品。[2]有观点认为，"一系列画面"指的是动态画面，即只有具备运动感的画面才能构成视听作品。例如传统的扫雷游戏、棋牌类游戏或静态小说交互游戏，虽然它们可以展示一系列有或无伴音的画面，但它们本身相对静止，无法产生视觉上的连续效果，因此难以将其认定为视听作品。[3]对于此，本书认为，应该将网络游戏画面看作是一个整体画面，虽然传统的扫雷游戏、棋牌类游戏在玩家没有操作的时候，是静止的画面，但是这种状态并不是持续的，只要游戏玩家开始操作，游戏画面就会呈现出一种动态。可以说，任何一款游戏，只要有用户的操作行为，其画面就不是一成不变的。[4]因此，将网络游戏画面视为视听作品进行保护是合理可行的，与将游戏中每一帧静态画面或图标视作美术作品保护并不冲突。但

---

〔1〕 参见 Andy Ramos Gil de la Haza，"Video Games：Computer Programs or Creative Works？"，载 https：//www.wipo.int/wipo_magazine/en/2014/04/article_0006.html，最后访问日期：2023 年 11 月 21 日。

〔2〕 2020 年《著作权法》修正后《著作权法实施条例》也将修正，但截至本书编写完成时（2023 年 11 月 23 日）还未修正完成，因此是否在"视听作品"中保留其前身"电影作品和以类似摄制电影的方法创作的作品""摄制在一定介质之上"的要求也不得而知。

〔3〕 方月悦：《论游戏连续画面的著作权定性与归属》，华东政法大学 2019 年硕士学位论文。

〔4〕 张余瑞：《网络游戏画面的作品属性及其著作权人》，载《宁波开放大学学报》2021 年第 4 期。

需要注意的是，在司法实践中，被侵权作品可以同时作为视听作品和美术作品等类别，只不过作为视听作品施以整体保护之后就不再单独对美术作品等内容判决补偿。

2. 网络游戏中的美术和图形作品。网络游戏中的美术作品是指在游戏开发过程中所涉及的视觉艺术创作，这些美术作品包括游戏中的角色设计、场景设定、特效、动画、背景图像等，它们是为了营造游戏世界的视觉风格和氛围而精心设计和制作的，这些作品的质量和精细度对于游戏的成功与否具有重要影响，因为它们直接影响到玩家的游戏体验和情感投入。我国著作权法保护的是作品中思想的表达而非作品蕴含的思想，显而易见，网络游戏中的美术画面是一种"表达"，并且这些美术画面是由游戏公司美术部门工作人员创作的，具有独创性，因此受到著作权法的保护，构成美术作品。网络游戏中的美术作品比较有争议的地方在于公共领域的认定，在创作过程中所选取的元素都会有相似的地方，认定作品是否构成实质性相似需要认定作品的具体表达方面，并且需要区分作品的独创性表达和公有领域部分。[1] 如果作品中的相似元素属于公有领域的元素，则一般不认为是侵权。需要注意的是，在美术作品的认定中比较特殊的是 UI 界面，在实践中有的法院认为可以将 UI 界面作为美术作品整体保护，但也有法院认为 UI 界面的布局设计应当被归为思想范畴。例如在《梦幻西游》诉《仙语》案[2]中，法院认为 UI 界面属于构成要素的选择和编排，无法证明其具有独创性的表达，不能被认定为作品。

另外，近年来也出现了较多将游戏地图认定为图形作品的案例。例如在《穿越火线》诉《全民枪战》案[3]中，法院对 FPS 游戏场景地图的核心表达进行了审查，认为地图的关键表达在于其空间布局结构，包括由点、线、面以及各种几何图形组成的结构，而非仅仅是最终呈现的美术效果，因此，法院将这些地图界定为图形作品。有学者认为，将游戏地图视为图形作品更侧重于玩家的实际感知，这也意味着更容易鉴别抄袭情况，并遏制所谓的换皮行为。[4]

---

[1] 罗茜雅：《美术作品的实质性相似认定刍议》，载《阜阳职业技术学院学报》2018 年第 4 期。

[2] 参见广州知识产权法院（2017）粤 73 民终 1094 号民事判决书。

[3] 参见广东省高级人民法院（2020）粤民终 763 号民事判决书。

[4] 杨双迪：《游戏地图的著作权保护探析》，载《武汉冶金管理干部学院学报》2022 年第 4 期。

【典型案例】

《全民魔兽：决战德拉诺》与《魔兽世界》美术作品侵权案[1]

时间： 2017 年 12 月 27 日

原告： 暴雪娱乐有限公司（以下简称暴雪公司）、上海网之易网络科技发展有限公司（以下简称网之易公司）

被告： 北京分播时代网络科技有限公司（以下简称分播公司）、广州市动景计算机科技有限公司（以下简称动景公司）、成都七游科技有限公司（以下简称七游公司）

  原告主张：《魔兽世界》系列游戏是由暴雪公司制作的一款网络游戏，属于大型多人在线角色扮演游戏，游戏以该公司出品的战略游戏《魔兽争霸》的剧情为历史背景，依托魔兽争霸的历史事件和英雄人物，有着完整的历史背景时间线。该游戏著作权人暴雪公司授权网之易公司《魔兽世界》在中国的独家运营权，在该游戏上线后，暴雪公司和网之易公司发现由七游公司开发、分播公司独家运营、动景公司提供下载的游戏《全民魔兽》（原名《酋长萨尔》）抄袭了《魔兽世界》的故事背景、18 个英雄形象以及 7 个怪兽形象，侵害了原告美术作品的著作权，要求三被告方承担侵权责任。

  法院认为： 根据本案发生时期的《著作权法实施条例》第 2 条，作品是指文学、艺术和科学领域内具有独创性并能以某种有形形式复制的智力成果。本案中，暴雪公司、网之易公司主张《魔兽世界：德拉诺之王》游戏中的 18 个英雄形象、7 个怪兽形象、20 个装备图案以及 5 个副本地图构成美术作品。首先，关于独创性。暴雪公司、网之易公司提交的大量图书出版物、第三方网站和暴雪公司、网之易公司中文官网中关于《魔兽世界》以及涉案人物的介绍，以及暴雪公司、网之易公司庭审中关于涉案人物形象创作过程的陈述等内容相互印证，足以证明《魔兽世界》系列游戏具有独特和完整的故事背景，涉案人物形象是根据魔兽世界的故事而创作。

---

〔1〕 参见广东省高级人民法院（2016）粤民终 1719 号民事判决书。

由于魔兽世界故事对相关人物描述非常具体，不少形象特征体现了该人物的种族、身份、独特的际遇甚至所使用的武器的来源，故涉案人物形象具有较高的独创性，比如萨尔这个人物，萨尔有突出的獠牙，身穿萨满服饰，武器上有霜狼的图案。涉案装备图案和副本地图同样基于魔兽世界基本故事情节创作，在对方未能提交相反证明的情况下，法院确认其满足作品的最低独创性要求。其次，关于可复制性。《魔兽世界：德拉诺之王》游戏也是一款计算机软件作品，暴雪公司、网之易公司所主张的人物形象、装备图案和地图，实质是体现在该软件作品用户界面中的人物形象、装备图案和地图。对于计算机软件作品用户界面能否复制，已经无需论述，且当事人也无异议，故涉案人物形象、装备图案和副本地图满足可复制性要件。最后，涉案人物形象、装备图案及副本地图，均是以线条、色彩构成，并具有一定的审美意义，故构成美术作品。

3.网络游戏中的音乐作品。网络游戏中的音乐对网络游戏来说也极为重要，尤其是需要玩家根据节奏，通过屏幕显示用键盘、控制器等进行回应的音乐类游戏。例如以其优美的音乐、精美的画面和富有情感的故事而受到玩家和评论家好评的游戏《Deemo（古树旋律）》，该游戏收录了各种风格和类型的音乐，包括古典、钢琴、摇滚、电子音乐等，这些音乐曲目不仅使游戏变得富有挑战性，也提供了优美动听的音乐体验。

4.网络游戏中的文字作品。网络游戏中的文字包含人物故事、背景故事等，但并不是所有的文字都是著作权法意义上作品。首先，对于由少数词语构成的游戏商品、角色名称等，这些文字一般不具有著作权法所要求的独创性，也就难以被认定为文字作品，因而不受到著作权法的保护。[1] 例如游戏名称"羊了个羊"和"兔了个兔"，因为游戏名称不能被认定为文字作品，因此难以受到著作权法的保护，但本书认为，这并不意味着这类少数词语构成的文字就不能受到法律保护，在实践中也许可以从《反不正当竞争法》的角度进行保护。其次，对于较长、较完整的网络游戏背景故事，例如由大宇资讯制作的《仙剑奇侠传》，游戏的剧情曲折复杂、引人入胜，构建了一个独特、完整的仙侠世界

---

〔1〕 李一帆：《网络游戏著作权保护的局限与思考》，载《河南科技》2020年第18期。

观，自然拥有独创性，应该受到《著作权法》的保护。如果其他游戏未经授权就使用该游戏的剧情，就会构成侵权。

【理论探讨】

网络游戏规则的可版权性

网络游戏规则，也被称作网络游戏玩法，代表游戏设计者所构建的一系列指导游戏玩家在游戏过程中进行操作所必须遵循的规定。这些规则是通过程序代码等方式确定的，玩家按照规则设定的程序进行游戏操作，以达到"玩游戏"的目标，并从中获得游戏带来的乐趣。因此，网络游戏规则可视作网络游戏的核心要素，为游戏的基本运行和玩家互动提供了指引和限制。

案例引入:《炉石传说》案[1]

时间： 2014 年 11 月 6 日

原告： 暴雪娱乐有限公司（以下简称暴雪公司）、上海网之易网络科技发展有限公司（以下简称网之易公司）

被告： 上海游易网络科技有限公司（以下简称游易公司）

原告主张： 暴雪公司是全球最具影响力的娱乐游戏软件开发商和出版商。自 1994 年成立以来已推出多款畅销游戏软件，包括但不限于《魔兽世界》系列游戏。暴雪公司于 2013 年 3 月在美国游戏展上首次公布其最新开发的一款电子卡牌游戏《炉石传说：魔兽英雄传》（以下简称《炉石传说》），后网之易公司经暴雪公司授权将《炉石传说》引入中国市场并向中国公众开放测试。该款游戏在测试中出现了一号难求的情况，且经国内外媒体广泛报道，获得了极高的知名度。两原告发现，被告游易公司于 2013 年 10 月向公众展示了一款名为《卧龙传说：三国名将传》（以下简称《卧龙传说》）的网络游戏，该游戏全面抄袭和使用了与原告暴雪公司知名游戏《炉石传说》特有游戏界面极其近似的装潢设计及其他游戏元素（包

---

[1] 参见上海市第一中级人民法院（2014）沪一中民五（知）初字第 22 号民事判决书。

括但不限于《炉石传说》核心元素即游戏规则）。两原告还发现被告在其公司网站上发表题为《惊现中国版〈炉石传说〉，是暴雪太慢？还是中国公司太快？》（以下简称《惊现中国版〈炉石传说〉》）的文章，称《卧龙传说》是中国版的《炉石传说》，并称《卧龙传说》几乎完美地换皮复制了《炉石传说》。此外，被告已于2013年11月正式向公众开放《卧龙传说》游戏测试，并在其公司网站上公告已对外发放了30 000个游戏测试账号激活码。两原告认为，被告的上述行为已分别构成了《中华人民共和国反不正当竞争法》（以下简称《反不正当竞争法》）所禁止的不正当竞争行为，依法应当承担相应的民事责任。

被告辩称： 游戏规则无法纳入知识产权保护范围，并且两款游戏平台不同，《卧龙传说》系在被告平台上独立开发的体现自身平衡性和竞技性的一款游戏，不存在抄袭。

法院认定： 对于被告辩称游戏规则不属于著作权保护范畴，《炉石传说》游戏规则没有独创性，仅是抽象的思想，没有具体的表达形式。本院认为，游戏规则尚不能获得著作权法的保护，并不表示这种智力创作成果法律不应给予保护。游戏的开发和设计要满足娱乐性并获得市场竞争的优势，其实现方式并不是众所周知的事实，而需要极大的创造性劳动。同时，现代的大型网络游戏，通常需要投入大量的人力、物力、财力进行研发，如果将游戏规则作为抽象思想一概不予保护，将不利于激励创新，不利于为游戏产业营造公平合理的竞争环境。因此，本院对被告的辩称不予采纳。

虽然上海市第一中级人民法院使用《反不正当竞争法》对网络游戏规则进行保护，这对鼓励创新、促进网络游戏发展产生了积极影响。但是在游戏行业内，仍有一些游戏开发者认为网络游戏规则并未受到法律的保护，这导致一些游戏开发者在游戏规则方面不受约束地进行模仿，造成了大量"换皮游戏"盛行，如《我的世界》和《剑与远征》的维权事件。这种现象不仅损害了游戏市场的公平竞争和创新，还可能导致真正拥有原创游戏内容的公司为了进行维权而花费大量财力，最终可能面临破产等不良后果。

本书认为，从《著作权法》保护的范围来看，并不是所有的游戏规则都应该受到《著作权法》的保护。根据美国汉德法官提出的抽象概括法，结合游戏制作的要求和特殊性，可以将游戏规则大致分为基础规则、具体规则和隐性规则。[1]

游戏的基础规则决定了游戏的基本玩法，例如MOBA（多人在线战术竞技游戏）的基础规则就是摧毁敌方基地或达到特定条件，如杀敌数、占领地点等；射击游戏的基本规则就是使用各种武器或工具来击败敌人；通关类游戏的基本规则就是通过关卡。基础规则更倾向于一种思想框架或设计理念，而不是具体表现形式。因此，它们被视为属于思想范畴，而不是《著作权法》所保护的对象。

隐性规则是玩家基于个人游戏经验所总结出的游戏规则。这些规则并未被游戏开发者明确说明，而是由玩家在游戏过程中逐渐认知和理解的。隐性规则可以被视作游戏社区中的共享知识，源自广泛的玩家经验和共同认知，因此可以说是公共智慧的产物。例如，在《英雄联盟》游戏中，每个玩家开始游戏时都需要选择一个英雄，并在游戏地图上的不同位置展开游戏。在这个过程中，玩家可以根据自己的游戏经验、策略或队友的选择来决定他们的战术和战斗位置。有些玩家可能更偏向于在上路单挑对手，有些可能更倾向于在中路进行支援或团战，这取决于玩家自身的游戏偏好和战术策略。隐性规则不是游戏设计者或开发者在游戏设计阶段就预先设定好的规则，而是玩家通过长时间的游戏实践和经验积累所总结出的适合个人的玩法和习惯。因此，这些隐性规则是玩家共同智慧的结晶，属于公共智慧，不受《著作权法》的保护。

根据上文分析，基础规则和隐性规则在游戏中并不受《著作权法》的保护，但具体规则是在基础规则之上更加详细地指导玩家如何进行游戏操作。这些具体规则不仅增强了玩家之间的互动性，还展现了严密的逻辑、复杂的设计以及准确的数字运算。它们在表达方式上很独特，需要结合文字、音乐、美术等元素，通过游戏运行中的动态画面呈现出来。以电子竞技游戏《英雄联盟》为例，游戏的具体规则主要体现在英雄角色的技能设定上。比如，某个英雄的 Q 技能可造成100点伤害，W 技能具有减速效

---

[1] 韩其峰、郝博文：《网络游戏规则的〈著作权法〉保护可行性探析》，载《天津法学》2021年第3期。

果，E 技能提供护盾，而 R 技能则是英雄的大招，造成范围性伤害或提供强力增益效果。这些技能的设定和效果是玩家在游戏实战中需要了解和利用的重要规则之一。这些具体规则是由游戏设计者最初就设定好的，它们结合文字、音乐、美术等元素在游戏运行中得以呈现，从而塑造出独特的表现形式。因此，这些具备独创性的具体规则符合《著作权法》的保护标准，能够成为受著作权法保护的对象。

【理论探讨】

游戏特效是否应当受到著作权法保护

网络游戏特效的制作集合了计算机科学、设计艺术等各个领域的知识与技术，是人类智力的一种应用和成果。但是随着科学技术的不断发展，人工智能制作从文字作品逐渐发展到了美术作品、音乐作品等领域，很多游戏特效也逐渐地由人工设计转向 AI 制作。根据著作权法的规定，由人工智能创作出的网络游戏特效不属于人类智力成果，当然不是作品，无法受到著作权法的保护。虽然由 AI 创作出的网络游戏特效不能受到著作权法的保护，但是网络游戏开发者在游戏创作过程中使用 AI 创作出游戏特效，再将游戏特效与其他美术作品组合成的体现作者独特思想的游戏整体画面则可以构成作品，即用人工智能作为工具，进行了独创性的创作，那么这个创作物（此处指网络游戏整体画面）是属于作品的。

网络游戏特效具有可固定、可复制的完整表达形式。抽象的创作理念需依靠一定的有形表达以固定和体现，方能凝结为客观世界中的具体作品，若仅处于思想形态，不具有表达形式，则无法获得著作权法保护。可复制性也同样是作品获取著作权保护的基本要件，否则便不具有保护的必要性与可行性。在历史进程中，技术的进步将不断为网络游戏特效带来新的创作方法，但无论技术如何革新，网络游戏特效都可以通过网络游戏画面以有形的形式固定和表现出来，因此，网络游戏特效能够满足《著作权法》中规定的能以一定形式表现的标准。

而网络游戏特效是否能够满足"智力创造"的要求，即具有独创性，还存在争议。各国对于"独创性"标准的构成要求有所差别，但基本可总结为以下几个方面：从抽象的角度理解，作品应体现作者人格，反映作者的意志、思想、情感；从经验的角度来看，作品应由作者独立创作完成，是进行智力劳动的过程；在创作高度方面，一般要求作品具有"最基本的创造性"或是"一定程度的创造性"。关于网络游戏特效的独创性主要存在两种反对观点：一是"无思想性"，二是"时间过短不能体现一定程度的创造性"。在游戏诞生初期，游戏特效设计技术水平较低，视觉效果较为单一，不能体现作者独特的思想，但随着技术和产业发展，一些网络游戏特效的设计已经达到非常复杂精巧的水准，凝聚了大量创意与智力劳动，其独创性并不低于传统著作权作品，因此，在特效技术较为成熟的今天，游戏特效有无思想性的问题需要开展新的讨论。还有学者认为，游戏特效仅为几秒，不构成作品。依据司法实践，涉及视听作品的侵权问题并非取决于侵权画面的时长，而在于是否使用了他人作品中独具创意的画面。但这种判断通常适用于视听作品中"截取部分帧节使用是否构成侵权"的情况，目前法律并未明确就游戏特效等仅具有少量帧数的画面作出相关解释。实际上，游戏公司在开发、设计游戏时，一般习惯把"游戏特效"作为"游戏图形界面"的一部分来看待，并未将其视为美术库的一部分。[1]这样看来，网络游戏特效似乎更适用《反不正当竞争法》中的"知名商品、服务的特有装潢"来进行保护。

本书作者认为，在司法实践中，将网络游戏整体画面认定为视听作品保护，比分别将每一种特效分别认定为视听作品或美术作品保护更具有效率性和合理性，但关于游戏特效的著作权保护问题，仍值得我们进一步的思考与探讨。

（二）整体法保护

1.将网络游戏看作视听作品予以保护。根据我国《著作权法》的规定，可以看出"视听作品"有以下几个构成要件：由一系列有伴音或无伴音的画面组

---

〔1〕 孙磊、曹丽萍：《网络游戏知识产权司法保护》，中国法制出版社2017年版，第206~207页。

成；借助适当的方式放映或以其他方式传播[1]。与前文拆分法中的视听作品不同，前者讨论的仅仅是将网络游戏的运行画面等作为视听作品保护，而此处是指将游戏运行画面、游戏内部代码等元素构成的网络游戏整体作为视听作品保护。有学者认为，尽管游戏代码、文字等内容不符合视听作品的定义，但是当网络游戏开始运行时，其中包含的美术、音乐、文字等元素会有序地配合运行，游戏中的指令代码根据玩家的操作，以成千上万种不同的方式组合，最终还是以动态游戏画面的形式呈现。[2]因此，可以将网络游戏暂时归类为"视听作品"进行保护，其著作权属于游戏开发者。

2. 将网络游戏看作汇编作品予以保护。[3]也有学者认为，仅仅因为游戏画面在形式和效果上与视听作品相似，就根据其外在形式将网络游戏视为视听作品予以保护，是一种"唯客体论"的思考方式。这种观点不仅简单地将玩家视为逻辑论证的工具，也在权利归属和利益分配方面无法满足现实需求。

《著作权法》中关于汇编作品的定义如下："汇编若干作品、作品的片段或者不构成作品的数据或者其他材料，对其内容的选择或者编排体现独创性的作品，为汇编作品……"网络游戏是一种复杂的作品，融合了多种艺术形式和技术媒介，游戏制作者会将图片、音乐等作品、作品片段以及不构成作品的数据等内容按照能够体现作者独特思想的方式汇编在一起。例如在"刷题"过关的游戏中，将题面和结算语的文字内容、题目的 UI 设计和美术素材、题目整体的位置顺序进行汇编。因此，将网络游戏视为汇编作品，将游戏制作者视为汇编者，既能够简化权利归属，也方便使用者获取作品使用许可。这种做法既不会陷入"唯客体论"的片面思考误区，也不会违背法律对创作主体独创性的要求。

3. 将网络游戏看作计算机软件作品予以保护。[4]还有学者认为，网络游戏

---

[1] 2020 年《著作权法》修正后《著作权法实施条例》也将修正，但截至本书编写完成时（2023年 11 月 23 日）还未修正完成，因此是否在"视听作品"中保留其前身"电影作品和以类似摄制电影的方法创作的作品""摄制在一定介质之上"的要求也不得而知。

[2] 魏佳敏：《网络游戏的作品属性及其权利归附》，载《知与行》2019 年第 2 期。

[3] 聂长建、杨祎朋：《玩家与算法权力：游戏作品属性的再界定》，载《北京邮电大学学报（社会科学版）》2022 年第 6 期。

[4] 毛乐乐、贾小龙：《网络游戏画面的作品属性及其保护》，载《华北理工大学学报（社会科学版）》2020 年第 2 期。

的构成部分包括引擎、元素和画面。引擎是指代码化的指令序列程序，负责识别并控制元素的结合，是连接玩家与游戏之间的关键。而元素则涵盖了情节、数据、场景、角色以及道具等各种文字、图像、音乐和美术等内容。从构成要素来看，引擎和元素都是开发者的智力成果，是游戏运行的基础，它们都是以计算机程序形式表现的、包括源代码和目标代码在内的表达一个或多个功能的程序、设计、说明等，属于计算机软件作品。而游戏画面则包含了游戏故事、角色、背景音乐、美术图画等各种元素，是作者独创性的智力成果，同时也是游戏运行的结果，是游戏不可或缺的一部分。从运行过程来看，游戏所展现的动态画面也具有作品性质。但在进行作品属性的分类时，不应将局部的作品性评价取代或割裂整体的作品性评价。引擎和元素是实现和承载游戏画面的工具，因此游戏画面也应受到计算机软件作品的保护。

【理论探讨】

网络游戏直播画面是否属于作品？

案例引入：上海耀宇诉广州斗鱼游戏直播侵权案[1]

时间：2015 年 9 月 21 日

原告：上海耀宇文化传媒有限公司（以下简称耀宇公司）

被告：广州斗鱼网络科技有限公司（以下简称斗鱼公司）

原告主张：美国维尔福公司（Valve Corporation）开发了一款风靡全球的游戏DOTA2（刀塔 2）并将国内代理运营的权利授予完美世界（北京）网络技术有限公司。2014 年，游戏代理运营商与原告耀宇公司签订协议，将 DOTA2 亚洲邀请赛的中国独家视频转播权授予原告。原告认为，原告耀宇公司是 DOTA2 亚洲邀请赛的独家授权直播平台，被告斗鱼公司未经授权，在斗鱼直播平台中全程同步盗播该赛事，侵犯其著作权。并且被告还散播虚假消息，严重侵犯了原告的利益，要求被告立即停止侵权行为、赔偿损失并赔礼道歉。

被告辩称：目前国内的游戏直播网站大部分都通过客户端截取比赛画

---

〔1〕 参见上海市浦东新区人民法院（2015）浦民三（知）初字第 191 号民事判决书。

面，然后将画面转播给观看玩家，并配上自己平台的解说和配乐，从而进行直播，游戏厂商对此亦未提过异议。本案所涉游戏客户端并无任何禁止截取画面转播的提示，根据"法无禁止即可为"的民法原则，被告通过客户端截取部分比赛画面，再配上自己独创性的评论，在网上从特定观战者视角对涉案赛事进行直播，本质上是对涉案赛事进行报道，该行为没有超出游戏客户端旁观者的合理使用范围。

法院认定：比赛画面不属于著作权法规定的作品，视频转播权也不属于法定的著作权权利，因此原告关于被告侵害其著作权的主张不能成立。但法院强调，被告明知原告享有涉案赛事的独家视频转播权，还在未取得任何授权的情况下向其用户提供赛事转播，免费坐享原告公司组织运营赛事所产生的商业成果，夺取原本属于原告的观众数量，造成原告公司网站严重分流，影响其广告收益能力，损害其商业机会和竞争优势，弱化其网络直播平台的增值力，违反了《反不正当竞争法》中的诚实信用原则，违背了公认的商业道德，破坏了市场秩序。

本案系全国首例网络游戏赛事直播纠纷案。法院判决时参照的是《反不正当竞争法》，而不是利用《著作权法》对网络游戏直播画面进行保护，是判定网络游戏直播画面不属于作品的典型案例。但在学术界以及其他案例判决中，网络游戏直播画面是否属于作品的问题仍在被讨论。

网络游戏直播画面是指通过网络平台实时展示玩家在进行游戏时的视听内容，包括游戏画面、玩家的操作过程以及可能的解说、互动和其他附加元素。这种直播内容可以是单幅或连续的视频流，旨在吸引观众与玩家互动，分享游戏经验、技巧，或提供娱乐性的内容。

根据直播行为使用游戏画面的方式，可将网络游戏直播分为三种主要类型：一种是直播只展示原始游戏画面；另一种是在游戏画面上添加简单元素但主要内容仍是游戏画面；最后一种是由游戏开发商、授权运营商或专业直播团队通过专业平台进行的直播，这种类型的关系较为复杂。但无论哪种情况，网络游戏直播画面都基于游戏的运行画面。而从《著作权法》的角度来看，关于网络游戏直播画面是否属于作品存在一定的争议。为了更清楚地解决这个问题，可以将网络游戏直播画面分为非创作性直播形成的画面和创作性直播形成的画面，并根据这两种形式来分析讨论。

　　非创作性直播画面是指在网络游戏直播过程中，直播内容与原始游戏画面高度相似或完全相同。这种直播没有在原始游戏画面的基础上添加创新或独特的内容，仅仅是对游戏画面的复制或简单传播。非创作性直播并未对原始游戏画面进行重要变更或创作性增补，而基本上是在传播游戏的原始外观和内容。其目的是实时展示游戏过程，并与观众分享游戏体验，而非提供新颖或独特的创作元素。由于非创作性直播画面的本质是基于已存在的游戏画面的复制或简单传播，通常不具备创作性的创新要素，因此被认为不符合作品的定义，通常不被认为是作品，而更像是一种利用已存在的网络游戏画面进行传播的行为。如果网络游戏原始画面被视为著作权法意义上的作品，非创作性直播行为必须依据著作权法的规定，获得网络游戏画面著作权持有人的许可才能进行直播。如果未遵守这些规定，则直播行为实际上是对他人作品的非法使用，导致直播画面构成侵权。然而在个人学习、研究或欣赏已发表的网络游戏画面作品等著作权法规定的限制和例外情况下，可能会免除侵权责任。需要注意的是，如果游戏画面只是对竞技结果或客观事实的唯一表达，并不能构成作品。那么进行非创作性直播的行为可能无需取得版权授权。当然，实践中是否会引发涉及著作权法以外的其他法律调整或权益争议则需要司法机关进行讨论和判断。

　　创作性直播画面是指在网络游戏直播过程中，直播者对原始游戏画面进行了创新性的加工，形成了新颖、独特的网络游戏直播画面，这种形式的直播画面通常展现了主播或创作者的独特视角和创造力，可能包括但不限于对游戏内容的重新演绎、创新的解说或解读、艺术性的呈现、特殊效果的应用等。例如网络游戏的赛事直播，它不仅是单纯地呈现游戏比赛，更是将游戏画面进行创新加工和专业解说，形成一种独特的节目形式。创作性网络游戏直播行为有两种可能，第一种是演绎行为，即主播对原有的网络游戏画面作品进行改编、翻译或重新诠释，形成演绎性的直播画面作品；第二种是非演绎行为，即主播通过信息网络将游戏画面原封不动地传播给公众，但在传播过程中通过直播手法或其他元素的运用增添了新的创作内容，形成了复合型的直播画面作品（也可称为直播节目）。[1]
无论是演绎的直播画面作品还是复合型的新直播画面作品，因其具有独创性的特征，常常被认为符合著作权法的保护标准，但形成合格作品的前提条件是没有侵犯前文所述的网络游戏著作权人的版权。需要注意的是，如果基于未被认定为作品的网络游戏画面进行全新的创作，形成了原创的网络游戏直播画面作品，那么这种创作性直播所依据的网络游戏画面可能不属于作品范畴，因此在创作时不需要考虑"授权—使用"的著作权法基本规则。

第二节 网络游戏作品的著作权人

一、网络游戏开发者

一款网络游戏的诞生，往往需要游戏开发者投入大量的人力、物力和财力，包含了游戏规则的制定、游戏源代码的编写、游戏画面的绘制和背景故事的撰写等一系列创作。

网络游戏开发者通常是以团体或者企业的模式制作各种类型的游戏，包括动作游戏、角色扮演游戏、射击游戏、战略游戏、体育游戏、模拟器等，以满足不同类型玩家的需求，达到大量盈利的目的。他们专注于游戏的开发、发布和维护，包括大型跨国游戏公司、中小型独立游戏工作室、出版商等。这些团体和企业通常拥有各种专业技能的员工，包括程序员、美术设计师、音频工程师、游戏设计师、制片人、测试人员和项目经理，他们合作开发游戏，各自负责不同的方面。

根据我国《著作权法》第 18 条第 1 款中规定，自然人为完成法人或者非法人组织工作任务所创作的作品是职务作品。首先，一个自然人几乎不可能独立完成一个完整的网络游戏作品，因此，无论是网络游戏创作者团队中的正式工作人员、实习生还是临时工作人员，都符合"法人或者非法人组织的工作人

---

[1] 丛立先：《网络游戏直播画面的可版权性与版权归属》，载《法学杂志》2020 年第 6 期。

员"这一特点；其次，他们所创作的作品都是为了完成一款网络游戏，即"因履行职务的需要创作，也即为了完成单位的工作任务而产生。"[1]例如，网络游戏开发者团队中的美术设计师在工作中的职责是为开发中的游戏设计人物形象或地图画面，该设计师为了履行这一职责创作了一系列美术作品。因此，网络游戏开发者团队中的成员创作出的美术作品、软件作品、文字作品等，都属于职务作品。

我国《著作权法》第18条第2款第1项规定了一系列特殊职务作品：主要是利用法人或者非法人组织的物质技术条件创作，并由法人或者非法人组织承担责任的工程设计图、产品设计图、地图、示意图、计算机软件等职务作品。例如，在网络游戏的开发过程中，网络游戏引擎（Game Engine）是网络游戏的核心部分，它是一种软件框架或开发工具，用于创建和开发电子游戏。它提供了许多功能和工具，以帮助游戏开发者设计、构建和部署游戏，例如负责渲染游戏中的图形，包括3D建模、动画、特效等图形引擎；处理游戏中的物理模拟，如碰撞检测、重力、运动等物理引擎；处理游戏中的音效和音乐的音频引擎；用于多人游戏中的网络通信，包括客户端—服务器架构、点对点连接等网络引擎。它具有加速开发、节省成本等优点，一些知名的网络游戏引擎包括Unity、Unreal Engine、Lumberyard、Godot等，开发者可以根据项目需求选择适合的引擎来创建各种类型的游戏。目前，国内多家网络游戏公司需要花巨资从国外进口网络游戏引擎，有时还需要聘请国外专家进行指导，因此，网络游戏引擎属于游戏公司为员工完成创作专门提供的资金、设备、资料等方面的支持。当网络游戏开发者团队中的成员在创作时使用到诸如网络游戏引擎等单位的物质技术条件，他们所创作的作品就符合我国《著作权法》第18条第2款第1项规定的特殊职务作品。对于这些特殊职务作品，署名权归作者享有，而除署名权之外的著作权的其他权利由法人或者非法人组织享有，法人或者非法人组织可以给予作者奖励。

综合上述分析，我们可以认为，如果网络游戏创作者团队中的工作人员为了完成工作任务创作的作品（如网络游戏中的人物形象、背景故事等）没有使用到例如游戏引擎等单位的物质技术条件，那么所创作出的作品应当属于一般

---

〔1〕 王迁:《著作权法》，中国人民大学出版社2023年版，第580页。

职务作品，其著作权归属于工作人员个人所有，网络游戏创作者团队这一法人组织只是享有优先使用权；若是工作人员使用了如游戏引擎等单位的物质技术条件创作出来的部分，那么其应当属于特殊职务作品，著作权归属于网络游戏的开发团体这一法人或非法人组织，创作出网络游戏各个部分的作者享有署名权。当然，若网络游戏的美术作品、背景音乐等元素并非是权利人为完成单位任务独立创作完成的，那么其基于创作行为享受完整的著作权。

二、游戏玩家

判断网络游戏玩家是否属于著作权人，就要判断其是否创作出符合著作权法规定的作品。我国《著作权法》第 3 条规定："本法所称的作品，是指文学、艺术和科学领域内具有独创性并能以一定形式表现的智力成果"。同时，在《著作权法》的兜底条款中，将作品类型拓展到"符合作品特征的其他智力成果"。在网络游戏玩家的操作中，是否产生"具有独创性的表达"是判断游戏玩家是否创作出新作品的重要因素。然而，在众多类型的网络游戏面前，玩家是否属于著作权人的问题不能一概而论，我们需要对其进行分类论证，按照网络游戏是否具有独创性空间，可分为创作类游戏、竞技类游戏和其他类游戏。[1]

在创作类游戏中，玩家得以根据个人的创意和设想设计并发展游戏，游戏本身充当了玩家的创作平台。在这些游戏中，玩家可以使用游戏提供的元素或自行导入素材，自由创作游戏内容，而游戏内并不受限于严格的规则框架。这种游戏赋予玩家极高的自由度，让他们将游戏视作自己发挥创意的工具。典型的代表有《我的世界》《模拟人生》《饥荒》等沙盒类游戏。在创作类游戏中，游戏开发商通常在用户协议中明确承认游戏画面是玩家创作的产物，规定著作权归个人玩家独立所有或与游戏开发商共有。这种情况类似于玩具积木的概念，游戏开发商提供了创作所需的游戏素材，而玩家可以自由组合这些素材，形成属于自己的作品，并享有著作权。因此，创作类游戏的玩家是可以成为著作权人的。

竞技类游戏是以竞技、竞赛和对抗性游戏性为主要特征的游戏类型，

---

[1] 王晓倩：《新著作权法视域下网络游戏直播行为的定性与著作权归属》，载《传播与版权》2023 年第 3 期。

玩家通常通过竞争来达到游戏的目标，例如《英雄联盟》《王者荣耀》等多人在线战术竞技游戏，《守望先锋》《CS：GO》等射击游戏，《魔兽世界》等扮演类游戏。在竞技类游戏中，游戏玩家通常是根据游戏开发者预设的规则进行游戏操作，无法在游戏中创作出全新的游戏元素或场景，因此，单纯的游戏操作过程和展示，可能无法达到著作权法所要求的"独创性"标准，竞技类游戏玩家通常不被认为是著作权人。但是随着科技发展和新游戏的不断问世，尽管竞技类游戏为玩家提供的自由度是有限的，但游戏的互动性和情节愈加复杂，这为玩家提供了更大的发挥空间。[1]因此在实践中，竞技类游戏玩家是否属于著作权人需要司法机关根据实际情况进行判断。

第三节　网络游戏中的其他主体

一、游戏分发平台

游戏分发平台是指为游戏开发者和运营商提供服务的网络平台，即让用户能够下载游戏应用程序的网络服务商。这些平台可以是专门提供网络游戏分发服务的平台，也可以是综合性的平台，涵盖了多种应用软件的分发，例如安卓市场、苹果 App Store、腾讯应用宝、360 手机助手等，其主要功能是连接游戏开发者与用户，推广游戏并促进用户下载和使用游戏，对于游戏产业具有重要意义。对网络游戏分发平台的性质有以下两种理解：

（一）信息存储空间[2]

信息存储空间是指提供信息存储的网络空间。虽然《信息网络传播权保护条例》未对信息存储空间给出明确的定义，但从条文中可以推断其含义，关键在于强调"存储"，即这些服务商通常是相对被动地提供信息存储，并且不会主动干预平台上的作品，他们一般按照上传者的意愿向其他网络用户

---

〔1〕 邱国侠、曾成敏：《网络游戏直播著作权问题研究——以游戏整体画面性质与权利归属为对象》，载《河南工业大学学报（社会科学版）》2022 年第 1 期。

〔2〕 孙磊、曹丽萍：《网络游戏知识产权司法保护》，中国法制出版社 2017 年版，第 80 页。

提供信息。该条例对信息存储空间服务商规定了一系列免责条件[1]，如果这些服务商未满足法定的免责条件，可能会失去在法律上的免责权利。

网络游戏分发平台向用户提供网络游戏，若将网络游戏视为广义上的信息，网络游戏分发平台当然也可被认为是提供网络游戏的"信息存储空间"。但网络游戏分发平台和《信息网络传播权保护条例》中的信息存储空间在以下几个方面存在区别：首先，网络游戏分发平台通常具有较强的主动性。它们为了推广受欢迎的游戏产品和增加收入，会对上传的游戏进行审查，包括审查游戏中是否存在禁止传播的内容、技术要求（如游戏程序是否符合平台标准）以及初步的用户体验等。相反，《信息网络传播权保护条例》所规定的信息存储空间服务商通常是相对被动的，不会主动干预其平台上的作品，主要按上传者的意愿提供信息给其他网络用户。其次，审查的对象范围不同。信息存储空间在《信息网络传播权保护条例》中所涉及的对象范围主要限于特定类型的作品表演、声音录像制品等。而网络游戏分发平台提供的内容范围可能更广泛，不仅包括了游戏本身，还可能涉及游戏的音视频、图形、文本等多种形式的信息。

（二）电子商务平台

电子商务平台是指通过信息网络（如互联网）公开传播商品或服务的交易信息，并为用户进行交易活动提供支持和服务的在线平台，这些平台通常提供交易的基础设施，包括但不限于展示商品或服务、促进交易、支付处理和交付物流等功能。典型的电子商务平台有淘宝、亚马逊、京东等，它们为买家和卖家之间的交易提供了便利的虚拟市场环境。

网络游戏分发平台具有电子商务平台的性质和特点，网络游戏分发平台主要为网络游戏的推广、下载、安装和支付提供服务。与传统的自营型电子商务

---

〔1〕《信息网络传播权保护条例》第14条第1款：对提供信息存储空间或者提供搜索、链接服务的网络服务提供者，权利人认为其服务所涉及的作品、表演、录音录像制品，侵犯自己的信息网络传播权或者被删除、改变了自己的权利管理电子信息的，可以向该网络服务提供者提交书面通知，要求网络服务提供者删除该作品、表演、录音录像制品，或者断开与该作品、表演、录音录像制品的链接。第22条：网络服务提供者为服务对象提供信息存储空间，供服务对象通过信息网络向公众提供作品、表演、录音录像制品，并具备下列条件的，不承担赔偿责任：（一）明确标示该信息存储空间是为服务对象所提供，并公开网络服务提供者的名称、联系人、网络地址；（二）未改变服务对象所提供的作品、表演、录音录像制品；（三）不知道也没有合理的理由应当知道服务对象提供的作品、表演、录音录像制品侵权；（四）未从服务对象提供作品、表演、录音录像制品中直接获得经济利益；（五）在接到权利人的通知书后，根据本条例规定删除权利人认为侵权的作品、表演、录音录像制品。

平台不同，网络游戏分发平台不提供第三方店铺开设服务，也不从第三方购买产品再转售，但其在为用户提供游戏及相关服务的模式上，与传统电子商务平台存在相似之处。网络游戏分发平台通常与游戏开发商、运营商合作经营，共同推广游戏并在游戏销售中分享收益。其服务包括游戏的宣传推广和提供支付通道，将玩家的付费通道直接与平台连接，并根据计费程序记录的情况对相关方进行收益分成。

本书认为，将游戏分发平台归类于电子商务平台也许在司法实践中更方便管理。据前文分析，信息存储空间通常是相对被动地提供信息存储服务，并不会主动干预平台上的作品，主要按上传者的意愿提供信息给其他网络用户，而游戏分发平台更注重游戏内容的传播和销售。因此将游戏分发平台归类为电子商务平台更有利于其在推广和销售游戏时发挥更强的主动性，对上传的游戏进行审查，并根据自身标准和需求进行管理和推广。

二、游戏 MCN 机构

MCN 全称为 Multi-Channel Network，中文译为多频道网络，产生于美国，相当于内容生产者和 YouTube 之间的中介。MCN 不生产内容，只是将众多力量薄弱的内容创作者聚合起来建立频道，帮助他们解决推广和变现的问题，最后再以一定的比例与创作者分成。[1]

游戏 MNC 机构是怎样运作的呢？MCN 机构通过与游戏内容创作者合作，提供各种支持服务，以帮助他们在视频分享平台上建立和增加自己的粉丝群。这些服务包括视频制作、频道管理、品牌合作、法律和合规支持、社交媒体管理以及数据分析等。首先，MCN 机构会积极寻找有潜力的游戏内容创作者，签约他们并帮助他们建立自己的在线品牌。这些创作者通常在平台上创建游戏相关内容，如实况转播、游戏评论、教程和游戏相关的娱乐视频。MCN 也可以协助游戏内容创作者与品牌、广告商和赞助商建立合作关系，以获取收入，内容包括制作赞助视频、发布赞助信息或与游戏品牌合作。其次，MCN 机构通常提供专业的支持，如法律咨询、合同管理、内容监管、知识产权维护和风险管理，以确保内容创作者在法规遵守和品牌合规方面没有问题，也会提供数

---

〔1〕 梁金池：《中国多频道网络（MCN）发展现状、问题及对策研究》，兰州财经大学 2021 年硕士学位论文。

据分析工具，帮助内容创作者了解其受众、视频表现和社交媒体影响。这些数据有助于制定更有效的内容战略。最后，MCN机构可以协助内容创作者管理他们的社交媒体账户，包括Facebook、Twitter、Instagram和Twitch等，以扩大他们的在线影响力，并提供培训和资源，帮助内容创作者提高他们的技能，包括视频编辑、摄影、声音处理和社交媒体管理等，然后与内容创作者签订分成协议，根据其YouTube、Twitch或其他平台上的广告和赞助收入来分享利润。

根据上文分析，MCN机构的主要商业模式是将力量薄弱的创作者制作的游戏内容聚合起来，并通过这些内容来获得商业利润，具有营利目的，不符合我国《著作权法》规定合理使用的范畴。[1]所以MCN机构在进行游戏内容创作时需要遵循著作权法的规定，这包括不得使用游戏中受著作权法保护的元素（如游戏特定的角色、场景、剧情等）或者连续动态画面（如游戏中的视频片段、特定游戏操作的截图等）。如果MCN机构在制作游戏内容作品时侵犯了游戏著作权人的权益，将可能承担侵权行为导致的法律诉讼和经济赔偿等后果。因此，MCN机构在进行游戏内容创作时需要确保事先获得游戏著作权人的授权或者遵循适用的授权规则，避免侵犯游戏作品著作权，以确保其商业活动合法合规。

第四节　网络游戏版权侵权及救济

一、侵权类型

（一）直接侵权

1. 游戏私服。"游戏私服（Private Server）"指盗用原始游戏的代码私自架设的非官方网络游戏服务器，此服务器是在游戏公司未授权的情况下搭建的，与合法出版的网络游戏的底层程序相同，其利用合法游戏的名气和优势，以非法手段运营并牟取私利。究其根本，游戏私服从性质上来看就是盗版游戏的行为。与传统的单机游戏不同，单机游戏不需要依赖网络服务即可进行游戏，其盗版形式主要表现为制作和售卖盗版游戏软件，网络并非关键点；而网络游戏

---

〔1〕 中国版权协会网络游戏版权工作委员会、上海交通大学知识产权与竞争法研究院联合发布《网络游戏知识产权保护白皮书》，第40页。

的盗版形式主要表现为"私服"，因为网络游戏的关键在于提供网络服务，如果没有这些服务，游戏将失去其作为网络游戏的意义，并且也无法吸引到玩家。[1]因此，针对网络游戏的盗版行为主要指向网络服务，即原本应该被游戏公司垄断运营的服务。

众所周知，网络游戏基本都是由计算机程序支持的，当涉及网络游戏的保护时，通常使用针对计算机软件的相关法律法规，具体而言就是我国的《计算机软件保护条例》。私服作为提供网络服务的平台，虽然在服务过程中只是为玩家提供游戏环境，但却必然需要复制和使用原始游戏程序、目标程序以及相关文档。有些私服甚至修改了这些程序和文档。这些行为实际上侵犯了著作权人的复制权、发行权、修改权、保护作品完整权等，另外，某些私服冠以自己的名义进行运营也是对著作权人署名权的侵犯。

【典型案例】

《热血传奇》游戏私服侵权案[2]

时间：2012 年

公诉机关：江苏省连云港市人民检察院

被告：赵学元、赵学保

公诉机关控告：被告人赵学元、赵学保以营利为目的，未经《热血传奇》游戏中国运营商上海盛大网络发展有限公许可租用网络服务器，私自架设网络游戏服务器运营"热血传奇"，用银行卡绑定支付平台，供网络游戏玩家通过网银转账、游戏点卡充值等方式付费，运营私服游戏非法获利，要求江苏省连云港市中级人民法院审判。

被告赵学保等人当庭认罪态度较好，具有悔罪表现。

法院认定：被告人赵学元、赵学保以营利为目的，未经著作权人许可，复制发行其计算机软件作品，情节严重，其二人行为均已构成侵犯著作权罪。对于非法经营额的认定，根据汇款方提供的相应证据，证实

---

〔1〕 李晶：《从外挂、私服谈网络游戏的知识产权保护》，载《商情（教育经济研究）》2008 年第 1 期。
〔2〕 参见江苏省高级人民法院（2012）苏知刑终字第 0003 号刑事判决书。

通过漯河一五一七三网络科技有限公司、北京通融通信息技术有限公司、天空支付平台、青岛雷网网络科技有限公司、盘锦久网通信网络有限公司等环节，汇入被告人账户中的相关款项均系其从事涉案私服游戏的收入，并不包含被告人从事其他业务的收入，因此，上述款项均应计入本案非法经营数额。

目前，私自设立或租用网络游戏服务器用于运营"私服"已成为侵犯著作权的主要手段之一。本案通过司法判决明确了这类犯罪的本质，并结合一系列证据，能够验证汇款方的性质，从而对被告人非法经营的金额做出明确判定。这有效地保护了网络游戏作品的版权人权益，规范了互联网游戏经营行为，有力打击了此类犯罪行为。

2. 盗版游戏。盗版游戏是指未经合法授权或许可，复制未经授权的游戏软件、游戏内容或游戏产品的行为。盗版游戏的类型可根据网络游戏的运行流程进行分类，主要包括硬盘预装、光盘、互联网和用户终端消费等几种形式。而盗版的本质则来源于网络游戏产品中的各种元素，比如游戏中的人物设定、属性特点、虚构的故事情节、虚拟的背景设置、游戏作战任务以及对应的短暂性比赛机制和音乐，等等。[1] 这种行为侵犯了游戏开发者、发行商或版权持有人的知识产权。盗版游戏通常是通过非法手段获取游戏软件的副本，例如破解游戏防护措施、复制游戏光盘、下载游戏的非法拷贝等方式来获取游戏内容。

盗版游戏的存在严重损害了游戏产业的生态和利益，对游戏开发者造成了严重的经济损失。网络游戏的更新速度令人惊叹，有些游戏的寿命或许只有一年。但要开发一款成熟的软件所需的时间远超过这个周期，而且所需的费用、人力和资源投入也是相当可观的。而相比于正版游戏，山寨版游戏的开发成本通常只有其 25% 左右，因此在巨大的利润诱惑下，吸引了大量人去"以身试法"。例如，在一款游戏流行起来以后，市场上立刻出现了类似的山寨版游戏，它通过非法手段获得了原版游戏的游戏内容和特色元素，并以更低的价格在市场上进行销售。若诸如此类的情况频繁发生，不仅会影响游戏

---

[1] 张爽：《评析网络游戏侵犯知识产权的相关问题》，载《法制博览》2016 年第 34 期。

开发者的创作热情和动力，还威胁到正规游戏公司的生存和发展，损害社会各方的利益。

【典型案例】

"巨石海南麻将"盗版"闲徕琼崖海南麻将"案[1]

时间： 2018 年 12 月 14 日

公诉机关： 北京市海淀区人民检察院

被告人： 黄明

被告单位： 巨石在线（北京）科技有限公司（以下简称巨石在线公司）

公诉机关控告： 2016 年至今，被告人黄明同他人，未经著作权人北京闲徕互娱网络科技有限公司许可，通过其经营的被告单位巨石在线（北京）科技有限公司，运营与北京闲徕互娱网络科技有限公司（以下简称闲徕互娱公司）享有著作权的"闲徕琼崖海南麻将"游戏源代码具有高度同一性的"巨石海南麻将"游戏，并通过代理人员销售用于启动游戏的虚拟货币的方式进行非法营利，非法经营数额巨大。

被告对指控的事实和罪名没有提出实质性异议。辩护人史玉梅发表辩护意见，认为巨石在线（北京）科技有限公司没有实际盈利，系初犯，愿意退缴违法经营所得，认罪、悔罪态度较好，提请法庭从宽处理。

法院认定： 巨石在线公司及其直接负责的主管人员黄明以营利为目的，未经著作权人许可，复制发行他人享有著作权的计算机软件，情节严重，其行为已构成侵犯著作权罪，应予惩处。

随着网络经济的飞速发展，知识产权的侵权问题已经扩展到了虚拟网络空间，尤其是在网络游戏领域。近年来，涉及复制网络游戏作品和非法运营仿冒手机网络游戏等的侵犯计算机软件版权的案件明显增加。这些侵权案件中，大部分盗版数据存储在服务器或云端，犯罪分子通过非法手段获取利润，并采用与盗版网站经营公司账户分离的方法来逃避调查。受害单位闲徕互娱公司是一家集研发和运营于一体的知名棋牌手游公司，其涉

---

〔1〕 参见北京市海淀区人民法院（2018）京 0108 刑初 1932 号刑事判决书。

及的游戏也是备受欢迎的知名手游。这些犯罪嫌疑人的盗版行为对社会造成了不良影响。本案的裁决对于打击这种侵权行为，特别是故意躲避侦查的新型犯罪具有重要示范意义。

3. 换皮游戏。"换皮游戏"通常指的是在游戏开发中，基于一个已存在的游戏框架或核心玩法，通过替换游戏的视觉外观、美术风格、音乐或文本等表现形式，在不改变游戏的核心规则、玩法或机制的情况下，制作出一个内核类似但外观不同的新游戏。"游戏换皮"行为的本质就是对游戏规则的抄袭。[1]

【典型案例】

《花千骨》"换皮"抄袭《太极熊猫》案[2]

时间：2019年12月31日

原告：苏州蜗牛数字科技股份有限公司（以下简称蜗牛公司）

被告：成都天象互动科技有限公司（以下简称天象公司）、北京爱奇艺科技有限公司（以下简称爱奇艺公司）

原告主张：《花千骨》手机游戏"换皮"抄袭了《太极熊猫》游戏，首先，《太极熊猫》于2014年10月31日上线，而《花千骨》最早版本于2015年6月19日上线。其次，《花千骨》游戏仅更换了游戏中的角色图片形象、配音配乐等，而在游戏的玩法规则、数值策划、技能体系、操作界面等方面与《太极熊猫》游戏完全相同或者构成实质性相似，侵害其著作权。

被告辩称：游戏的玩法规则属于思想，不能受著作权法保护；原告蜗牛公司的权利基础存在瑕疵，其向法院演示的游戏版本是其自行单独搭建的服务器，存在修改的可能性；《花千骨》游戏在人物形象、故事情节、音乐配音等方面均与《太极熊猫》游戏存在较大差异，即便部分玩法规则相

---

〔1〕 王巧玲：《"游戏换皮"著作权法规制路径之商榷》，载《山西青年职业学院学报》2021年第4期。

〔2〕 参见江苏省高级人民法院（2018）苏民终1054号民事判决书。

同，也属于合理借鉴，不属于侵权。

法院认为：涉案两款 ARPG 类手机游戏均具备结构庞大、复杂的玩法系统，认定在后游戏是否实质利用了在先游戏玩法规则的整体表达，应就玩法规则体系进行整体比对，先判断单个玩法系统在特定呈现方式上是否构成相同或实质近似，再看整体游戏架构中对于单个玩法系统的整体选择、安排、组合是否实质相似。整体判断时不仅应当考虑构成实质性相似的单个玩法系统的数量，还应考虑不同玩法系统对于游戏玩赏体验的影响程度以及是否属于游戏设计重点、游戏盈利点等因素以综合判断。经比对，《花千骨》游戏与《太极熊猫》游戏中有 29 个玩法在界面布局和玩法规则上基本一致或构成实质性相似；《花千骨》游戏中 47件装备的 24 个属性数值与《太极熊猫》游戏呈现相同或者同比例微调的对应关系；《花千骨》V1.0 版游戏软件的计算机软件著作权登记存档资料中，功能模块结构图、功能流程图以及封印石系统入口等全部 26 张 UI界面图所使用的均为《太极熊猫》游戏的元素和界面。同时，在新浪微博以及 IOS 系统《花千骨》游戏用户评论中，亦有大量游戏玩家评论两游戏非常相似。通过上述比较，法院认为被告天象公司、爱奇艺公司侵犯了原告公司的著作权。

本案是国内第一起认可游戏规则可以构成表达，将游戏规则纳入著作权法保护范围的案例，是"互联网+"背景下司法裁判积极响应技术进步和行业需求的例证，展现了法律对新技术发展的应对能力。本案裁判充分考虑到"换皮"游戏作品侵权手法的多样性和隐蔽性，有效地规避了游戏规则的抄袭问题。法院的判决以促进创新、维护公平竞争、保护消费者长期利益为导向，对于解决网络游戏知识产权保护问题进行了有益的尝试，这对网络游戏知识产权保护问题进行了有益探索，对支持新兴产业的发展壮大、推动行业健康发展都具有重要意义。

4. 游戏模拟器侵权。游戏模拟器是一种软件或硬件设备，能够模拟游戏机或游戏平台的功能，使得玩家可以在电脑、手机、平板电脑或其他设备上运行原本不兼容的游戏。

游戏模拟器主要有两种类型：

传统的硬件模拟器：这种模拟器是基于硬件的实际工作原理而设计的。它通常需要一个专用的硬件设备，例如 MAME（多合一街机模拟器），它可以模拟多种街机游戏机的运行。这些设备可以通过连接游戏控制器来在电视机、计算机或其他显示屏上播放游戏。

新业态下的软件模拟器：这种模拟器是一种在计算机或移动设备上运行的软件程序，能够模拟特定游戏机的操作系统、游戏引擎和硬件功能。例如，PCSX2 和 Dolphin 是两种常见的软件模拟器，可以在计算机上模拟 PlayStation2 和 Wii 游戏机的功能，这些模拟器通常需要原始游戏光盘或 ROM 影像文件作为输入，以便模拟运行游戏。

新业态下的游戏模拟器旨在为玩家提供类似游戏的模拟平台，以提升玩家在原始游戏中的游戏体验。然而，在市场竞争中，游戏模拟器是否通过模仿原游戏的设计来增强自身在网络游戏市场中的竞争优势，抢占其他游戏的市场份额，吸引客户，并对他人的利益造成损害以谋求自身利益，在司法实践中往往难以取证或提供证据证明。[1]由于游戏玩家是自愿选择使用模拟器进行游戏的，并且游戏模拟器的发布者没有通过虚假宣传来吸引玩家，因此并没有违反诚实信用原则。但是，作为新型游戏模拟器的服务提供者也有责任明确自己的权利和义务，并且清楚划定模拟器使用与侵权之间的界限。就著作权保护而言，未经著作权人许可的游戏模拟器并不具备独创性，因为它是依附于原游戏而存在的，这可能构成著作权侵权。

【典型案例】

《率土模拟器》侵权案[2]

时间：2020 年 7 月 29 日

原告：杭州网易雷火科技有限公司（以下简称网易雷火公司）

被告：千陌（杭州）科技公司（以下简称千陌公司）等

---

〔1〕 赵丽莉、祝晓璐：《游戏模拟器著作权侵权认定研究——基于全国首例游戏模拟器侵权案》，载《东莞理工学院学报》2023 年第 4 期。

〔2〕 杭州互联网法院（2019）浙 0192 民初 8128 号民事判决书、杭州中级人民法院（2020）浙 01 民终 7422 号民事判决书。

原告主张：《率土之滨》游戏是原告网易雷火公司自主研发、运营的手游，国内知名度高，用户数量庞大。被告千陌公司开发运营的《率土模拟器》抄袭《率土之滨》游戏相关文字内容及图片，严重侵犯原告的著作权，同时也主张《率土模拟器》提供队伍配置、模拟对战、阵容评分和模拟配将等功能，与《率土之滨》游戏各个赛季相匹配，完全模拟《率土之滨》相关游戏内容，玩家使用《率土模拟器》会严重缩短游戏产品寿命，给使用者带来不正当优势，严重违背公平、诚信原则和商业道德，破坏了公平竞争的市场秩序，属于不正当竞争行为。

法院认定：一是可以认定《率土之滨》游戏武将战法文字内容中根据三国历史故事并结合三国类开荒战法游戏规则创作而成具有独创性的部分符合著作权法文字作品的要求，原告作为独占被许可人依法对上述武将战法文字内容享有著作权。原告创作卡牌角色图片，并以三国中的历史人物为创作原型，每个角色人物都栩栩如生，具有较高的审美意义，符合著作权法意义上的美术作品。二是单纯网络游戏中的功能模块应属于著作权法保护范畴，一般不宜纳入反不正当竞争法保护范围。故此，原告针对游戏中的功能模块直接主张反不正当竞争法保护，明显缺乏法律依据。判决被告千陌公司立即停止对原告网易雷火公司《率土之滨》游戏涉案472条武将战法文字作品、涉案154幅武将卡牌美术作品的侵权行为，并赔偿原告因侵犯涉案文字作品、美术作品经济损失及合理开支。

从立先教授对本案点评道：本案对于准确判断网络游戏相关内容的著作权和反不正当竞争保护的内涵和范围具有重要意义。一方面，本案判决明确了"游戏规则"和"游戏功能模块"是整个网络游戏作品的组成部分，应该具体问题具体分析。在构成具体作品表达的情况下，可受著作权法保护，也就是构成文字作品的游戏规则和构成美术作品的游戏角色形象受到著作权法保护。另一方面，本案被告采用"游戏模拟器"的方式，使得玩家可以在更少游戏时间和经济成本投入的情况下获得同样的游戏技能和技巧。对于被告的行为是否损害了原告合法竞争性利益、构成不正当竞争行为，本案判决也进行了有益探索，认为在著作权法已对相同法益提供保护的情况下，不宜重复进行反不正当竞争法保护，此认定值得肯定。

5. 云游戏侵权。[1] 云游戏是一种基于云计算的游戏方式，其基本原理是将游戏主机部署在云端服务器上。在云游戏中，游戏的画面和声音通过网络传输到每位玩家的本地设备，玩家通过本地设备进行游戏操作，这些操作将通过网络传输回云端主机执行。云游戏的关键特点在于玩家的本地设备无需高性能处理器和显卡，仅需具备基本的视频解压能力。这种架构使得玩家使用配置不高的本地设备，就能通过云端主机享受到高品质的游戏画面和内容，从而降低了玩家的硬件投资成本。

关于云游戏的侵权行为主要集中于侵犯信息网络传播权和复制权。

首先，云游戏将游戏作品置于云端服务器，用户通过云游戏平台发出操作指令，而作品提供者利用 5G 技术将渲染后的游戏画面或指令压缩后传送给用户，本质上为交互性的在线视频流，当作品被置于云服务器通过不同终端的云游戏平台向用户传播作品时，用户可以在个人选定的时间和地点使用操作指令来点击、浏览、运行。因此，当作品提供者在未经授权的情况下通过云游戏平台向用户传播作品，就可能涉及对权利人信息网络传播权的侵犯。

其次，根据云游戏的工作方式，云游戏厂商需要事先在他们的云游戏服务器上安装游戏，然后根据用户的操作指令从本地服务器上调取相应的游戏内容，以实现商业化的使用。根据《最高人民法院关于审理著作权民事纠纷案件适用法律若干问题的解释》第 21 条规定："计算机软件用户未经许可或者超过许可范围商业使用计算机软件的，依据著作权法第四十八条第（一）项、《计算机软件保护条例》第二十四条第（一）项的规定承担民事责任。"云游戏厂商事先安装游戏的行为已经构成《著作权法（2010 修正）》[2] 第 48 条第 1 项规定"未经著作权人许可，复制……其作品"[3]、《计算机软件保护条例》第 24 条第 1 款

---

〔1〕 中国版权协会网络游戏版权工作委员会、上海交通大学知识产权与竞争法研究院编：《网络游戏知识产权保护白皮书》，第 43~44 页。

〔2〕 在《著作权法（2020 修正）》中，相关内容见第 53 条第 1 项。

〔3〕《著作权法（2010 修正）》第 48 条第 1 项：有下列侵权行为的，应当根据情况，承担停止侵害、消除影响、赔礼道歉、赔偿损失等民事责任；同时损害公共利益的，可以由著作权行政管理部门责令停止侵权行为，没收违法所得，没收、销毁侵权复制品，并可处以罚款；情节严重的，著作权行政管理部门还可以没收主要用于制作侵权复制品的材料、工具、设备等；构成犯罪的，依法追究刑事责任：（一）未经著作权人许可，复制、发行、表演、放映、广播、汇编、通过信息网络向公众传播其作品的，本法另有规定的除外。

第 1 项规定"复制或者部分复制著作权人的软件"[1] 之情形，侵害游戏开发商拥有的计算机软件著作权中的复制权。

【典型案例】

"5G 芝麻"云平台侵权案[2]

时间： 2021 年 6 月 15 日

原告： 深圳市腾讯计算机系统有限公司（以下简称腾讯公司）

被告： 杭州棋韵网络科技有限公司（以下简称棋韵公司）、广州优视网络科技有限公司（以下简称优视公司）

　　原告主张： 原告腾讯公司经授权取得"英雄联盟""QQ 飞车""逆战""地下城与勇士""穿越火线"（以下简称涉案网络游戏）等知名游戏软件及全部游戏内元素的著作权。同时，原告也在开展 START 云游戏等游戏云平台业务。但是，被告棋韵公司在"5G 芝麻"平台上未经其授权，预装涉案网络游戏，供用户在该平台上操作；利用上述游戏的知名度和吸引力来夺取本应属于原告的用户和流量、游戏云平台市场份额，分别构成著作权侵权和不正当竞争。同时，被告优视公司提供"5G 芝麻"App 的下载和分发服务，对被告棋韵公司的侵权提供帮助，构成共同侵权。

　　被告辩称： 一是被告棋韵公司预装的软件来源于腾讯公司公开免费的下载渠道，预装的目的在于帮助用户解决硬件技术限制，该使用方法未超出原告的授权范围，属于合理使用，未侵犯原告的著作权。二是被告棋韵公司作为网络信息技术服务提供者，仅为用户提供"云电脑"的

---

[1]《计算机软件保护条例》第 24 条第 1 款第 1 项：除《中华人民共和国著作权法》、本条例或者其他法律、行政法规另有规定外，未经软件著作权人许可，有下列侵权行为的，应当根据情况，承担停止侵害、消除影响、赔礼道歉、赔偿损失等民事责任；同时损害社会公共利益的，由著作权行政管理部门责令停止侵权行为，没收违法所得，没收、销毁侵权复制品，可以并处罚款；情节严重的，著作权行政管理部门并可以没收主要用于制作侵权复制品的材料、工具、设备等；触犯刑律的，依照刑法关于侵犯著作权罪、销售侵权复制品罪的规定，依法追究刑事责任：（一）复制或者部分复制著作权人的软件的。

[2] 参见广州互联网法院（2020）粤 0192 民初 20405 号民事判决书。

技术服务。在提供"云电脑"服务过程中，除了即时演算传输的需要，被告棋韵公司不会收集、截取、修改、储存用户的数据，未以任何方式代替原告向用户提供与游戏相关的运营服务，更未分流原告的游戏用户，不构成不正当竞争。而被告优视公司提供的则是信息存储空间、链接等中立的网络服务或相关中立的技术支持服务，开发者可自主发布、运营、推广其应用等，其不进行人工干预、排名、编辑等，也及时下架"5G芝麻"App，故没有侵权。

法院认定：被告棋韵公司未经原告许可，在网络上下载涉案五款网络游戏软件上传到"5G芝麻"平台，以云计算为基础，通过交互性的在线视频流，使游戏在云端服务器上运行，并将渲染完毕后的游戏画面或指令压缩后通过网络传送给用户，致使社会公众可以在其选定的时间和地点获得并运行涉案五款网络游戏，侵犯了原告作品的信息网络传播权。由于该行为不属于行使复制权的行为，故对原告侵犯复制权的主张不予支持。对于被告棋韵公司提出的合理使用抗辩，《腾讯游戏用户协议》规定仅可以非商业目的使用包括接收和下载在内的腾讯游戏服务，尽管被告棋韵公司声称其未向用户收取相关费用，但是其已为商业运行进行了相关设计，并在庭审中表示计划增加"一元租号"等商业付费服务，系为商业目的使用，超出了原告的授权许可范围。而且，被告棋韵公司的行为不属于著作权法所规定的任何一种合理使用的情形，被告棋韵公司的抗辩不能成立。

本案判决对云游戏模式下的信息网络传播权的侵权审查标准以及著作权与反不正当竞争的保护边界进行了有益的探索。在云游戏商业模式下，云技术服务商在提供服务时必须遵守我国的《著作权法》和《反不正当竞争法》等法律规定，以确保他们不会侵犯游戏开发者的知识产权。如果云技术服务提供商以技术创新的名义侵犯他人权益，就与我国互联网环境下的知识产权保护理念相违背，也不符合互联网所倡导的竞争和创新精神，将可能面临知识产权侵权和不正当竞争的风险。在尊重并保障游戏权利人的合法权益的前提下进行技术创新，有利于推动游戏产业的创新发展，也有助于构建一个有序公正的产业生态。

6.改编游戏侵权。改编游戏是指在现有的游戏基础上进行修改、衍生或重制，以创造出新的游戏作品。这种行为通常是基于原始游戏的元素、故事情节、角色设定或游戏机制，但在某种程度上进行了修改、扩展或重新设计，以创建具有独特性或不同玩法的新游戏。但需要注意的是，即使在某些情况下对游戏内容进行了独创性修改，但如果这些修改是基于原始作品并且未经授权，仍可能构成侵权。

【典型案例】

《武侠 Q 传》侵害改编权案[1]

时间：2019 年 12 月 18 日

原告：明河社出版有限公司（以下简称明河社）、完美世界（北京）软件有限公司（以下简称完美世界公司）

被告：北京火谷网络科技股份有限公司（以下简称火谷网）、昆仑乐享网络技术有限公司（以下简称昆仑乐享公司）、昆仑万维科技股份有限公司（以下简称昆仑万维公司）

    原告主张：明河社是《射雕英雄传》《神雕侠侣》《倚天屠龙记》《笑傲江湖》等作品在中国境内的专有使用权人。经明河社同意，查良镛（金庸）将上述作品部分区域和期间内移动终端游戏软件改编权及后续软件的商业开发权独家授予完美世界公司。两原告发现，由被告火谷网开发，昆仑乐享公司独家运营的网络游戏"武侠 Q 传"在人物描述、武功描述、配饰描述、阵法描述、关卡设定等多个方面与涉案武侠小说中的相应内容存在对应关系或相似性。

    被告辩称：查良镛与完美世界公司就涉案作品签订《移动终端游戏软件改编授权合约》第 15 条约定的内容："完美世界公司知悉及明白，查良镛于签订本合约书之前或之后，可能已把涉案作品的游戏改编权利、出版发行权利或类似权利授给第三者［除本合约书（二）另有规定外］查良镛将不需就此负责或向乙方作出任何赔偿"，可以证明原告完美世界公司

---

    〔1〕 参见北京市高级人民法院（2018）京民终 226 号民事判决书。

对涉案作品不享有独家改编权。

法院认为：涉案游戏构成对权利人作品的改编，被告火谷网构成对原告明河社和完美世界公司享有权利作品移动终端游戏软件改编权的侵害。被告火谷网作为开发者，昆仑乐享公司、昆仑万维公司作为游戏运营者，三者应共同承担侵权责任。由于已经认定涉案游戏构成对权利人改编权的侵害，故不再适用反不正当竞争法对被诉侵权行为进行评述。

本案是一起擅自将他人武侠小说改编为网络游戏的典型案例。对此，孙国瑞教授点评道[1]：被告的行为是否构成侵害作者的改编权是本案的争议核心，法院采用"整体比对法"，并未先行剔除属于公有领域的部分或不受著作权法保护的成分，也未对单部武侠小说中被利用的内容进行量化计算，而是在引导当事人充分举证、阐述的基础上，根据高度盖然性证明标准和证据优势原则对实质性相似内容作出归纳和认定，在该事实基础上，对相似性内容是否属于受著作权法保护的独创性表达和被告涉案使用行为的属性进行分析，并在进行价值判断和利益衡量后，得出了被告的涉案游戏构成侵犯涉案武侠小说改编权的结论。本案判决进一步明确了改编权的保护范围，为知名文学作品的市场开发和游戏产业的规范运营提供了指引，对类似案件的审理具有借鉴指导意义。

（二）间接侵权[2]

随着游戏市场的不断发展成熟，各种游戏推荐平台或者游戏应用商店逐渐成为玩家获悉和下载热门游戏的主要渠道。就游戏分发平台的法律责任而言，应该根据平台在传播游戏内容中的具体行为性质进行认定。游戏分发平台主要提供游戏下载服务，作为中介平台为游戏主播、游戏玩家等提供服务，因此被视为网络服务提供商。在司法实践中，通常会适用著作权侵权案件中的避风港原则，意味着平台在提供服务时一般不直接对用户上传的游戏内容承担著作权侵权责任，享有一定的法律免责保护。

---

[1] 参见最高人民法院发布互联网十大典型案例之七。
[2] 中国版权协会网络游戏版权工作委员会、上海交通大学知识产权与竞争法研究院联合发布《网络游戏知识产权保护白皮书》，第41~42页。

　　我国《信息网络传播权保护条例》第 14 条[1]、第 22 条[2]和第 23 条[3]体现了避风港原则。简单来说，游戏分发平台上有成千上万款游戏，一般情况下，平台无法逐一审核所有游戏，因此法律免除了平台对所有游戏的审核义务。然而，一旦权利人通知平台上的某款游戏侵犯了其著作权，平台就有责任立即删除侵权游戏，否则将承担赔偿责任。目前，一些游戏分发平台还具备推荐游戏等功能。在这种情况下，根据《最高人民法院关于审理侵害信息网络传播权民事纠纷案件适用法律若干问题的规定》第 10 条[4]和第 11 条[5]的规定，如果游戏分发平台从推荐游戏的广告位中获得了经济利益，那么就应当对其推荐的游戏有更高的注意义务，不能以不知道推荐游戏侵权来主张自己的善意，逃避责

---

　　[1]《信息网络传播权保护条例》第 14 条：对提供信息存储空间或者提供搜索、链接服务的网络服务提供者，权利人认为其服务所涉及的作品、表演、录音录像制品，侵犯自己的信息网络传播权或者被删除、改变了自己的权利管理电子信息的，可以向该网络服务提供者提交书面通知，要求网络服务提供者删除该作品、表演、录音录像制品，或者断开与该作品、表演、录音录像制品的链接。通知书应当包含下列内容：（一）权利人的姓名（名称）、联系方式和地址；（二）要求删除或者断开链接的侵权作品、表演、录音录像制品的名称和网络地址；（三）构成侵权的初步证明材料。权利人应当对通知书的真实性负责。

　　[2]《信息网络传播权保护条例》第 22 条：网络服务提供者为服务对象提供信息存储空间，供服务对象通过信息网络向公众提供作品、表演、录音录像制品，并具备下列条件的，不承担赔偿责任：（一）明确标示该信息存储空间是为服务对象所提供，并公开网络服务提供者的名称、联系人、网络地址；（二）未改变服务对象所提供的作品、表演、录音录像制品；（三）不知道也没有合理的理由应当知道服务对象提供的作品、表演、录音录像制品侵权；（四）未从服务对象提供作品、表演、录音录像制品中直接获得经济利益；（五）在接到权利人的通知书后，根据本条例规定删除权利人认为侵权的作品、表演、录音录像制品。

　　[3]《信息网络传播权保护条例》第 23 条：网络服务提供者为服务对象提供搜索或者链接服务，在接到权利人的通知书后，根据本条例规定断开与侵权的作品、表演、录音录像制品的链接的，不承担赔偿责任；但是，明知或者应知所链接的作品、表演、录音录像制品侵权的，应当承担共同侵权责任。

　　[4]《最高人民法院关于审理侵害信息网络传播权民事纠纷案件适用法律若干问题的规定》第 10 条：网络服务提供者在提供网络服务时，对热播影视作品等以设置榜单、目录、索引、描述性段落、内容简介等方式进行推荐，且公众可以在其网页上直接以下载、浏览或者其他方式获得的，人民法院可以认定其应知网络用户侵害信息网络传播权。

　　[5]《最高人民法院关于审理侵害信息网络传播权民事纠纷案件适用法律若干问题的规定》第 11 条：网络服务提供者从网络用户提供的作品、表演、录音录像制品中直接获得经济利益的，人民法院应当认定其对该网络用户侵害信息网络传播权的行为负有较高的注意义务。网络服务提供者针对特定作品、表演、录音录像制品投放广告获取收益，或者获取与其传播的作品、表演、录音录像制品存在其他特定联系的经济利益，应当认定为前款规定的直接获得经济利益。网络服务提供者因提供网络服务而收取一般性广告费、服务费等，不属于本款规定的情形。

任。以知名的游戏分享平台"TapTap"为例,其首页推荐中的第一条内容来自广告赞助商。"TapTap"通过在首页推荐中售卖广告赞助位来获取盈利。因此,"TapTap"在审核首页推荐的游戏是否侵权方面应当承担更高的谨慎审查义务。除此之外,游戏分发平台在利用技术手段,根据用户兴趣自行推荐游戏时表现出主动性,因为这种行为旨在吸引更多用户流量,间接实现商业获利。在这种情况下,游戏分发平台对自行推荐的游戏内容应负有更严格的审查义务。如果自行推荐的游戏内容侵犯了游戏著作权人的权益,平台不能以技术中立为由逃避责任,而应当认定其在主观上具有过错,并需要与上传该内容的用户一同承担连带责任。

游戏分发平台的另一种商业模式是联运模式,指的是游戏分发平台与游戏公司签订联合运营协议,双方按照协议中规定的比例共享游戏的运营收入,此时游戏分发平台既充当了分发平台的角色,又与游戏开发者共享游戏的经济利益。因此在联运模式中,平台需要对联运游戏是否侵犯第三方权利进行审查,确保其合法性,并在侵权问题发生时共同承担责任,这体现了权利和义务的对应性。在司法实践中,一些法院会考虑联运平台方的责任,将其作为连带责任方,与游戏公司一同对赔偿数额承担责任。

【典型案例】

《葵花宝典》诉《群侠传》案[1]

时间: 2015 年 4 月 3 日

原告: 上海游奇网络有限公司(以下简称上海游奇公司)

被告: 北京奇客创想信息技术有限公司(以下简称北京奇客公司)、网际傲游(北京)科技有限公司(以下简称傲游公司)

原告主张: 进入被告傲游公司经营的傲游今日网站(i.maxthon.cn),点击"经典页游"页面下"群侠传"字样的图片链接,打开页面为网页游戏《群侠传》宣传页面,页面有张无忌、黄药师、周伯通、洪七公、杨逍、周芷若、东方不败、令狐冲、岳灵珊共 9 个武侠人物形象,页面左下角有

---

〔1〕 参见北京市第一中级人民法院(2015)一中民(知)终字第 876 号民事判决书。

"快速入口"，"快速入口"的页面亦有上述人物形象。通过新闻出版总署游戏出版登记内容查询，该游戏的运营单位为被告北京奇客公司。因此，被告北京奇客公司与傲游公司在宣传《群侠传》网络游戏的过程中，非法使用了原告公司网页游戏《葵花宝典》的武侠人物形象进行网络宣传，导致公众混淆游戏来源，给原告公司造成巨大的经济损失，侵犯原告公司享有的美术作品的著作权。

被告辩称： 被告傲游公司辩称其主要运营项目为傲游浏览器及相关业务，与主营游戏的原告没有业务竞争关系，也没有实施原告所称的侵权行为。诉争的页面是特定游戏，相关宣传素材由该游戏的权利人和运营商北京奇客公司提供，傲游公司仅提供链接入口，没有侵权，不同意原告的诉讼请求。被告北京奇客公司辩称，原告公司公证书显示其主张的侵权行为均发生在傲游公司网站，奇客公司涉案游戏的上线时间较短，被诉图片非奇客公司提供，游戏本身亦没有使用，仅用于宣传，现上述内容已删除，不应承担侵权责任。

法院认定： 在一审判决中，被告北京奇客公司与傲游公司在"傲游游戏"平台上，联合运营《群侠传》游戏，并按约定比例分享游戏运营收入。在傲游网站有《群侠传》游戏的宣传页面和入口，被诉侵权的《葵花宝典》武侠游戏人物形象只在宣传页面和入口使用，实际进入游戏后再无上述形象。被告傲游公司仅在其网站放置了被告北京奇客公司提供的宣传内容，又在得知上述内容侵权后直接进行了删除，其行为并无主观过错，审查能力有限，不应与被告北京奇客公司共同承担侵权责任。

但二审法院认为，根据《最高人民法院关于审理侵害信息网络传播权民事纠纷案件适用法律若干问题的规定》第4条规定，有证据证明网络服务提供者与他人以分工合作等方式共同提供作品，构成共同侵权行为的，人民法院应当判令其承担连带责任。被告傲游公司与北京奇客公司共同实施了使用被诉侵权的武侠游戏人物形象的行为，应承担连带责任。本案依据二审新查明的事实，依法改判被告北京奇客公司与傲游公司承担连带责任。

本案考虑了游戏分发平台应承担的责任，并将其作为连带责任方，这警示了各个游戏分发平台，对加强游戏分发平台关于侵犯著作权的审查起到了促进作用，有利于减少网络游戏的间接侵权行为。

　　虽然游戏分发平台在大多数情况下还是属于网络服务提供商，具有信息存储空间和电子商务平台的性质，一般不承担直接侵权责任，但随着游戏分发平台的发展，也出现了部分游戏分发平台不再单单扮演网络服务提供商的角色，还有可能作为内容提供者承担直接侵权责任的情况。当游戏分发平台自行将相关游戏内容上传并以此吸引流量、达到盈利的商业目的时，该行为应当认定为作品提供行为。若相关游戏内容未获游戏著作权人授权或委托，则游戏分发平台应当对其上传的游戏内容的版权问题对外承担直接的侵权责任。例如，某平台自行上传了一些游戏内容，以此吸引流量，实现盈利，此时该行为就应当被视为作品提供行为。总而言之，若游戏分发平台推荐的游戏内容并未经过游戏著作权人的授权或委托，就意味着平台在侵犯著作权方面有直接的过错，需要对其自行上传的游戏内容承担直接的侵权责任。

二、网络游戏侵权诉讼中的行为保全[1]

　　行为保全是指在民事诉讼的概念中，为避免当事人或者利害关系人的利益受到不应有的损害或进一步的损害，法院依他们的申请在案件审理之前采取的暂时性措施。[2]《中华人民共和国民事诉讼法》（以下简称《民事诉讼法》）第103条[3]与第104条[4]分别规定了诉前行为保全与诉中行为保全。据此，最高人民法院发布《关于审查知识产权纠纷行为保全案件适用法律若干问题的规定》

〔1〕中国版权协会网络游戏版权工作委员会、上海交通大学知识产权与竞争法研究院联合发布《网络游戏知识产权保护白皮书》，第45页。

〔2〕百度百科：行为保全，载 https://baike.baidu.com/item/%E8%A1%8C%E4%B8%BA%E4%BF%9D%E5%85%A8/10571067，最后访问日期：2023年11月17日。

〔3〕《中华人民共和国民事诉讼法》第103条：人民法院对于可能因当事人一方的行为或者其他原因，使判决难以执行或者造成当事人其他损害的案件，根据对方当事人的申请，可以裁定对其财产进行保全、责令其作出一定行为或者禁止其作出一定行为；当事人没有提出申请的，人民法院在必要时也可以裁定采取保全措施。人民法院采取保全措施，可以责令申请人提供担保，申请人不提供担保的，裁定驳回申请。人民法院接受申请后，对情况紧急的，必须在四十八小时内作出裁定；裁定采取保全措施的，应当立即开始执行。

〔4〕《中华人民共和国民事诉讼法》第104条：利害关系人因情况紧急，不立即申请保全将会使其合法权益受到难以弥补的损害的，可以在提起诉讼或者申请仲裁前向被保全财产所在地、被申请人住所地或者对案件有管辖权的人民法院申请采取保全措施。申请人应当提供担保，不提供担保的，裁定驳回申请。人民法院接受申请后，必须在四十八小时内作出裁定；裁定采取保全措施的，应当立即开始执行。申请人在人民法院采取保全措施后三十日内不依法提起诉讼或者申请仲裁的，人民法院应当解除保全。

（以下简称《关于行为保全案件的规定》），其中第 7 条明确规定："人民法院审查行为保全申请，应当综合考量下列因素：（一）申请人的请求是否具有事实基础和法律依据，包括请求保护的知识产权效力是否稳定；（二）不采取行为保全措施是否会使申请人的合法权益受到难以弥补的损害或者造成案件裁决难以执行等损害；（三）不采取行为保全措施对申请人造成的损害是否超过采取行为保全措施对被申请人造成的损害；（四）采取行为保全措施是否损害社会公共利益；（五）其他应当考量的因素。"从制度规定来看，《民事诉讼法》和《关于行为保全案件的规定》为知识产权侵权案件的行为保全建立了一套完整的体系，明确了在诉讼前和诉讼中对行为保全的不同要求和考虑因素。然而，在司法实践中，行为保全的落实效应仍然值得深入思考。

在数字时代，行为保全具有极其重要的意义。首先，数字化环境下的信息传播速度极快，这意味着一旦个人或组织遭受侵害，其损失可能在极短的时间内扩大，并且难以预估。其次，数字化行为保全的重要性还在于保护个人隐私不受侵犯，防止个人数据被滥用或泄露。随着技术的发展，网络犯罪也变得更加隐蔽和普遍，因此行为保全措施对于防止网络攻击、数据泄露和欺诈行为至关重要。最后，数字时代的行为保全不仅仅关乎个人，也牵涉社会整体的稳定与安全，因为恶意行为和不当操作可能对社会造成广泛而深远的负面影响。因此，有效的数字时代行为保全措施对于确保个人、组织和整个社会的安全与稳定至关重要。例如在网络游戏侵权案件中，如果游戏开发者能够证明自己对涉案游戏享有权益，并且被申请人未经授权擅自利用游戏画面或游戏相关元素作品进行直播或视频分享，就应当有权申请行为保全，以防止权益损害的进一步加大。

【典型案例】

《王者荣耀》直播案行为保全申请[1]

时间：2019 年 1 月 31 日

申请人：腾讯科技（成都）有限公司（以下简称腾讯成都公司）、深圳市腾讯计算机系统有限公司（以下简称腾讯深圳公司）

---

[1] 参见广州知识产权法院（2018）粤 73 民初 2858 号之一民事裁定书。

被申请人：运城市阳光文化传媒有限公司（以下简称阳光文化公司）、今日头条有限公司（以下简称今日头条公司）、北京字节跳动科技有限公司（以下简称字节跳动公司）、广州优视网络科技有限公司（以下简称优视公司）

申请人主张：腾讯成都公司是手游《王者荣耀》的研发者，对《王者荣耀》游戏软件及游戏内全部元素享有著作权。经腾讯成都公司授权，腾讯深圳公司运营及使用《王者荣耀》游戏，并享有以自己名义维权的权利。《王者荣耀》用户协议明确约定，未经腾讯许可，不得以任何方式录制、直播或向他人传播腾讯游戏内容，不得将账号借予他人用于直播等。阳光文化公司、今日头条公司、字节跳动公司未经申请人许可，通过其经营的"西瓜视频"App招募、组织主播直播《王者荣耀》游戏并获得巨额收益，严重侵害了申请人对《王者荣耀》享有的著作权。优视公司提供西瓜视频的分发、下载服务，扩大了侵权行为的影响力，构成共同侵权。同时，腾讯深圳公司亦运营《王者荣耀》的直播业务，阳光文化公司、今日头条公司、字节跳动公司通过"西瓜视频"App直播《王者荣耀》游戏，主观上具有攀附《王者荣耀》知名度及市场竞争优势吸引观众的故意，客观上获得巨大的商业利益，对腾讯深圳公司直播市场的运营造成重大损失，构成不正当竞争。如果上述侵权及不正当竞争行为不予立即制止将导致申请人的损失无限扩大，难以弥补，故向法院申请行为保全。

被申请人辩称：首先，被申请人的行为并不会造成将来判决的难以执行或造成申请人的其他损害，更不会使申请人的合法权益受到难以弥补的损害。游戏直播不会对游戏造成负面影响，反而会使游戏直播的观众转化为游戏玩家，增加游戏知名度和收入，不会对申请人造成损害，即便认为被申请人的行为构成侵权，申请人的损害完全可以通过金钱赔偿的方式获得救济，其损失并非不可弥补。其次，本案不存在需要采取行为保全措施的紧迫性。从申请人提交的证据看，申请人早在2018年6月就已经知悉被诉侵权行为的存在，但并未及时寻求司法救济，直至2018年9月才首次与被申请人进行交涉，被申请人所提交的证据显示目前国内的直播平台进行《王者荣耀》游戏直播的至少还有17家，申请人对此类直播行为并没有积极行使权利，甚至是怠于行使权利，不符合行为保全的紧迫性要求。最后，采取保全造成的损害明显超过不采取保全给被申请人造成的损害。综上，本案不应当采取行为保全措施。

法院认为：关于申请人的行为保全申请是否有依据的问题。首先，涉案游戏《王者荣耀》是受著作权法保护的多种作品的复合体，具有较高的稳定性。其次，根据申请人提交的公证书等证据，足以证明阳光文化公司在其运营的西瓜视频上的《王者荣耀》直播并非游戏用户利用该网络平台的单方行为，阳光文化公司、字节跳动公司、今日头条公司存在共同侵犯涉案游戏著作权的可能性。最后，《王者荣耀》游戏在《用户协议》多个条款中明确告知"不得未经腾讯许可以任何方式录制、直播或向他人传播腾讯游戏内容，包括但不限于不得利用任何第三方软件进行网络直播、传播等"。被申请人无视这些协议内容，擅自组织商业化直播，并从中获取商业利益，损害申请人基于合同法所保护的权益，攫取《王者荣耀》游戏的直播市场和用户资源，违反诚实信用原则和公认的商业道德，构成不正当竞争的可能性。

关于被诉侵权行为是否使申请人受到难以弥补的损害的问题。首先，网络游戏及其直播市场具有开发成本高、市场生命周期短、传播速度快、影响范围广的特点，如不及时制止被诉侵权行为可能会导致申请人的市场份额减少和市场机会丧失，给申请人造成难以计算和量化的损害。其次，被申请人阳光文化公司、今日头条公司、字节跳动公司持续组织直播涉案游戏，挤占申请人的市场份额，如不及时制止被诉侵权行为可能会显著增加申请人损害。最后，司法救济程序由于制度的设计，从申请人起诉到法院作出终审判决需要一定的时间周期。而网络游戏及其直播时效性较强，市场生命周期较短，如不及时制止被诉侵权行为可能会导致申请人胜诉后已经过了网络游戏及其直播的有效市场生命期，给申请人造成难以弥补的损害。

关于利益平衡问题。申请人投资开发、运营的涉案《王者荣耀》游戏已经成为市场知名游戏，该游戏的成功在很大程度上得益于申请人在游戏研发测试、运营推广等方面的巨大投入。如上文所论述，网络游戏及其直播市场具有开发成本高、市场生命周期短等特性，如不及时制止被诉侵权行为可能会对申请人造成难以计算和量化的损害。被申请人阳光文化公司、今日头条公司、字节跳动公司对《王者荣耀》游戏的研发、运营没有投入，在组织直播《王者荣耀》游戏获取商业利益时也没有获得著作权人的许可并支付对价。本案所采取的行为保全措施仅涉及被申请人阳光文化公司、今日头条公司、字节跳动公司停止通过其经营的"西瓜视频"App以直播方式传播《王者荣耀》游戏内容，并不涉及"西瓜视频"App中其他无关内容的播放。故本案采取行为保全措施不会影响被申请人阳光文化公司、今日头条公司、字节跳动公司经营的"西瓜视频"App其他业务的正常开展，对被申请人阳光文化公司、今日头条公司、字节跳动公司的合法权益损害有限。综上，不采取行为保全措施对申请人造成的损害显然超过采取行为保全措施对被申请人阳光文化公司、今日头条公司、字节跳动公司造成的损害。

关于采取行为保全措施是否损害社会公共利益问题和担保问题。本案所采取的行为保全措施仅涉及被申请人阳光文化公司、今日头条公司、字节跳动公司停止通过其经营的"西瓜视频"App以直播方式传播《王者荣耀》游戏内容，并不涉及"西瓜视频"App中其他无关内容的播放，也不存在影响消费者利益的情况。本案中，被申请人没有举证证明可能因执行行为保全措施所遭受的损失，申请人腾讯成都公司、腾讯深圳公司在其诉讼请求范围内提供了5020万元人民币的全额担保。

综上所述，上述担保已经初步符合本案要求。在本裁定执行过程中，如有证据证明被申请人阳光文化公司、今日头条公司、字节跳动公司因停止涉案行为造成更大损失的，本院将责令申请人腾讯成都公司、腾讯深圳公司追加相应的担保，不追加担保的，本院将解除保全。

裁定如下：被申请人阳光文化公司、今日头条公司、字节跳动公司停止通过其经营的"西瓜视频"App以直播方式传播《王者荣耀》游戏内容的行为，效力维持至本案判决生效日止，期间不影响其为用户提供余额查询及退费等服务。

作者观点：通过本案，我们可以知道在法院是否裁定适用行为保全措施，主要从申请人的行为保全申请是否有依据、被诉侵权行为是否使申请人受到难以弥补的损害、利益平衡、行为保全措施是否损害社会公共利益问题和担保问题等方面分析。但本书认为，是否裁定适用行为保全措施还需要判断是否符合法定程序，根据《最高人民法院关于审查知识产权纠纷行为保全案件适用法律若干问题的规定》第5条第1款规定："人民法院裁定采取行为保全措施前，应当询问申请人和被申请人，但因情况紧急或者询问可能影响保全措施执行等情形除外。"第6条规定："有下列情况之一，不立即采取行为保全措施即足以损害申请人利益的，应当认定属于民事诉讼法第一百条、第一百零一条规定的'情况紧急'：（一）申请人的商业秘密即将被非法披露；（二）申请人的发表权、隐私权等人身权利即将受到侵害；（三）诉争的知识产权即将被非法处分；（四）申请人的知识产权在展销会等时效性较强的场合正在或者即将受到侵害；（五）时效性较强的热播节目正在或者即将受到侵害；（六）其他需要立即采取行为保全措施的情况。"参照重庆市第一中级人民法院（2021）渝01行保1号之一《斗罗大陆》行为保全案，动漫作品《斗罗大陆》系连载型动漫作品，于每周六上午十点更新，剧情具有较强的连贯性和整体性，在腾讯视频的总播放量超过295亿次，属于时效性较强的热播节目。且从现有证据来看，腾讯视频更新动漫作品《斗罗大陆》后，抖音用户几乎同步上传了大量被控侵权视频，且播放量较大。上述行为如不及时制止，将很可能使原裁定申请人的权益持续受到损害。因此，此案采取诉前行为保全措施符合《民事诉讼法》所规定的"情况紧急"情形，可以不询问双方当事人即做出诉前行为保全裁定。而在本案中，《王者荣耀》在全球 App Store 和 Google Play 吸金1.98亿美元，蝉联全球手游畅销榜冠军，属于玩家基数较大的热门游戏。而"西瓜视频"App 在2018年2月，累计用户人数超过3亿，日均使用时长超过70分钟，日均播放量超过40亿。而且网络直播具有即时传输、实时互动的特点，能够快速、直接地呈现当前事件或内容。因此，"西瓜视频"App 的《王者荣耀》直播属于时效性较强的热播节目，本案符合"时效性较强的热播节目正在或者即将受到侵害"这一情况，适用于《民事诉讼法》所规定的"情况紧急"情形，可以不询问双方当事人即做出诉前行为保全裁定。

　　在信息网络时代，由于数字作品的特殊性，与传统作品不同，数字作品的著作权更容易被侵害，也更容易造成损失，因此，行为保全是数字版权侵权救济中的重要部分，本案为其他网络游戏著作权主体申请行为保全提供了参考价值。

问题与思考

游戏解包行为是否侵犯了著作权法？

接触网络游戏的读者应该都听说过游戏解包行为，在游戏开发和修改中，游戏通常会被打包成特定的文件格式，这些文件包含了游戏所需的各种资源，比如图形、音频、代码等，游戏解包行为是指对这些游戏资源进行解码或解压缩，它常见于开发人员想要访问、编辑或查看游戏内部的内容而进行解包；玩家想要提前了解游戏更新内容而进行解包；游戏初学者想学习游戏工作原理而进行解包等。游戏解包本身不一定违法，但当这种行为侵犯到游戏开发者的合法权益时，我们应该怎样保护？是否适用著作权法来进行维权？

本书认为，这需要具体问题具体分析。著作权法通常适用于游戏中包含的各种元素，例如图形、音频、文本、代码等原创内容，根据著作权法，游戏开发者创作的原创内容在游戏解包行为中仍然受到著作权法的保护。如果解包行为涉及未经授权的访问、复制、修改或传播游戏中受著作权法保护的内容，可能构成侵犯著作权。然而，著作权法也包含一些例外和限制，比如合理使用原则，这些情况下可能允许对受版权保护的内容进行一定程度的使用或分析。但这些例外通常有特定的条件和限制，并非所有的游戏解包行为都能够符合这些例外规定。

当然，一些游戏解包行为并不侵犯著作权法，那么这时就要考虑到游戏可能还涉及其他法律领域的保护，比如反不正当竞争法或合同法。在某些情况下，游戏开发者的竞争者会解包游戏更新内容，虽然这可能没有涉及游戏原创内容的著作权侵权，但并不意味着这是一种合法行为，它可能违反了反不正当竞争法。反不正当竞争法旨在保护市场秩序和商业竞争的公平性，规范企业之间的竞争行为，禁止某些不合理的竞争手段。其他竞争对手了解了游戏开发商的商业计划或发布时间表，就可能会进行对该游戏公司不利的市场推广或更新，造成不公平的竞争环境。游戏解包行为还可能触及合同法方面的问题，特别是如果相关信息在保密协议或合同中受到了保护，解包这些信息就违反了合同法的规定。

　　总的来说，游戏解包行为可能会侵犯著作权法、反不正当竞争法或合同法等，被侵权者究竟应该适用什么法律法规进行维权，则需要司法机关和读者们在实践中结合具体情况做出思考。